中国地质调查成果 CGS 2021-005
西北地区矿产资源潜力评价与综合（1212010881632）项目资助
西北地区矿产资源潜力评价系列丛书
丛书主编 李文渊 王永和

西北地区矿产资源潜力地球化学评价

XIBEI DIQU KUANGCHAN ZIYUAN QIANLI DIQIU HUAXUE PINGJIA

张　晶　孟广路　王　斌
范堡程　吕鹏瑞　曹积飞　等编著

图书在版编目(CIP)数据

西北地区矿产资源潜力地球化学评价/张晶等编著.—武汉:中国地质大学出版社,2021.11
ISBN 978-7-5625-4992-5

Ⅰ.①西…
Ⅱ.①张…
Ⅲ.①矿产资源-资源潜力-资源评价-地球化学分析-西北地区
Ⅳ.①F426.1

中国版本图书馆 CIP 数据核字(2021)第 220897 号

西北地区矿产资源潜力地球化学评价	张 晶 孟广路 王 斌 范堡程 吕鹏瑞 曹积飞	等编著

责任编辑:彭 琳	选题策划:毕克成 刘桂涛	责任校对:张咏梅

出版发行:中国地质大学出版社(武汉市洪山区鲁磨路388号)   邮政编码::430074
电　　话:(027)67883511   传　　真:(027)67883580   E-mail:cbb@cug.edu.cn
经　　销:全国新华书店   http://cugp.cug.edu.cn

开本:880 毫米×1230 毫米 1/16   字数:388 千字   印张:12.25
版次:2021 年 11 月第 1 版   印次:2021 年 11 月第 1 次印刷
印刷:武汉中远印务有限公司

ISBN 978-7-5625-4992-5   定价:168.00 元

如有印装质量问题请与印刷厂联系调换

《西北地区矿产资源潜力地球化学评价》

编委会

科学顾问：谢学锦

主　　任：奚小环

副 主 编：李宝强　　张　华　　李　敏

编　　委：（按姓氏笔画排序）

　　　　　王会锋　　刘元平　　刘长征　　许　光

　　　　　庄道泽　　李明喜　　李绪善　　李新虎

　　　　　杨万志　　蔡分良

编著人员：张　晶　　孟广路　　王　斌　　范堡程

　　　　　吕鹏瑞　　曹积飞　　杨　博　　刘明义

　　　　　李慧英　　吴　亮

目 录

第一章 绪 论 (1)
第一节 工作程度 (1)
第二节 研究现状 (1)

第二章 方法技术 (7)
第一节 数据库建设 (7)
第二节 地球化学系列图件编制 (8)
第三节 地球化学参数统计及其地质意义 (16)
第四节 应用地球化学方法研究资源潜力评价中若干地质问题 (19)

第三章 西北地区区域地质及矿产特征 (20)
第一节 区域地质特征 (20)
第二节 区域矿产概况 (41)

第四章 地球化学景观特征 (50)
第一节 地球化学景观的划分 (50)
第二节 主要景观区特征 (53)

第五章 区域地球化学特征 (63)
第一节 地球化学分区 (63)
第二节 地球化学域成矿元素评价 (75)
第三节 地球化学区成矿元素评价 (80)
第四节 典型地质体地球化学特征及其意义 (84)

第六章 区域地球化学异常分布规律及其意义 (93)
第一节 区域地球化学异常带划分 (93)
第二节 地球化学异常特征分析概述 (99)

I

第七章　地球化学预测区圈定方法及综合评价 …………………………………………（125）

　　第一节　地球化学预测区圈定方法 ………………………………………………（125）
　　第二节　预测区（靶区）特征及综合评价 …………………………………………（127）

参考文献 …………………………………………………………………………………（187）

致　　谢 …………………………………………………………………………………（189）

第一章 绪 论

为贯彻落实《国务院关于加强地质工作的决定》中提出的"积极开展矿产远景调查和综合研究,科学评估区域矿产资源潜力,为科学部署矿产资源勘查提供依据"的精神和要求,原国土资源部部署了全国矿产资源潜力评价工作,组建了"全国矿产资源潜力评价"总项目。

西北地区项目的总体目标任务:在现有工作程度基础上全面开展西北矿产资源潜力评价,基本摸清西北矿产资源"家底",为保障矿产资源勘查能力和制定决策提供依据。

本书仅反映了"西北地区矿产资源潜力评价与综合(2007—2013)"工作项目化探专题的部分成果,可与《西北地区区域地球化学图集》配合使用。

第一节 工作程度

早在1979年,陕西和青海在全国率先开展区域化探试点工作,拉开了西北地区区域化探工作的序幕。此后,甘肃于1980年开展区域化探工作,宁夏回族自治区(简称宁夏)和新疆维吾尔自治区(简称新疆)于1985年开展区域化探工作。至今,已累计完成1:20万水系沉积物测量为1 406 911 km^2,1:20万土壤测量为67 633 km^2,基本覆盖西北地区具备开展区域地球化学调查前提的基岩出露区域。西北地区还包括少部分的1:50万区域化探工作,主要分布在西天山、西昆仑西段、东昆仑和阿尔金山、西南三江地区北部等工作条件比较困难的区域,总面积为489 616 km^2,约占西北地区总面积的15.71%。区内还开展了中大比例尺地球化学普查和多目标地球化学调查工作。详见图1-1。

第二节 研究现状

1986年,武汉地质学院撰写《陕西柞水-山阳成矿带区域地球化学及地球化学找矿方法研究报告》。

1988年,陕西省地质局综合队完成《陕西省北秦岭铜铅锌矿床地球化学异常模型及化探找矿评价准则研究报告》。

1989年,中国地质大学(武汉)撰写《陕西柞水-山阳成矿带区域地球化学》。

1990年,西北有色地质勘查局(简称西北地勘局)214队完成《陕西省汉中地区金矿区域化探总结报告》。

1990年,中国地质大学(武汉)撰写《东秦岭及临区区域成矿规律的地球化学研究》。

1992年,陕西省地质矿产勘查开发局(简称陕西省地矿局)物化探队撰写《陕西秦巴山区地球化学编图说明书》。

1994年,陕西省地矿局物化探队撰写《陕西省双王金矿床8号矿体地质-地球物理、地球化学找矿模型、评价指标研究》。

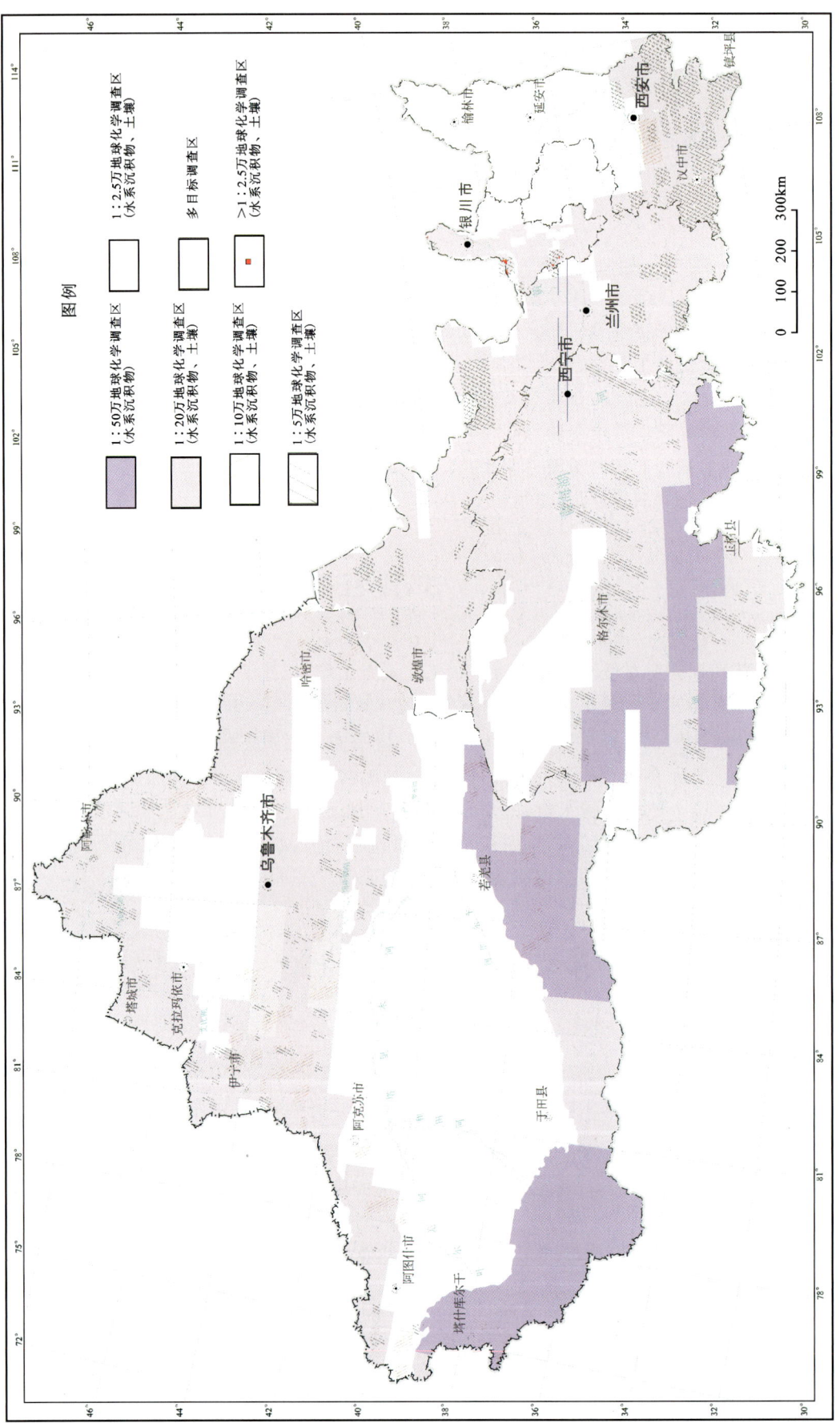

图1-1 西北地区化探工作程度示意图

1988—1989年，甘肃省地质矿产勘查开发局(简称甘肃省地矿局)完成了甘肃西秦岭地区1∶50万地球化学编图及综合研究，提交了38种元素地球化学图、单元素异常图、组合元素异常图、地球化学分区图、综合异常图及综合研究报告。

1990—1992年，地质矿产部完成了秦岭-大巴山地区1∶50万地球化学编图工作，提交了39种元素地球化学图(色块图)、地球化学分区图、综合异常图和说明书。

1991—1993年，甘肃省地矿局完成了甘肃省北山北带火山岩型金矿床地质-地球化学找矿模型研究，提出了该地区此类型金矿的地质-地球化学找矿模型，预测了找矿远景区。

1991—1995年，中国地质大学(武汉)与甘肃省地矿局化探队完成了甘肃南部碧口群分布区区域化探异常筛选、查证方法研究，提出"以异常形成机制为基础的系统分析方法"进行区化异常筛选评价，圈出4个铜矿预测区、7个金矿预测区。

1995—1996年，甘肃省地矿局完成了甘肃省祁连山西段地球化学编图，提交了39种元素地球化学图及说明书。

2001—2002年，甘肃省地质调查院提交了《我国中西部地区地球化学块体内矿产资源潜力预测成果报告(甘肃部分)》，对甘肃省Au、Ag、Cu、Pb、Zn、Hg、Sb、W、Mo、Cr、Ni、Co、Sn、U这14个元素提交了1∶100万地球化学块体图及资源潜力预测。

2002—2003年，甘肃省地矿局开展了甘肃省1∶100万地球化学编图工作，提交甘肃省39种元素地球化学图等系列图件及说明书。

1978—1984年，地矿部青海地质矿产局化探队和地质部物探所协作先后开展并完成了青南高寒山区区域表生地球化学作用特征与区域地球化学扫面方法研究(1978—1980年)和柴北缘荒漠残山区表生地球化学特征与区域地球化学扫面方法研究(1981—1983年)。

1983—1986年，青海地质矿产局在地质矿产部83064科技攻关项目下设置两个三级课题：①"青化Ⅰ"——对柴北缘方法研究成果与乌兰幅试生产效果进行总结和补充研究；②"青化Ⅱ"——对锡铁山铅锌矿和赛什塘铜矿开展矿床原生晕研究。他们在该项目中引入了泥沙运动力学概念，对水系沉积物形成及对河床床沙分层地球化学属性的影响进行了研究，明晰了在青海省自然景观条件下，应强调高能位采样措施和方法。对两个矿床地表和钻孔、坑道岩石地球化学的系统测量和研究的原生晕成果，填补了该矿床深部研究内容的空白。

此后，青海省地矿局地球化学勘查队在青海东部黄土盖帽山区(负责人：张农一)、可可西里荒漠化草原地区(负责人：于兆云)完成了表生地球化学特征及区域地球化学扫面方法等研究项目，基本形成了青海省主要景观区区域地球化学勘查方法系列。

21世纪以来，青海对具科研性质的区域地球化学数据的较大规模系统已进行了两次开发。第一次是青海省地质矿产勘查开发局(简称青海省地矿局)组织实施的青海省矿产区划与靶区优选(三轮区非能源固体矿产部分，2001—2003年)，第二次是青海省国土资源厅规划院组织实施的黄南、都兰、祁漫塔格山、杂多县纳日贡玛四大片区金属矿产潜力评价与靶区优选(2005—2006年)。特别是在三轮区划中，以80%应测面积、近300万个数据处理为基础，尝试大面积使用主因子分析结果揭示控矿构造格架、某类岩性、矿产潜在区段，惊人效果，发挥了浓幅分位值拟合法与衬值异常法的诸多优点。

1987年，宁夏回族自治区地球物理地球化学勘查院(简称宁夏勘查院)对宁夏卫宁北山地区金矿床(1∶1万化探中No-3异常)从平面、钻孔、地化剖面等各方面进行了较为详细的研究工作，建立了该矿区金的原生晕水平及垂直地球化学分带，完成了《卫宁北山金场子—二人山地区No-3异常原生晕研究报告》。

1997年，宁夏回族自治区地球物理地球化学勘查院编制了Au、Ag、Cu、Pb、Zn、W、Sn、Mo、Bi、As、Sb、Hg等25个元素的1∶50万地球化学色块图，对这些元素的分布及背景情况进行了较为详细的研究，完成了《宁夏回族自治区地球化学图说明书》。

2001年，宁夏回族自治区矿产地质调查院（简称宁夏地调院）和宁夏勘查院利用较多的物化探资料，较系统地对历年来的地球物理、地球化学勘查成果进行了总结，合作撰写了《宁夏成矿区（带）研究》。

2004年，宁夏勘查院对已存在的各种物化探资料情况进行了较为详细的研究，对区域、成矿带、矿区的物化探资料、研究成果、资料中存在的问题进行了全面阐述，撰写了《宁夏物化探工作程度研究》。

1995年，由国家305项目办公室组织，陕西省地矿局物化探大队、西安地质学院等承担完成"新疆北部地球化学图及综合研究"。编制完成了阿尔泰地区、西准噶尔地区、东准噶尔地区、西天山地区1∶150万地球化学图，并开展了综合研究和数据库建设。

1995—1998年，新疆维吾尔地质矿产勘查开发局（简称新疆地矿局）组织完成《新疆北部1∶300万地球化学图》（北纬41°20′以北范围）。针对39种元素的260万个原始资料，以1∶20万图幅为单元、以各个元素为对象，采用线性系数校正法进行全区统一调平。通过编制新疆北部地区系统的地球化学图件，从宏观上研究新疆北部地表多种元素含量分布和浓集特征。

2001—2003年，新疆地质调查院撰写了《新疆地球化学块体内矿产资源潜力预测研究》，对Au、Ag、Cu、Pb、Zn、W、Mo、Hg、Ni、U、Cr、Co、Sb、Sn这14个主要成矿元素进行了地球化学块体圈定和研究，划分单元素地球化学块体322个，剖析了重要地球化学块体的内部结构，详细对比研究地球化学块体与已知矿床的对应关系，对地球化学块体内的资源潜力进行深入分析和综合排序，圈定成矿远景区42个。

2006—2013年，中国地质调查局组织实施全国矿产资源潜力评价项目，西北五省化探主管单位及西北大区专题组充分利用历年来的区域化探资料及比例尺大于1∶5万的各类化探普查资料，按照全国矿产资源潜力评价项目的要求，依据《化探资料应用技术要求》，从数据库建设、基础图件编制入手，通过典型矿床地球化学建模、十多种金属矿产的地球化学研究以及铜矿产资源地球化学定量预测等海量、系统而又扎实的地球化学研究工作取得了丰富的研究成果，除了为本次矿产资源潜力评价提供了丰富的地球化学信息外，还为西北地区及其相应省份基础地质、矿产地质以及环境地质研究奠定了坚实基础，取得了一系列成果。

(1)建立了各省级西北地区区域地球化学数据库，为地球化学数据库服务西北地区及各省基础地质矿产地质研究、地质工作规划部署以及公益性地质调查资料的社会化服务奠定了扎实的数据基础。

(2)基于区域地理景观（气候、地形、地貌、疏松层性质、生物和地质等因素的综合）资料，编制了西北各省区及西北地区的地球化学景观划分图，为西北地区及其相关省份地球化学调查方法技术的确定以及地球化学信息提取提供了景观依据。

(3)首次系统编制了西北地区及相关省区的地球化学基础系列图件，并建立了相应的图形数据库。不仅为西北地区及各省区矿产资源潜力评价提供了地球化学依据，而且为西北地区及各省区各类地质研究和工作部署提供了系统的地球化学基础资料。

(4)首次编制了西北地区地球化学分区图，建立了西北地区地球化学异常谱系图。通过对区内大量常量元素及某些特征元素区域分布特征的研究对比，参照区域构造地质特征进行了西北地区构造地球化学分区研究，将西北地区划分为4个构造地球化学域、15个地球化学分区和46个地球化学亚区，每个亚区又划分出若干个地球化学异常带（共计382条）；建立了西北地区地球化学异常谱系图，为西北地区区域地质、区域成矿规律研究及找矿选区提供了地球化学依据。

(5)取得了丰富的基础地球化学参数统计成果。对不同级（层）次的地球化学分区（地质单元）特征值进行了系统的统计计算，为区域、成矿带以及整装勘查区等不同尺度的基础地质研究提供了系统的背景地球化学参数。

(6)圈定了Au、Ag、Cu、Pb、Zn、W、Sn、Mo、Ni、Cr、Co、Sb等单元素异常19 165个以及相应矿种的综合异常6643个，圈定区域异常带382条，为西北地区几个相应省份资源潜力评价及今后的地质找矿选区提供了系统的地球化学异常资料。

(7)开展金、银、铜、铅、锌、钨、锡、钼、镍、铬、锑、稀土等矿种矿产资源潜力评价工作,圈定了各类地球化学找矿预测区 1144 个,其中 A 类 141 个、B 类 334 个,为西北地区及相关省份地质找矿工作部署提供了重要的地球化学依据(表 1-1)。

表 1-1 西北地区各矿种地球化学找矿预测区一览表 (单位:个)

省(区)	级别	铜矿	铅矿	锌矿	钨矿	金矿	锑矿	锡矿	钼矿	镍矿	铬矿	银矿	锂矿	锰	磷	硼	稀土	重晶石	萤石	菱镁矿
陕西	A	5	5	6	2	9	4	0	1	2	2	4	3	3	1	0	1	3		
	B	6	5	4	1	8	0	0	2	3	3	6	5	6	2	1	2	3		
	C	11	6	11	2	4	3	0	5	3	2	12	7	6	8	0	1	5		
	靶区	16	16	16	4	36	4	0	13	13	12	10					3	9		
甘肃	A	4	3	4	2	10	1	0	1	1	1	0					0			
	B	8	6	4	7	7	3	0	1	2	1	1		1			1			
	C	8	4	5	3	1	3	6	9	6	13	7		15			3			
	靶区	24	11	9	17	34	9										1			
青海	A	12	1	2	1	2	0	1	1	0	0	3	0				1	1		
	B	12	5	9	5	3	6	9	6	3	3	10		5			3	5		7
	C	24	2	0	10	8	5	15	10	9	10	19		10			1	10		22
	靶区	99	18	16	31	31	34	9	4	2	2	55		5			2	5		20
宁夏	A	2	1	0	0	1	0	0	0	0	0	0	0				0	0	1	
	B	6	5	6	2	2	0	0	3	3	5	2	3	1			2	2	4	
	C	0	0	1	1	1	3	2	0	1	2	0	1	3	1		2	1	7	
新疆	A	8	4	1	3	3	1	2	2	5	2	1	2							
	B	16	6	10	9	18	6	8	4	4	4	12	1							
	C	18	12	11	16	10	8	0	11	7	7	6								
预测区总计		140	65	74	64	87	43	52	54	44	52	87	27	50	15	2	17	30	12	29
靶区总计		139	45	41	52	101	47	9	17	15	16	65	0	5	0	0	6	14	0	20

(8)铜资源量地球化学定量预测。西北地区各省开展铜矿产资源潜力地球化学定量预测工作,汇总西北地区铜资源量定量预测成果。预测资源总量为 6117.085 万 t,其中预测资源量最多的是新疆,铜预测资源量为 3340.93 万 t;其次为青海,预测资源量 2446.64 万 t;陕西铜预测资源量为 147.614 万 t;甘肃预测资源量为 168.1315 万 t;宁夏铜预测资源量为 13.77 万 t。

(9)对西北地区共 116 个典型矿床进行了研究。为了便于应用,西北地区在典型矿床研究的基础上,选择了金、银、铜、铅、锌、钨、锡、钼、镍、铬、锑、稀土 12 个矿种 67 个典型矿床,编制了典型矿床模型卡片,制作了西北地区典型矿床地球化学模型集。

(10)利用典型超镁铁岩的地球化学特征对西北地区超镁铁岩的可能分布区域进行解译,共圈定超镁铁岩分布预测区 273 个,其中已确定有超镁铁岩分布的预测区为 64 个;依据碱性岩的地球化学特征,利用(K+Na)/Si 地球化学异常对西北地区碱性岩分布区进行了解译,共圈定碱性岩分布预测区 187 个,其中已确定有碱性岩分布的预测区为 24 个;编制了西北地区超基性岩以及碱性岩预测区分布图,为区域成矿地质环境研究做了有益的尝试。

（11）应用大窗口小步长滑动平均区域化探数据处理方法效果显著。此数据处理方法能够有效解决研究区范围大、地质景观复杂、采样介质种类多等情况下的区域地球化学编图问题；能够有效解决由于背景系统差异而造成的许多已知矿床没有地球化学异常，或仅有弱异常，或高背景显示的地球化学信息失真等问题。同时，为此方法的应用提供了示范。

第二章　方法技术

第一节　数据库建设

一、数据来源

本书所引用的化探数据来源于西北五省经过系统整理、适度调平以后的数据。

西北地区地球化学图成图数据源于1985—2008年的所有西北地区区域化探数据。

西北地区区域化探工作比例尺有1∶50万和1∶20万两种,以1∶20万为主,新疆、青海部分工作难度较大的地区采用的工作比例尺为1∶50万。工作方法以水系沉积物测量为主,项目组在水系不发育的干旱荒漠区开展了土壤测量工作。本书引用的是39种元素共322 136条数据,这些数据是本次研究成图的基础。

二、数据库建设情况

数据库是项目实施的重要基础,采用GeoExpl多元地学数据管理平台。

西北地区区域化探数据为各省调平后的数据。将各省数据合并后制作点位符号图,发现各省之间部分元素含量存在明显的差异(台阶现象),为了消除这种系统误差,以各省为基本单元,对数据进行了调平。

数据计算采用基本单元乘系数的线性方法。除B、Ba、Be、Bi、Cu、Cr、Li、Mn、Ni、Sb、Sr、Th、U、V、Y、K_2O 这16个元素(氯化物)没有调平外,其他23个元素的具体调平系数见表2-1。

表2-1　西北地区区域化探数据调平系数表

省(区)	元素	系数	省(区)	元素	系数
甘肃	Au	0.8	青海	SiO_2	0.95
甘肃	Hg	0.7	青海	Sn	0.8
甘肃	La	0.9	陕西	Ag	0.7
甘肃	Sn	0.8	陕西	As	1.2
甘肃	Zr	0.9	陕西	Cd	2.5
宁夏	Al_2O_3	2.2	陕西	Co	0.9
宁夏	Au	0.8	陕西	Fe_2O_3	0.9
宁夏	Fe_2O_3	1.8	陕西	F	0.9
宁夏	K_2O	1.2	陕西	Hg	0.5
宁夏	MgO	1.2	陕西	La	0.9

续表2-1

省(区)	元素	系数	省(区)	元素	系数
宁夏	Mo	0.6	陕西	MgO	0.8
宁夏	Na_2O	2.0	陕西	Mo	1.8
宁夏	Nb	1.4	陕西	Nb	0.8
宁夏	SiO_2	1.8	陕西	Pb	0.6
宁夏	Ti	1.2	陕西	Sn	0.8
宁夏	Zr	1.3	陕西	Ti	0.9
青海	As	0.7	陕西	W	0.6
青海	Cd	0.8	陕西	Zn	0.7
青海	Hg	1.2	陕西	Zr	0.85
青海	La	0.9	新疆	Mo	0.7
青海	MgO	1.2	新疆	P	0.8
青海	P	1.2			

第二节 地球化学系列图件编制

地球化学系列图是以地球化学数据为基础编制的各类地球化学图件,包括单元素地球化学含量分级图、单元素异常图、组合异常图和综合异常图。我们应用调平后的数据重新编制区域地球化学图,依据各省提交的成果汇编单元素异常图、组合异常图和综合异常图。

一、单元素地球化学含量分级图

单元素地球化学含量分级图,通常叫作单元素地球化学图,简称地球化学图。单元素地球化学含量分级图的编制涉及数据网格化、含量分级以及色标设计等问题。

(一)编图范围

西北地区银地球化学图的编图范围为:东经73°50′—111°00′,北纬31°50′—49°30′,东西经度差37°,南北纬度差17°40′。

行政区划上的西北地区包括新疆维吾尔自治区、甘肃省、宁夏回族自治区、陕西省、青海省。

(二)数据网格化

编图区化探数据有两种空间分布类型:规则网格分布和非规则网格分布。规则网格数据主要来源于1:20万组合样数据,非规则网格数据主要来源于1:20万单点样分析数据。为了编图的统一性,工作组采用距离幂函数反比加权法进行数据网格化(图2-1)。

项目组针对全部数据,采用4km×4km的网格距、16km搜索半径进行数据网格化处理,处理时采用指数距离倒数加权的方法。各元素含量单位:Au、Ag、Hg、Cd这4个元素为"$\times 10^{-9}$",Al_2O_3等7个氧化物为"%",其余元素均为"$\times 10^{-6}$"。

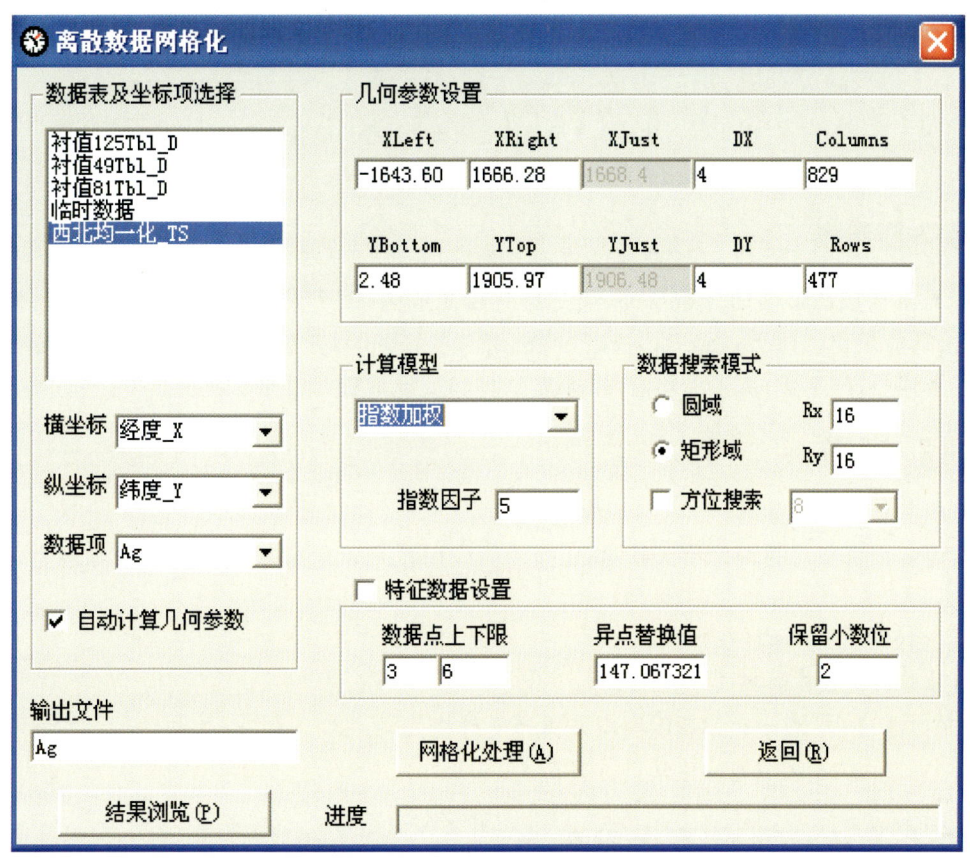

图 2-1 数据网格化参数设置图

(三)含量分级方案

在单元素含量等值线图中,含量等级的划分直接影响到地球化学的图面效果、地球化学空间分布规律和反映的地质特征等因素。考虑到这些因素,项目组采用了累计频率含量分级方法编图,数据共分为19级,按 0.5%、1.2%、2%、3%、4.5%、8%、15%、25%、40%、60%、75%、85%、92%、95.5%、97%、98%、98.8%、99.5%、100%相对应的含量勾绘等值线。

地球化学含量等值线累积频率分级频数及对应的地球化学背景和异常分带频数对照情况见表2-2。

表 2-2 地球化学含量等值线累积频率分级频数及对应的地球化学背景和异常分带频数对照表

序号	1	2	3	4	5	6	7	8	9	10	11	12	13	14	15	16	17	18	19
频数/%	0.5	1.2	2.0	3.0	4.5	8.0	15.0	25.0	40.0	60.0	75.0	85.0	92.0	95.5	97.0	98.0	98.8	99.5	100
分级	内带		中带		外带		低背景		背景			高背景		外带		中带		内带	
异常	负异常						背景							正异常					

分级色阶的选取方式为:以冷色调(蓝色)作为低值区,随着数据的增大,颜色变暖,即由蓝色—绿色—黄色—红色—深红色变化(图2-2)。

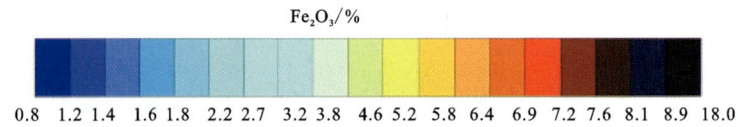

图 2-2　单元素含量等值线图面文件色阶设置示意图

（四）直方图制作

为了解元素在成矿带内的分布情况，项目组对西北地区 42 个成矿带的区域化探数据作对数直方图，组距及组端值规定：组距为 $\lg 0.1(\times 10^{-6})$ 或 $\lg 0.1(\times 10^{-9})$，分组数为 20。并且，在每个直方图上都标注成矿带代号、样本数、算术平均值、标准离差 S 和变异系数 C_v。

（五）引用的标准

编图引用的相关标准如下：

全国重要矿产资源潜力评价项目办发《化探资料应用技术要求》和《全国矿产资源潜力评价数据模型》；

《GB/T14496—1993 地球化学勘查术语》；

《GB/T17694—2009 地理信息　术语》；

《DZ/T0197—1997 数字化地质图图层及属性文件格式》；

《DZ/T0167—2006 区域地球化学勘查规范》。

二、单元素地球化学异常图编制

（一）成图数据来源

西北地区单元素异常图由西北各省（区）的单元素地球化学图汇总而来，其成图数据来源于西北各省（区）独立编制的单元素地球化学异常图，包括：①新疆单元素地球化学异常图 39 张；②甘肃单元素地球化学异常图 39 张；③宁夏单元素地球化学异常图 38 张（铀元素没有分析数据）；④陕西单元素地球化学异常图 39 张；⑤青海单元素地球化学异常图 39 张。

（二）单元素异常图编制

西北地区各省（区）单元素异常图主要制图参数见表 2-3。

各省（区）利用 GeoExpl 等软件进行编图及统计异常参数，输出 MapGIS 格式文件，并在 MapGIS 软件中建立元素地球化学异常点、线、面文件，完善属性结构，对图件进行规范化处理并填写相关属性。

省（区）级单元素地球化学异常图经统一投影参数后，拼接、分析整理、图层合并而成，全区共有 39 张异常图，包括 Au、Ag、As、B、Ba、Bi、Be、Cd、Co、Cr、Cu、F、Hg、La、Li、Mn、Mo、Nb、Ni、P、Pb、Sb、Sn、Sr、Th、Ti、U、V、W、Y、Zn、Zr、SiO_2、Al_2O_3、Fe_2O_3、CaO、K_2O、Na_2O、MgO 等元素异常图。

参照《化探资料应用技术要求》，我们分别编制全区 39 个元素（化合物）地球化学异常图，在西北全区范围内，对各单元素地球化学异常进行综合分析研究，在总结规律的基础上进行合理、必要的取舍。

我们将单元素异常区图层分为外、中、内 3 个带，使用淡红色—浅红色—深红色 3 级颜色进行区分，异常编号以省（区）为单位，按自左到右、自上而下原则逐一编号，异常编号格式为："省（区）号前两位＋元素符号＋异常序号"。

表 2-3　西北各省(区)单元素异常图编图参数表

序号	主要制图参数	新疆	甘肃	宁夏	陕西	青海
1	确定异常下限方法	分区	衬值	衬值	衬值	衬值
2	衬值窗口大小/km		49×49	25×25	49×49	49×49
3	网格距/km	4×4	2×2	2×2	2×2	4×4
4	搜索半径/km	12	5	5	5	10
5	网格方式	指数距离倒数加权法				
6	异常下限/%	85	85	85	85	$X+1.5S$
7	异常中带/%	92	95.5	95.5	95.5	$X+2.5S$
8	异常内带/%	98	98	98	98	$X+3.5S$
9	属性取值/%	对应值	同频数真值	同频数真值	同频数真值	最小值1.5倍

异常沿省(区)界存在的压盖问题主要是由各省(区)使用的省(区)界对接不完全吻合造成。省(区)界的异常压盖重复,如在甘肃和青海的部分边界;省界分离处形成的异常不完整,如在甘肃和陕西的部分边界。

(1)甘肃和青海的部分边界由于划界不一致,因此有较多面积重复,实际成图数据也是重复的,异常压盖程度也较高,主要保留了面积大、强度高的异常。如图 2-3(a)中青海的 63Cu256 和甘肃的 62Cu331,两个异常强度都较高,舍去面积较小的 62Cu331,只保留 63Cu256 异常。

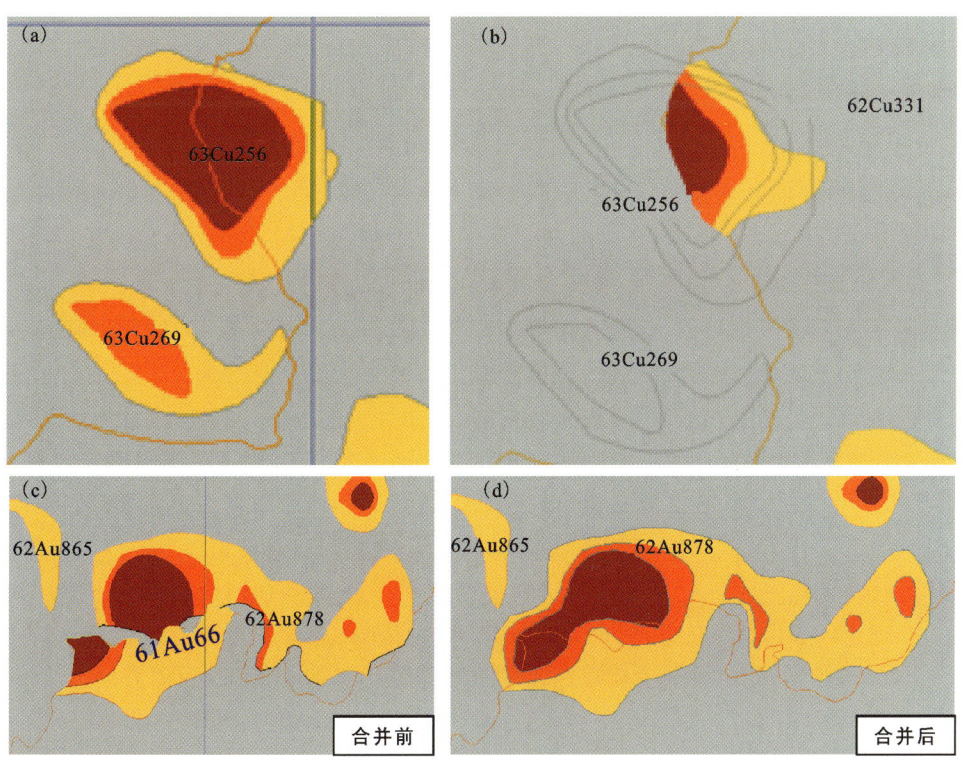

图 2-3　异常归并原则示意图

(2)甘肃和陕西的部分边界存在微小误差,沿省界形成异常断开的现象,对省界两边面积大、强度高的异常作重新拓扑处理,属性值依据就高不就低的原则,挂相对较高的异常属性,以保持异常的完整性[图2-3(b)]。

(3)对于沿省界存在压盖的弱小异常,根据实际情况处理。压盖程度高的,异常采用就大不就小的原则,属性值采用就高不就低的原则;压盖程度低的,通过整体移动,分开异常,使各自保持完整[图2-3(c)、(d)]。

(三)单元素异常数据库建设

单元素异常数据库是指空间数据库中单元素异常部分。

1. 省(区)级建库过程

(1)在收集整理各省(区)39种单元素分析数据的基础上,建立全省(区)数据库,然后在GeoExpl平台上进行制作。

(2)在GeoMAG中对异常图进行规范图件结构化处理,生成数据模型格式,使区属性表的内容完全符合模型要求,对不完整项,可以将图元属性表转出,补充完善后,再将图元属性表转入。

2. 西北地区汇总过程

(1)异常区属性表中,在原省(区)级异常编码前增加相应省(区)代码(两位数字)后,将各省(区)相应图层文件合并。在大区级的异常文件属性结构表中增加"大区异常编号"属性项(字段名称:DQBH;字段类型:字符型;字符长度:30),并统一编号,编号按省(区)代码(两位)+元素符号+顺序号方式编写,如62Ag23。

(2)检查无误后,将五省(区)提交的属性表进行合并。

三、地球化学综合异常图编制

大区综合异常图与单元素异常图一样是由各省(区)的综合异常图汇总而来的。在综合各省(区)编图类型的基础上,西北地区共编制了金、银、铜、铅、锌、钨、锡、钼、锑、镍、铬、稀土12个矿种综合异常图。

(一)组合异常图编制(中间过渡图)

在单元素异常图基础上编制组合异常图时,首先研究各省(区)各种成因类型金矿典型矿床,再根据典型矿床确定的矿致异常元素组合,编制组合异常图。

西北金矿主要成因类型有热液型、海相火山岩型、陆相火山岩型等。根据以上典型矿床研究,可编制Au、As、Sb、Hg、Pb、Ag等组合异常图,如以主成矿元素(Au)异常图为基础,保持单元素异常内、中、外三带(面)形式不变,叠置各组合元素异常,以线形式表达(以不同颜色区分),作为下步成图的中间过渡图。

(二)省级综合异常图编制

我们在组合异常图基础上,编制金矿综合异常图。综合异常的圈定:以找矿目标为主导,将目标矿种元素作为主元素,密切相关的元素作为伴生元素,根据各元素与主成矿元素在空间上的重叠程度来确定元素的入选及伴生元素异常范围。与地球化学组合异常不同的是,在圈定伴生元素异常之前,本着目标明确、形态规整、凸显规律且异常范围尽可能小的原则,在对应组合异常图的基础上,对大面积区域异常进行改造,使主要目标元素异常面积不大于$1000km^2$。范围的圈定不是以各伴生元素异常范围的外形轮廓为中心,而是以主成矿元素范围为中心,在主元素异常边界外适度外扩,圈定与主成矿元素相关的伴生元素异常范围,用单一的线文件表达。

(三)大区综合异常图编制

大区综合异常图编制主要是指汇总各省(区)的编图成果,汇总时遵循以下原则。

(1)西北五省(区)在汇总综合异常时,对相邻省(区)界相连接的异常按下列原则处理:①异常就大不就小的原则;②属性值就高不就低的原则。

(2)对各省(区)原划分的综合异常成因类型主要根据陈毓川等编著的《重要矿产预测类型划分方案》进行归并和规范。

四、西北地区地球化学综合研究图件编制

由于各省(区)单元素异常圈定方法不一致,同时各省(区)编图比例尺较大、数据网格化窗口较小且大小不一致,因而在大区层面上异常显得特别细碎,不利于在大区层面上进行对比研究。为了开展大区范围内成矿环境和成矿条件以及典型地质要素的地球化学研究,我们在大区层面上针对研究目的编制了系列综合研究图件。下面介绍该类图件的数据处理、编图方法及图件种类等。

(一)数据准备

我们采用大区地球化学编图所统一新建的数据库进行编制。例如,我们使用西北新数据库编制了西北地区地球化学图(见《中国西南地区地球化学图集》),但地球化学景观、采样介质等多项综合因素不同程度地影响了元素分布背景及分布规律的显示,特别是一些具一定规模的矿床没有相应元素的地球化学显示(图2-4)。

为了消除这种影响,同时也为了消除各元素量纲以便于累加处理,在大区编制综合研究地球化学图件时我们对数据作了衬值处理。作衬值处理是为了较好地保存地质背景信息,经过对比我们选用了小步长大窗口的处理办法。具体做法为:衬值处理内(小)窗口大小为"单点",外(大)窗口为125km×125km,滑动步长为"每点"。图2-5是衬值处理后的Cu地球化学图。

经过大窗口小步长滑动平均衬值处理后数据编制的Cu地球化学图与用未经处理的原数据所做的地球化学图相比表现出以下几点优势。

(1)整个西北的构造地球化学格局更加清晰。

(2)东、西昆仑成矿带,阿尔金成矿带,东天山-北山成矿带等背景上的Cu元素异常显著度明显提高,而阿尔泰、准噶尔以及秦岭等成矿带大面积的Cu元素高背景得到了抑制,突出了异常。

(3)东天山、北山、东昆仑铜矿聚集区无异常或异常很弱的情况得到了明显扭转。

(二)元素组合异常的划分

与单元素异常相比,多元素组合异常不仅反映了不同元素异常的空间关系而且也有了相对明确的地质意义。组合异常可以分为3类,即成矿元素组合异常、指示元素组合异常和成矿环境元素组合异常。

(1)成矿元素:依据潜力评价总体要求,成矿元素选定为Au、Ag、Cu、Pb、Zn、W、Sn、Mo、Sb、Cr、Ni、Fe、F(萤石)等几个矿种作为预测矿种。

(2)成矿指示元素:①As、Sb、Hg(低温指示元素);②W、Sn、Mo、F、Be、B(高温指示元素)。

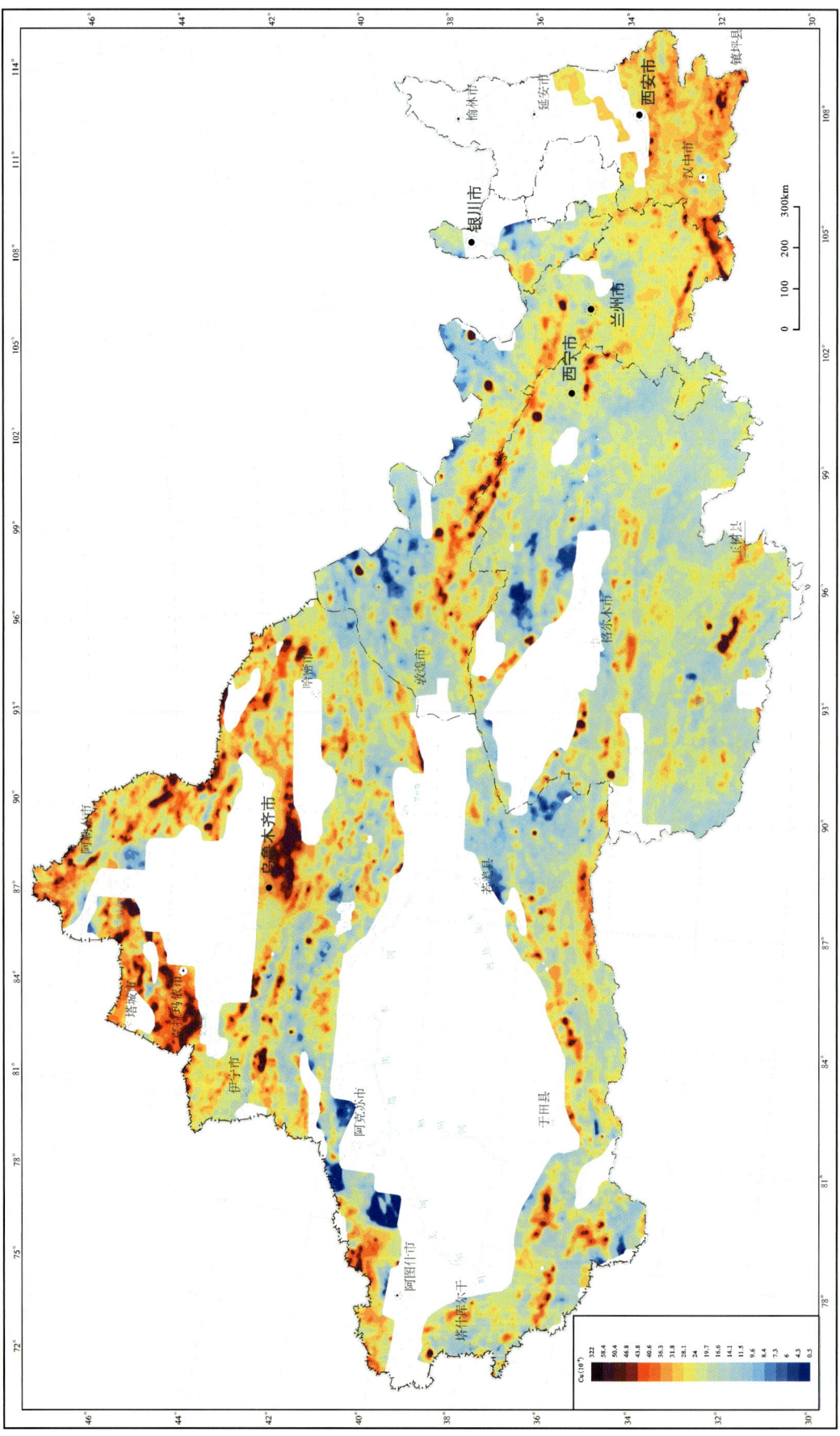

图 2-4 西北地区 Cu(原数据)地球化学图

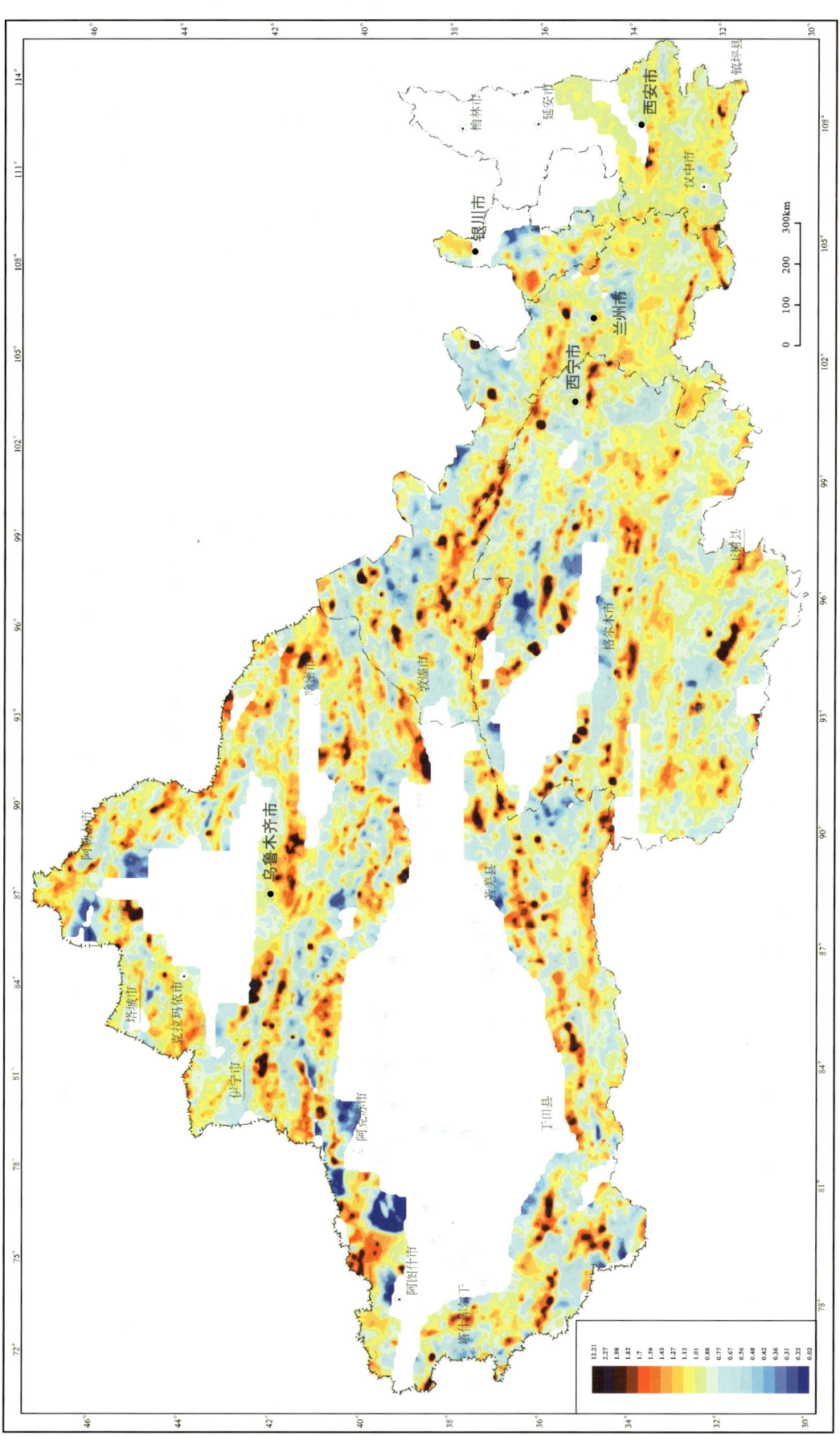

图 2-5 西北地区 Cu 滑动平均衬值地球化学图（衬值窗口 125km×125km）

(3)成矿环境元素:①反映深成岩浆成矿环境的元素组合有 Cr、Ni、Co,Mg(富镁),Fe(富铁);②判断碱性岩浆岩与酸性岩浆岩元素组合有富 Na、K 组合,富 Si、Al 组合。

成矿元素异常、指示元素异常和成矿环境元素异常的划分是相对的,异常元素组合的变化随矿种的不同而变化。如 Cr、Ni、Co 既是成矿元素,又是成矿环境指示元素;同样 W、Sn、Mo 既是成矿元素,又是高温指示元素。

(三)单元素衬值地球化学图及异常图的编制

(1)编图元素的确定。单元素衬值地球化学图及异常图是其他综合研究图件编制的基础。我们可根据以上元素组合划分所涉及的元素确定编制 Au、Cu、Pb、Zn、W、Sn、Mo、Sb、Cr、Ni、Fe、F(萤石)、Hg、As、Be、B、La、Y、Zr 等元素以及 SiO_2、Na_2O、K_2O、Fe_2O_3、MgO 等氧化物衬值地球化学图及衬值插图。

(2)数据网格化。单元素及氧化物衬值地球化学图网格化方案:采用网格距 6km×6km、15km 搜索半径,数据模型选用指数距离倒数加权法。

(3)等值线分级方案。为了方便对比研究,衬值地球化学图与常规数据单元素地球化学图等值线分级方案一致,采用了累计频率含量分级方法,数据共分为 19 级。

(4)异常的确认及表述。采用了累计频率含量分级方法确定异常,正异常与负异常同时表达。累计频率大于 92% 为正异常,分为 92%、95.5%、97%、98%、98.8%、99.5% 这 6 条等值线;累计频率小于 8%,为负异常,分为 0.5%、1.2%、2%、3%、4.5%、8% 这 6 条等值线。

(5)底图内容。以西北地区地球化学分区线文件和矿产信息作为衬值地球化学图及异常图的底图内容。

(四)多元素累加地球化学图

多元素累加即按照上述元素分组进行累加,其他方法技术、图面内容与单元素衬值编图相同,不再赘述。

第三节 地球化学参数统计及其地质意义

地球化学方法是极具活力的地学研究手段,地球化学调查所获取的海量数据资源里蕴含着丰富的地学信息,为很多地学问题的科学认识、定量评价、精准分析提供了有力的支撑,统计地球化学特征参数就是发掘这些重要地学信息的手段之一。地球化学特征参数种类繁多,本节仅就解决基础地学问题所用到的有关参数获取方法及其地学意义作简要介绍。

一、区域地球化学背景参数统计

(一)平均值

1. 平均值的定义及计算

平均值分为算术平均值和几何平均值,它们的表达式如下。
算数平均值:

$$\overline{X} = \sum_{i=1}^{N} A_i / N \tag{2-1}$$

几何平均值：

$$\overline{X} = \sqrt[N]{A_1 \times A_2 \times \cdots \times A_N} \qquad (2-2)$$

用一组数 $A_1, A_2, \cdots, A_N$ 的和除以该组数据的个数 N 所得出的平均值叫作算术平均值或代数平均值，用一组（N 个）数据的积再开该组数据的个数（N）次方而求得的平均值叫作几何平均值。根据均值不等式：

$$\sum_{i=1}^{N} A_i / N \geqslant \sqrt[N]{A_1 \times A_2 \times \cdots \times A_N} \qquad (2-3)$$

可以看出，如果 $A_1, A_2, \cdots, A_N$ 是 N 个正实数，则算术平均值大于等于几何平均值，当且仅当 $A_1 = A_2 = \cdots = A_N$ 时，算术平均值等于几何平均值。同样根据均值不等式可以看出 $A_1, A_2, \cdots, A_N$ 数值的差异越大，算术平均值与几何平均值的差异就越大。

2. 平均值的地质意义

平均值是在地质找矿工作中评价研究对象中成矿物质丰缺的重要指标，同时还可以依据算术平均值与几何平均值的大小差异程度判断同一元素在不同样本间含量的大小差异，它们两者的差异越大，说明元素在不同样本间含量差别越大。

（二）富集系数

1. 富集系数定义及计算

某一元素在某一研究对象中的平均值 X_1 与它在与之有关的另一研究对象（或参照物）中平均值 X_0 的比值 X_1/X_0 叫作富集系数。如，一个元素在一个地质体的次生晕与其原生晕的含量比值，或一个元素在一个次一级地质单元中的含量与高一级地质单元中的含量比值。

2. 富集系数的地质意义

与平均值一样，富集系数可以作为一个元素在某一地质体中成矿物质条件优劣的度量，但是平均值有具体量纲，所以只可以用于同一元素在不同地质体中含量高低的对比。而富集系数是一个无量纲参数，不仅可以用于同一元素在不同地质体中丰缺程度的对比，也可用于同一地质体中不同元素丰缺程度的对比，因此富集系数是研究成矿物质条件的重要参数。

（三）均方差（标准差）

1. 均方差的定义及计算

均方差，也称标准差或标准离差，是一个数据集中各数据偏离平均数的距离平方和的平均数的平方根，用 s 或 σ 表示。标准差能反映一个数据集的离散程度。其表达式为：

$$s = \left[\sum_{i=1}^{N} (X_i - \overline{X})^2 / N \right]^{1/2} \qquad (2-4)$$

简单来说，均方差是一组数据相对其平均值偏离程度的一种度量。一个较大的标准差，代表大部分数值和其平均值之间差异较大；一个较小的标准差，代表这些数值较接近平均值。均方差是一个离散型参数，具有与均值相同的度量单位，反映绝对的离散程度。

其修正公式为：

$$s^* = \left[\sum_{i=1}^{N} (X_i - \overline{X})^2 / (N-1) \right]^{1/2} \qquad (2-5)$$

2. 均方差的地质意义

在地球化学研究中均方差的地学意义代表的是一个元素在研究对象(特定的地质体或构造单元)中分布的均匀程度,均方差越大说明元素分布得越不均匀,不均匀则有利于局部富集成矿,均匀分布则不利于成矿。

(四)变异系数

1. 变异系数的定义及计算

一个数据集均方差与其平均数的比值称为变异系数,变异系数又称标准差率,其表达式为:

$$C_v = \frac{s}{\bar{X}} \times 100 \tag{2-6}$$

变异系数与均方差一样,是衡量一个数据集中各个数偏离其平均值程度的一个统计量。但是由于变异系数是均方差与相应平均值的比值,消除了量纲,所以可以用于多个对象之间的比较。

2. 变异系数的地质意义

与均方差一样,变异系数是一个地质体元素分异程度的度量,但由于变异系数没有量纲,所以在地学研究中可以应用变异系数比较同一地质体中不同元素的分异程度,变异系数大的元素分异程度高,有利于局部富集成矿。

二、地球化学异常参数统计

与区域地球化学研究一样,异常作为研究对象也要进行以异常为对象的特征参数统计,异常区内特征参数除了包括区域地球化学参数统计提到的异常区平均值、富集系数、均方差以及变异系数外,还包括异常下限、异常强度、异常衬度、异常规模等特征参数。

1. 异常下限

区域地球化学异常是相对于区域地球化学背景而言的。区域地球化学背景不是一个确定的含量值,而是一个含量范围,我们一般将背景含量范围的最大值称为背景上限,当元素含量(或其他指标数据)超过区域背景上限时称它为异常,因此异常下限(threshold of anomaly)就等于背景上限。

2. 有关异常参数计算

各省(区)在异常评价时统计了以下异常参数。

1)异常强度(intensity of anomaly)

异常区内元素含量平均值(X_a)与异常下限(T)的比值叫作异常强度(L_a)。

$$L_a = X_a / T \tag{2-7}$$

由上式可以看出异常是一个无量纲参数,所以不同元素的异常强度可以进行对比。

2)异常规模(anomaly dimension)

异常规模以往多用 NAP(规格化面金属量)表述,表征异常面积大小与强度的综合性参数。

3)异常衬度(anomaly contrast)

异常衬度指异常内元素平均含量与背景值之比。本书中异常衬值与异常强度同义。

第四节 应用地球化学方法研究资源潜力评价中若干地质问题

地球化学因其信息量大、数据客观等特点,可以很好地用来讨论潜力评价工作中的很多地质问题。如,研究对象成矿物质条件、物质分异程度(成矿地质作用)、异常显著度等都是利用化探的统计数据信息定量描述相关地质问题的积极尝试。

一、异常显著度

地质研究工作中描述化探异常时,经常会提到某元素异常显著或不显著,这通常是研究者凭借自己的感觉所作的定性描述。本书用一个地质体单位面积的某异常规模来定量表述某元素异常显著度(significant-index),某研究区的异常规模具体定义为:

$$S_i = \sum_{i=1}^{n} A_d / S \tag{2-8}$$

式中,S_i 为异常显著度,A_d 为异常规模,S 为研究区总面积。

二、成矿有利度

在进行一个地质体(某个地质单元)元素成矿条件分析时通常认为,一个元素背景值高,表明该元素的成矿物质条件好,但不一定能够成矿,还必须参考其分异程度(变异系数)。同样,一个元素分异程度很高,即变异系数很大,如果其成矿物质不够丰富,也不一定能够成矿。只有将元素富集系数 K 和相应元素的变异系数 C_v 进行综合考虑,才能得出较客观的分析结论。为此引入了成矿有利度系数概念,定义为:

$$M_a = K \times C_v \tag{2-9}$$

专业中我们一般把同时能体现元素富集系数 K 与元素变异系数 C_v 之积定义为成矿有利度系数。

第三章　西北地区区域地质及矿产特征

西北地区地质单元众多，我国著名的天山、祁连、秦岭、阿尔泰、昆仑造山带以及若干大中型内陆盆地，如塔里木、鄂尔多斯、准噶尔、柴达木等都在本区内，既有古老的大陆地块，也有年轻的造山带，且经历了不同构造体多阶段的复杂演化，这决定了本区地质系统的复杂性、多样性和特殊性。自太古宙至新生代各纪地层、岩浆岩均有出露，记录了本区大陆壳早期的形成，大陆岩石圈的伸展、裂解和洋壳岩石圈俯冲消减的各种信息。

第一节　区域地质特征

一、区域地层特征

(一) 区域地层概述

西北地区前寒武系绝大多数出露于古生代造山带内。太古宇—古元古界由高—中级变质岩组成，构成本区早期大陆地壳的重要组成部分，除库鲁克塔格和陕豫西部地区外，这两个时代地层多数被改造和再造。中元古界以层状有序为主，少数层状无序，以活动类型为主，其次为过渡（准活动或准稳定）类型和稳定类型。活动类型多数为火山岩-沉积岩组合，过渡类型和稳定类型以泥质岩、碎屑岩-碳酸盐岩组合为主，有陆内坳陷、被动陆缘、活动陆缘和陆间裂谷（陷）等多种沉积-构造盆地，基本反映了中元古代是在古元古代基底固结后的大陆壳基础上，经历了陆壳加厚、陆缘增生、陆间侧向和垂向加积的复杂演化过程。新元古界分布范围较中元古界小，多数成层有序，有活动、过渡和稳定沉积类型，沉积组合以泥碎屑岩-碳酸盐岩（或以碳酸盐岩）为主，仅中南秦岭青白口系为火山岩-沉积岩组合。南华纪—震旦纪出现冰成岩组合，形成于陆内坳陷、陆缘裂陷（谷）、被动陆缘等多种沉积-构造盆地，反映本区新元古代稳定区与活动带进一步分异。

古生界是构成各造山带的主体，各地层区特征差别明显，但均由海相和陆相地层两部分组成。海、陆相地层的全面转换时间在区内有一定规律性，大致以阿尔金-北山构造带和青海湖南缘-唐藏-丹凤断裂带为界可划分为4个大区：①东中部大区（含北秦岭、祁连、鄂尔多斯地层区）下古生界为海相地层，晚古生代先后由海陆相地层转为陆相地层；②西北部大区（含阿尔泰、准噶尔、天山、塔里木北部等地层区）寒武系—石炭系以海相地层为主，自二叠纪始先后由海相地层、海陆交互相地层转变为陆相地层；③中北部大区（含阿尔金-北山、锡林浩特地层区）寒武系—中二叠统以海相地层为主，晚二叠世先后转换为陆相地层；④南部大区（含柴北缘、中南秦岭、汉南等地层区）寒武系—中三叠统为海相地层，晚三叠世为陆相地层。在后3个大区泥盆纪不同程度出现海陆相和陆相地层。

中—新生代地层以陆相为主，其次为海相。陆相地层主要分布于大、中型内陆盆地和中、小型山间（断陷、走滑）盆地，前者有塔里木、鄂尔多斯、柴达木、准噶尔、吐哈等盆地，后者有河西走廊、兰州、西宁等盆地。主要沉积组合为含煤泥碎屑岩、含油盐泥碎屑岩、杂色碎屑岩及火山岩-碎屑岩4种基本组合。三叠纪海相和陆相地层可划分为两个大区，大致以中祁连—北秦岭一线为界，以北地区暂称为北大陆区，以陆相地层为主，属欧亚大陆的组成部分，仅在鄂尔多斯西南缘麟游、岐山出现少数滨海海湾相沉积；以南地区称南部海区，三叠系为海相层，属中生代特提斯海范畴，海盆自北向南、由东向西退缩。自晚三叠世始西北地区主体转入陆相沉积，仅在塔里木西南及西南天山有少数白垩纪—古近纪海相、海陆相沉积。

（二）地层区划及基本特征

在中国地质调查局西安地质调查中心编制的《中国西北地区地质图》中，专业人员将西北地区区域地层划分为22个一级区、46个二级区（徐学义等，2008）（图3-1），基本特征如下。

1. 阿尔泰地层区

阿尔泰地层区主体在我国境外，西北地区内仅涉及其南部，南以额尔齐斯断裂带与准噶尔地层区分界，主要由前二叠纪海相地层组成，上石炭统为海陆相地层，二叠纪始全面转为陆相地层。出露最老地层为中元古代中级变质岩（片麻岩、石英片岩、斜长角闪岩夹大理岩组成）苏普特岩群，构成变质基底。南华系—下寒武统由具复理石特征的低级变质碎屑岩组成（喀纳斯岩群）。下古生界发育不全，缺失中—晚寒武世和早志留世沉积记录。奥陶系由低级变质碎屑岩和中酸性火山岩组成（哈巴河群和东锡勒克组—白哈巴组）。中—顶志留统由陆源碎屑岩、火山碎屑岩夹少数中性—酸性火山熔岩组成（库鲁木提组 S_{2-4}），具火山复理石沉积特征。泥盆系—石炭系由两个火山—沉积旋回组成，下—中泥盆统为早期旋回，由酸性火山岩、火山碎屑岩和陆源泥质碎屑岩组成（阿舍勒组 D_{1-2} 和康布铁堡组—阿勒泰组），横向上火山岩与碎屑岩互变，顶部以碎屑岩为主。上泥盆统—上石炭统为晚期旋回，下部火山岩以中性为主，其次为基性，火山角砾岩发育（齐也组 D_3）；上部火山岩以酸性为主，其间夹滨-浅海相泥质岩、碎屑岩和灰岩，构成两个次级喷发旋回。齐也组火山岩为阿舍勒地区铜矿主要赋矿层位。上石炭统由含植物化石碎屑岩、灰岩组成，代表本区海相盆地已收缩。二叠纪陆相火山碎屑岩组合为造山后上叠内陆盆地。中生代仅有零星的侏罗纪地层沿断裂分布，新生界属准噶尔盆地北部边缘沉积，与准噶尔盆地一致。

2. 准噶尔地层区

准噶尔地层区大致以准噶尔新生代盆地为界分为东、西两个地区，东准噶尔南以卡拉麦里断裂与北天山地层区分界，主体由晚古生代以来的地层组成，自二叠纪始全面转为陆相地层。前寒武系仅见少数中元古代高—中级变质岩呈断块出露。下古生界零散出露，早寒武世仅有少数火山岩，以奥陶系、志留系为主，未见与下伏地层之间的关系。奥陶系由活动类型火山岩、泥质碎屑岩夹硅质岩组成，伴生有不同性质的蛇绿岩（西准噶尔有唐巴勒、洪古勒楞；东准噶尔有阿尔曼泰-北塔山），说明本区在早古生代早—中期陆壳发生过伸展裂解，形成规模不等的洋盆。志留纪地层东、西准噶尔有所不同，东准噶尔北部缺失，为剥蚀区，南部地层由浅海相碎屑岩夹碳酸盐岩组成（白山包组—红柳沟组）。西准噶尔南部地层由陆源碎屑岩-中基性火山岩夹硅质岩组成，下与奥陶系不整合接触，共生玛依拉山蛇绿岩。以上特征充分揭示了早古生代晚期东、西准噶尔沉积-构造盆地的明显差异。泥盆系较为发育，主要分布于达拉布特、卡拉麦里泥盆纪蛇绿岩带的北侧，形成于陆缘盆地，以滨浅海相为主。中、上泥盆统普遍为海陆相或陆相沉积，由火山岩、碎屑岩组成。下石炭统普遍由滨浅海-海陆交互相陆源碎屑岩-火山碎屑岩组成，下部夹中基性火山岩，中部局部夹煤层，但西准噶尔南部由中—深海具浊积岩特征细碎屑岩组成。东准噶尔上石炭统主要分布于南部，早期由陆相中酸性和中基性火山岩夹碎屑岩组成，晚期为海陆交互相地层；西准噶尔北部地层为海陆相火山碎屑岩、陆源碎屑岩夹火山岩，南部地层由中—深海陆源碎屑

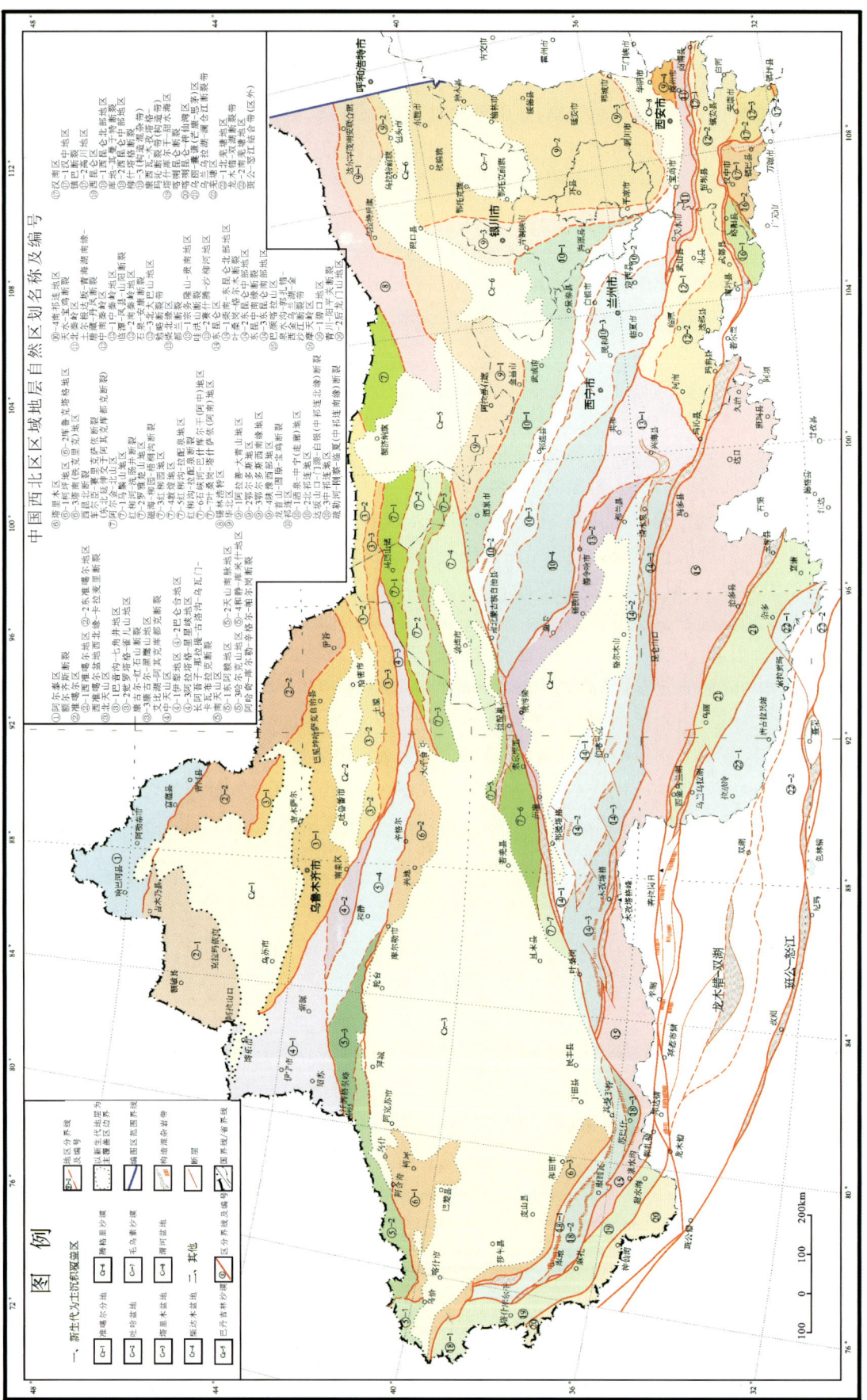

图 3-1 西北地区区域地层自然区划图

岩-火山碎屑岩-中基性火山岩夹硅质岩组成,其间为浅海沉积。二叠系全为陆相地层。中生界与北天山构成同一沉积区,准噶尔盆地周边为剥蚀区,山前为山麓-河流相沉积,盆内为河流-湖泊沉积。侏罗系由沼泽相含煤泥碎屑岩组成。新生代地层主要形成于河流-湖泊环境,新近纪准噶尔盆地进一步扩大。

3. 北天山地层区

该区南以艾比湖-阿其克库都克断裂为界与中天山地层区毗邻,自南向北划分为康古尔—黑鹰山、觉罗塔格—雀儿山和巴音沟—七角井3个次级地区,主要由显生宙地层组成,中、晚二叠世全面转为陆相地层。前寒武系仅有中元古代变质岩呈断块零星出露于东、北部,其组成与中天山及准噶尔地层区相同。早古生代未发现寒武纪沉积记录。奥陶系由碎屑岩和火山岩不等厚互层组成,东段夹灰岩。志留系主要由海相陆源泥质岩、细碎屑岩组成,但东、西段特征有所差别。西段(新疆境内)缺失下—中志留统,志留系上部与泥盆系下部为连续沉积,下部与奥陶系不整合接触;东段发育较全,中—上志留统由厚达千米的中基性和中酸性火山岩组成,志留系与奥陶系整合接触,上部与泥盆系不整合接触。泥盆系主要由火山熔岩、火山碎屑岩夹陆源细碎屑岩组成,夹硅质岩及少量大理岩,横向变化大。

该区石炭系与准噶尔和南天山地层区略有不同,除将军庙一带为海陆相碎屑岩组合外,多为海相活动类型火山岩-碎屑岩组合,火山岩为中、酸性和中、基性不同组合,主体为伸展型火山盆地。二叠系组成较为复杂,地层单位较多,有海相、海陆相和陆相,大致可归纳为5种组合:①中、酸性火山岩组合自北向南由陆相至海陆相;②海相-海陆相碎屑岩-火山岩组合;③滨浅海相陆源碎屑岩-碳酸盐岩组合;④山麓-河湖相碎屑岩组合;⑤三角洲-湖相含油泥质岩、碎屑岩组合。二叠系与下伏石炭系、上覆三叠系的关系,除博格达一带整合外,其余地区普遍有沉积间断。

中生界以准噶尔、吐哈内陆盆地沉积为代表,以湖河相沉积为主。新生界分布与中生界基本一致,由河湖相含石膏砂、砾岩组成。

4. 中天山地层区

中天山地层区南、北均以断裂为边界与南天山和北天山地层区相邻,向东于明水以东被断层切割尖灭,依地层特征及空间分布,分为西、中、东3个地区,西段伊犁地区地层较为完整,主要由前中生代地层组成,中—新生界主要分布在伊宁盆地。

前南华系由两种地层序列组成。第一种序列,古元古界由混合岩化高—中级变质岩组成,原岩下部为火山-沉积岩,上部为陆源碎屑岩-碳酸盐岩组合,构成变质基底。长城系为低级变质浅海准活动类型陆源碎屑岩-碳酸盐岩组合,夹不稳定酸性和基性火山岩,构成准盖层。蓟县系—青白口系由滨-浅海准稳定—稳定类型碳酸盐岩夹碎屑岩组成,构成两个沉积旋回,下旋回局部含磷,上旋回底部局部含赤铁矿,上部含铁、锰质,具盖层性质。第二种序列,太古宇—古元古界由高—中级变质岩组成,岩石组合较为复杂,原岩包含火山岩-火山碎屑岩、陆源碎屑岩、碳酸盐岩(北山杂岩和温泉岩群),属无层无序地层类型,构成变质基底。长城系由混合岩化中级变质岩组成,原岩为火山岩-碎屑岩-碳酸盐岩组合,属成层无序地层类型,具火山复理石沉积特征。蓟县系由中—低级变质岩组成,原岩主体为陆源碎屑岩-碳酸盐岩组合,碎屑岩与碳酸盐岩常为互变,碳酸盐岩有镁质和钙质两种类型,偶夹火山岩,属海陆相过渡类型沉积。这种序列一般缺失青白口纪沉积记录。

南华系—震旦系仅见于伊犁地区,由陆源碎屑岩和冰成岩组成,底部夹粗玄岩,碎屑岩成熟度低,但普遍含磷,冰成岩不稳定,彭昌文等(1991)认为通过与库鲁克塔格同层位对比可知,其主体形成于滨浅海环境,属准活动类型沉积。

下古生界主要分布于伊犁地区北部婆罗科努山一带。寒武系—奥陶系为一个连续沉积序列,由含磷碎屑岩-碳酸盐岩组合→笔石相碎屑岩-碳硅质岩-碳酸盐岩组合序列构成。早古生代中天山南、北缘存在两条蛇绿岩带(南部为长阿吾子-古洛沟-乌瓦门,北部为干沟-米什沟),中天山早古生代沉积环境可能为南、北海洋盆地之间的陆缘区,北部婆罗科努山一带上奥陶统晚期为碳酸盐岩沉积,与上(志留纪)、下(晚奥陶早期)地层不整合接触;南部志留系火山岩-碎屑岩组合的出现可能与南缘海洋盆地的闭合(俯冲消减)有关。

上古生界主要分布于伊犁地区,普遍缺失早泥盆世沉积记录,中—上泥盆统由海相-海陆相或陆相地层组成。下部与中泥盆统有沉积间断,陆相地层由河湖相杂色碎屑岩组成。石炭系分布比泥盆系广,由海相地层组成,总体反映石炭纪本区沉积盆地由火山喷发—正常沉积的充填过程和由海侵到海退的沉积环境变化。二叠系由海陆相和陆相地层组成。下二叠统由巨厚海陆相火山岩组成,不整合于石炭系之上。中—上二叠统由河湖相碎屑岩-基性火山岩-含煤碎屑岩组成,不整合于下二叠统之上,形成伊宁山间盆地。

中—新生代地层与北天山相同,但发育不全,缺失早三叠世、白垩纪及古近纪沉积记录。新近纪为河湖-山麓相碎屑岩,主要分布于伊宁盆地。

5. 南天山地层区

南天山地层区位于中天山和塔里木两个地层区之间,南、北均以断裂为边界,东段被阿尔金—北山地层区所截,自西向东分为4个地区,以古生界为主,中二叠统由海陆相地层全面转为陆相地层。

前寒武系零散出露,未见青白口系,其他各个时期地层与中天山区第二种序列组合近似。下元古界被称为"兴地塔格群",出现片麻岩、变粒岩、石墨片岩,强混合岩化。长城系—蓟县系的组成与中天山和柯坪地区相似,属海相陆缘火山岩-碎屑岩-碳酸盐岩组合。南华系—震旦系由海相碎屑岩夹陆相冰成岩组成。中元古界总体属塔里木古元古代陆块陆缘带沉积,但变质变形较为复杂,说明经历了后期的强烈改造和再造。

下古生界以东段和库米什地层系统发育较为完整。寒武系—奥陶系零星出露,主要由陆源碎屑岩-碳硅质岩-碳酸盐岩序列组成。志留系分布较广,主要由成熟度低的陆源碎屑岩-凝灰碎屑岩-碳酸盐岩组成,夹不稳定火山岩,形成于陆棚浅海-斜坡环境。

上古生界的组成与中天山和北山地层区不同,与塔里木地层区关系密切。泥盆系由泥质碎屑岩、碳酸盐岩夹火山岩组成,总体为海退沉积序列。石炭系普遍不整合于泥盆系之上,下石炭统为稳定类型滨-浅海碎屑岩-碳酸盐岩组合。上石炭统—下二叠统组成与下石炭统近似,但碳酸盐岩较为发育。二叠系由海陆相中酸性火山岩、凝灰岩、凝灰质碎屑岩-杂色陆相碎屑岩夹碳质页岩序列组成。

中—新生界已属塔里木盆地的组成部分,地层序列完整,大致可划分为库车-拜城、西南天山-东阿赖两个沉积区。

6. 塔里木地层区

研究区仅涉及该区北部,北与南天山毗邻,东被阿尔金—北山地层区所截,内部划分为柯坪、库鲁克塔格和塔里木盆地3个地区。前中生界主要出露于前两个地区,塔里木盆地被大面积新生界覆盖,盆缘出露部分为中生界。

前寒武系出露完整。太古宇具高级片麻岩和花岗-绿岩带组合特征(达格拉格布拉克杂岩 Ar_{2-3}),出现3262Ma年龄数据,构成结晶基底。古元古界由中—低级变质复陆屑浊积岩组成(兴地塔格群 Pt_1),与太古宇有沉积间断,构成褶皱基底。中元古界不整合于古元古界之上,由低级变质泥质岩、碎屑岩-碳酸盐岩-火山岩序列组成。青白口系为稳定类型碎屑岩-镁质碳酸盐岩组合,与下伏地层平行不整合。南华系—震旦系发育完整,以冰成岩为特征。

下古生界主要形成于元古代陆块周缘盆地。寒武系—奥陶系主要由含磷、铀硅质岩、碳酸盐岩-泥质岩、碎屑岩、硅质岩、碳酸盐岩序列组成。泥盆系与志留系为连续沉积,在柯坪地区自陆块向边缘由海陆相碎屑岩、碳酸盐岩-陆相碎屑岩序列组成，其西南边缘（东阿赖一带）由陆缘斜坡碎屑岩、火山岩、碳酸盐岩组成，库鲁克塔格地区泥盆纪早—中期由滨-浅海碎屑岩过渡为滨岸-河口三角洲海陆相沉积。

石炭系—二叠系主要出露于柯坪地区。石炭系由潮坪-潟湖相紫红色泥质岩、碎屑岩、膏盐和灰岩组成。二叠系由浅海—次深海碎屑岩、碳酸盐岩组成，边部夹海-陆相基性火山岩，晚期过渡为陆相杂色碎屑岩、泥质岩夹煤层组合。

未见三叠纪沉积出露，侏罗系零星分布，形成河湖相碎屑岩和含煤碎屑岩组合。白垩系—古近系在西南端与南天山形成滨海相泥质岩-碳酸盐岩-蒸发岩序列组合。新近纪海水退出，转为内陆河-湖盆地沉积。

7. 阿尔金—北山地层区

阿尔金—北山地层区被划分为红柳沟—拉配泉、敦煌、红柳园区、罗雅楚山和马鬃山5个二级地区。

太古宙—古元古界红柳沟—拉配泉地区被称为米兰岩群，由变粒岩、斜长角闪岩、片麻岩和二长花岗质、英云闪长质变质侵入体等组成，具TTG片麻岩特征；敦煌地区又称敦煌杂岩，由片麻岩、石英片岩、铁英岩、大理岩、变火山岩等无序组成；红柳园以北地区又称北山杂岩，由片麻岩、斜长角闪岩、石英片岩及大理岩等无序组成。这3个地层单位均为高级变质岩，并经后期改造和强混合岩化，构成基底岩系。

红柳沟—拉配泉地区中元古界由绿片岩相变质火山岩-碎屑岩-碳酸盐岩序列组成，上部被青白口系未变质碎屑岩-碳酸盐岩组合不整合覆盖，形成于滨-浅海稳定类型沉积。北山一带长城系由低绿片岩相变质细碎屑岩-中基性火山岩组成，蓟县系—青白口系由碳酸盐岩、碎屑岩不等厚互层组成，形成于浅海-滨海环境，属准稳定—稳定类型沉积。北山西北侧中元古界为活动类型沉积，青白口系由稳定类型碎屑岩-碳酸盐岩组成。南华系—震旦系仅分布于北山，由杂砾岩-泥质岩-碳酸盐岩组成，为稳定向活动转化过渡阶段。

早古生界的组成较为复杂，主要形成于南、北两个伸展型海洋盆地，构成两盆三块（阿尔金、敦煌、马鬃山）基本沉积-构造格局。南部盆地（红柳沟—拉配泉）寒武系—奥陶系由复成分碎屑岩、碳硅质板岩、碳酸盐岩及火山岩（拉配泉群）和镁铁-超镁铁质岩、浅色花岗岩等岩块及深海沉积岩组成蛇绿构造混杂岩。北部盆地（罗雅楚山、马鬃山地区）寒武系由碳硅质岩-泥碎屑岩-碳酸盐岩组成（双鹰山组—西双鹰山组）。奥陶系南陆缘区由陆源碎屑岩-碳硅质岩-碳酸盐岩序列组成，北部陆缘区由碎屑岩-火山岩序列组成，夹碳酸盐岩。志留系由碎屑岩、碳硅质板岩、火山岩等组成。

各地区晚古生代地层的组成有所不同，主要分布于敦煌以北（北山），以牛圈子-马鬃山混杂岩带为界，南、北略有不同。泥盆系，南部（红柳园、罗雅楚山地区）由滨海-河湖相杂色粗碎屑岩-陆相中基性火山岩序列组成，不整合于下伏地层之上；北部（马鬃山地区）由滨-浅海碎屑岩-碳酸盐岩组成，超覆于志留系之上。石炭系主要由海相陆源碎屑岩、火山碎屑岩、火岩熔岩不等厚间组成。在红柳沟—拉配泉地区仅残留有少量中—晚泥盆世陆相粗碎屑岩和晚石炭世—早二叠世浅海相碎屑岩、碳酸盐岩，不整合于元古宇之上。二叠系主要由海相-海陆相碎屑岩、火山岩组成，其沉积盆地基本继承石炭纪海盆，但海盆中出现若干规模不等陆岛（如马鬃山、黑鹰山）。

中生代地层为山间盆地沉积。新生代地层包含山麓、河流、湖泊等不同环境沉积，普遍含有膏盐，以新近系分布较广。

8. 锡林浩特地层区

锡林浩特地层区位于西北地区东北缘内蒙古自治区西南，南、西分别与华北和阿尔金—北山两个地层区相邻。区内一半以上面积被白垩系及巴丹吉林沙漠覆盖，北东向狼山断裂横亘于中部，将它分为东、西两段。

前寒武系除在巴丹吉林北部出露北山杂岩外,以古元古界宝音图群分布较广,由石英片岩、云母片岩、绿片岩、石英岩及磁铁石英岩等组成,原岩为陆源碎屑岩-火山岩组合。中元古代为温都尔庙群,该群下部(桑达来呼苏格组)由变基性火山岩夹硅铁质碳酸盐岩,底为辉长岩-辉绿岩及超基性岩等组成,上部(哈尔哈达组)由石英片岩、绿片岩夹大理岩及含铁石英岩组成,总体为火山岩-沉积岩组合。新元古代仅有青白口系(艾勒格庙组),由大理岩与石英片岩、变粉砂岩互层组成,局部夹变流纹岩、凝灰岩。

早古生代地层下—中奥陶统为一套以中基性火山岩为主的火山岩-沉积岩组合(包尔汉图群),含有笔石、放射虫等化石,属陆缘带活动类型沉积,不整合于青白口系之上。志留系由灰黄绿色、紫红色泥质岩、细碎屑岩夹灰岩组成,底部为砾岩,上部以礁灰岩为主(西别河组 S_{2-4}),以介壳相为特征,形成于浅海环境,与下伏奥陶系不整合接触。

晚古生代泥盆系在陆缘带内侧白云鄂博以北由紫红色杂砂岩、砂岩夹灰岩组成,与志留系不整合接触。陆缘带外侧白音花一带下泥盆统由基性、中酸性火山岩、泥硅质岩和超镁铁质岩、辉长岩等组成,具蛇绿岩组合的某些特征。区内尚未发现中泥盆统—下石炭统,上石炭统与下伏地层有沉积间断,上部与下二叠统一般为连续沉积。上石炭统—下二叠统由海相碎屑岩、碳酸盐岩及火山岩 3 套基本岩类组成,纵横向变化大。多数地区缺失上二叠统晚期沉积,仅在西段南部有陆相中、酸性火山岩(方口山组)不整合于中—上二叠统双堡塘组碎屑岩-碳酸盐岩组合之上。

中生界发育不全,缺失三叠系沉积记录。侏罗系零星分布,属山间小型盆地沉积。上白垩统分布面积最大,由杂色含膏盐碎屑岩组成(乌兰苏海组、二连组),与下白垩统普遍为不整合接触。

古近系—新近系主要分布于东段,由杂色泥质岩、碎屑岩组成,古近系不同程度地含石膏、天青石,新近系出现有幔源高原玄武岩(汉诺坝组 N_1)。

9. 华北地层区

华北地层区南、北均以断裂为边界分别与祁连、北秦岭和锡林浩特区毗邻,可划分为 4 个次级地区,阿拉善—大青山地区以发育前寒武纪地层为主要特征,鄂尔多斯及其西南缘两个地区以显生宙地层为主,陕豫西部地区主要由前志留纪地层组成。

前寒武系主要出露于南、北部地区。太古宇由高级变质岩组成,角闪岩相-麻粒岩相变质,并经强混合岩化。古元古界由低角闪岩相-低绿片岩相变质的陆源碎屑岩夹少数大理岩、火山岩组成。陕豫西部地区又称铁铜沟组,由石英岩、石英片岩组成;阿拉善—大青山地区又称宝音图岩群,鄂尔多斯北缘又称美岱召岩群,由石英岩、石英片岩、绿片岩夹大理岩、含铁石英岩等组成;龙首山地区太古宇与古元古界不易划分,统称阿拉善岩群。

长城系—青白口系分布于华北区南、北侧。南侧以小秦岭为代表,由火山岩(熊耳群)→碎屑岩(高山河群)→碳酸盐岩(官道口群)→碳硅质泥质岩(白术沟组)序列组成。北侧阿拉善—大青山地区以白云鄂博群为代表,由巨厚陆源碎屑岩、泥质岩、碳酸盐岩不等厚相间组成,夹火山岩,其南侧近陆由河流-滨岸碎屑岩→台地-潟湖相碎屑岩碳酸盐岩组成(渣尔泰山群)。南华系-震旦系分布较为零星,普遍超覆于元古宇之上,下部为杂砾岩,前人认为属冰成岩,上部为正常沉积岩,与阿尔金—北山区相似。

早古生界与华北地层区系统相似,仅在边缘地带变化较大,缺失志留系及下寒武统早—中期沉积。寒武系—中奥陶统主要由碳酸盐岩夹泥质岩组成,底部为含磷碎屑岩。

上石炭统—侏罗系区域上属华北区近海盆地-内陆湖盆沉积区的西部,为海陆交互相-陆相沉积,主要分布于鄂尔多斯地区,为华北区主要成煤(中石炭世—晚二叠世早期)、成油(中三叠世—中侏罗世)时期。

白垩系仅有早期沉积,与侏罗系不整合接触,主要分布于西部,由山麓-河流相杂色碎屑岩组成。古近系—新近系以固原群和甘肃群为代表,属山间盆地沉积,局部含石膏层。

10. 祁连地层区

祁连地层区位于西北中部，西被阿尔金东南主边界断裂所截，南、北均以断裂为界分别与柴北缘、秦岭和华北地层区相邻，各时代地层较为发育，但变化较大，依地层特征可进一步划分为酒泉—中宁地区（简称走廊地区）、北祁连地区、南祁连地区3个次级地区。

太古宇—古元古界组成复杂，内部序列关系不清，主要由片麻岩、变粒岩、石英片岩、大理岩、斜长角闪（片）岩等变质岩类组成，为角闪岩-绿片岩相变质。中元古界主要分布于中、北祁连地区，层序基本清楚。中祁连由陆源碎屑岩-叠层石碳酸盐岩组成，碎屑岩成熟度高，碳酸盐岩呈夹层产出。北祁连以朱龙关群为代表，由变质火山岩-泥碎屑岩组成。祁连东端兰州以东为兴隆山群—高家湾组，由基性、酸性火山岩、碎屑岩-碳酸盐岩组成。新元古界分布与中元古界一致。青白口系龚岔群由陆源碎屑岩、泥质岩、碳酸盐岩夹互组成。南华系—震旦系白杨沟群零星分布，不整合于青白口系之上，由杂砾岩-碳酸盐岩组成。南华系—震旦系一套冰碛岩-碳酸盐岩地层称为龙口门组，说明新元古代中北祁连陆壳已趋于稳定，与华北连为一体。

下古生界较为发育，岩石组合和形成环境复杂。寒武纪南、北祁连地区由基性、中基性火山岩、泥硅质岩、细碎屑岩、碳酸盐岩不同岩类组成。祁连走廊地区由成熟度低的杂色陆源碎屑岩、泥质岩不等厚互层组成（大黄山组$\in_{2-3}$），具复理石沉积特征。奥陶纪北祁连地区由火山岩夹硅质大理岩→泥质岩、碎屑岩夹钙碱性火山岩→碳酸盐岩→火山岩夹硅质岩序列组成；祁连走廊地区由酸性火山岩→碎屑岩、凝灰岩、灰岩→杂色泥质岩、碎屑岩夹含砾板岩、灰岩序列组成；南祁连拉脊山由陆源碎屑岩-中酸、中基性火山岩夹碎屑岩-火山碎屑岩、陆源碎屑岩夹火山岩组成；南祁连中西段由基性和酸性火山岩-碎屑岩-中基性火山岩主序列组成。志留系分布于南、北祁连，中祁连缺失，超覆于奥陶系之上，主要由陆源碎屑岩组成，夹火山岩、凝灰岩。

上古生界—三叠系大致以中祁连为界，南、北有所不同。北部泥盆系为陆相，石炭系为海陆相，二叠系始为陆相；南部大部缺失泥盆纪—石炭纪沉积，二叠系—三叠系为海相-海陆相。

侏罗系—白垩系以山间湖盆沉积为主，除河西走廊外，多数为小型山间盆地。古近系—新近系分布大致继承白垩系，普遍缺失古新世沉积，始新世—渐新世地层下部为紫红色砂砾岩，上部为紫红色砂岩、泥岩夹石膏层。新近系由棕黄色、棕红色砂岩、泥岩、砾岩不等厚互层夹泥灰岩组成。

11. 北秦岭地层区

北秦岭地层区南、北均以断裂为边界分别与中南秦岭、华北地层区相毗邻，西以宝鸡-天水（新阳-元龙）韧性断裂与祁连地层区斜接。

古元古界秦岭岩群由泥质-长英质变质岩、基性变质岩和钙质变质岩3种基本变质岩石组成（片麻岩类、大理岩类、石英片岩类）。中—新元古界宽坪岩群，位于秦岭岩群北侧，由绿片岩、斜长角闪（片）岩、石英片岩、片麻岩、石英大理岩、黑云母片状大理岩组成。

下古生界大致沿秦岭岩群南、北呈两个带断续分布，与秦岭岩群、宽坪岩群并列并置，总体由中—低级变质火山-沉积岩系组成，沿东西方向分段断续出露，由于多数均以断裂与相邻地层相接触，又经后期构造热事件强烈改造，地层层序难以具体建立。

上古生界多数沿断裂带零星分布，属内陆-山间盆地海相-陆相沉积。中—新生界分布零星，发育不全，地层单位基本采用祁连或中南秦岭区的名称。缺失中—下三叠系，上三叠系在中、东段为五里川组，在西段为南营儿组，由陆相砂岩、泥质板岩、碳质页岩等组成，含植物化石。侏罗系仅在西段有晚侏罗世含煤碎屑岩（炭和里组）。白垩系分布较三叠系、侏罗系广，由杂色砂岩、砾岩组成，下白垩统为东河群，上白垩统为山阳组。新生界主要分布于西段天水一带，与祁连构成同一内陆盆地。

12. 中南秦岭地层区

该区北与祁连、北秦岭，南与汉南—摩天岭地层区均以断裂为界，东延入豫、鄂、川，西段以同仁-玛沁北东向断裂与柴北缘地层区分界。该区被划分为3个次级地区，中秦岭地区以上古生界为主，南秦岭地区地层发育较全，北大巴山地区主要由新元古界—下古生界组成。

太古宇—古元古界出露于南秦岭中、东段，由高级变质片麻岩、片岩及不同时代变质侵入岩组成，为角闪岩相变质，不同程度混合岩化、糜棱岩化。长城系—青白口系分布较广。中元古界武当岩群由绿片岩相变质火山岩-沉积岩组成，与古元古界为断层接触。青白口系以耀岭河组为代表，与武当岩群相依分布，常以断层相接触，由绿片岩相变质火山岩-正常沉积岩组成。

南华系—早古生界在南秦岭由一套连续以海相正常沉积岩为主的岩石组成。南华系见于北大巴山地区，由灰绿色、紫灰色含砾凝灰质砂岩、凝灰岩夹页岩、少数泥灰岩组成。震旦系主要分布在南秦岭东段，由泥碎屑岩、碳硅质岩、碳酸盐岩不等厚互层-镁质碳酸盐岩序列组成，底部普遍含磷，下部与南华系有沉积间断，上部与寒武系连续过渡。

下古生界分布较广，地层发育完整，各系间为整合接触，下寒武统普遍由黑色硅质岩、碳质板岩组成。寒武纪中期—奥陶纪地层有碳酸盐岩-泥碎屑岩，碳硅质岩-泥碎屑岩夹灰岩、火山岩，镁质碳酸盐岩-泥质岩3种序列组合。上古生界—三叠系除北大巴山地区缺失沉积记录外，广泛分布于中秦岭和南秦岭地区，主要由海相泥质岩、碎屑岩和碳酸盐岩组成，各个时期地层间无明显沉积间断。

三叠系主要分布于中—西段，东段仅在镇安西口残留有早—中三叠世沉积记录，由杂色碳酸盐岩夹页岩、砂岩组成，下部与二叠系整合接触。中—西段三叠系已属特提斯海沉积的组成部分。侏罗系—白垩系为山间盆地陆相沉积。

古近系—新近系主要为小型山间盆地，为河湖相杂色砾岩、砂砾岩、砂泥质岩互层。

13. 柴达木盆地北缘地层区

柴达木盆地北缘地层区指柴达木新生代盆地以北，北以宗务隆山-贵德断裂为界与南祁连相邻，东部包含兴海-共和盆地，南邻东昆仑。该区被划分为两个次级地区，北部宗务隆山—兴海地区主要由石炭纪—三叠纪海相地层组成，南部赛什腾山—都兰地区由元古代及古生代地层组成。

古元古界达肯大坂岩群由片麻岩、斜长角闪（片）岩、变粒岩、石英片岩、大理岩等组成，其内有变质侵入体，为角闪岩相-麻粒岩相变质，不同程度混合岩化。长城系—青白口系万洞沟群由碎屑岩-泥质岩组合→碳酸盐岩夹碎屑组合→泥质岩、碎屑岩夹碳酸盐岩序列组成，现统一采用柴南缘地层单位名称。南华系—震旦系全吉群分布于全吉山—欧龙布鲁克一带，直接不整合于古元古界之上，下部为砾岩、含砾砂岩，中部为石英岩、砂岩夹薄层玄武岩，上部以含叠层石白云岩、灰岩为主。

下古生界有两种序列组合，分布于全吉山—欧龙布鲁克一带，由白云岩、碳板岩、杂砾岩、砂岩→灰岩、白云岩、底含磷砂砾岩→内碎屑灰岩夹互笔石页岩、砂岩序列组成，为稳定类型沉积；分布于欧龙布鲁克地块周缘及外侧赛什腾山—都兰一带，由变质火山岩、火山碎屑岩及碎屑岩、碳酸盐岩和复成分砾岩、变质碎屑岩夹火山岩组成，为活动类型沉积。

泥盆系发育不全，分布零星，由陆相杂色砾岩、砂岩-基性、中酸性火山岩组成，不整合于下伏不同层位之上，具造山后磨拉石性质，又具上叠伸展盆地初期双重序列组合特征。北部宗务隆山—兴海地区石炭系、二叠系由低级变质泥质岩、碎屑岩、碳酸盐岩和火山岩组成；南部赛什腾山—都兰地区缺失二叠纪沉积记录，石炭系为砾岩、砂岩→砂岩、生物碎屑灰岩、内碎屑灰岩→含煤砂页岩夹灰岩序列，下部与牦牛山组或奥陶系不整合接触。

三叠系主要分布于宗务隆山—兴海地区，由复成分碎屑岩、含砾碎屑岩、泥质岩夹薄层灰岩、少数火山岩等组成（古浪提组/隆务河组T_{1-2}）。侏罗系沿断裂带零星分布，不整合于三叠系之上，由陆相杂色含煤碎屑岩、泥质岩组成。下白垩统沿柴达木新生代盆地边缘出露，不整合于侏罗系之上，由砖红色砾岩夹砂岩、泥岩组成，为山麓-河流相沉积。古近系—新近系以柴达木盆地为主体，属新生内陆盆地沉积。

14. 东昆仑地层区

东昆仑地层区位于柴北缘地层区与巴颜喀拉山区地层区之间，向东、西分别被温泉断裂和阿尔金断裂截切。由北向南依次划分为柴南—东昆仑北部地区、东昆仑中部地区和东昆仑南部地区 3 个次级地区。

新太古界—古元古界分布较少，一般呈陆块（微型）残存于古生代造山带内，零星分布，太古宇与古元古界岩石变形、变质程度难以区分，多为高角闪岩相（局部有麻粒岩相）灰色片麻岩和变质表壳岩系。前南华纪的中—新元古界从北向南主要发育金水口岩群及万宝沟群。万宝沟群下部由玄武岩、安山岩夹变砂岩、板岩、大理岩组成，上部以白云岩、白云质大理岩、大理岩为主，夹千枚岩、变砂岩，与周边地层为断层接触，属活动类型沉积。

下古生界比较发育，地层组合复杂多样，但是地层分布零星，连续性差，大部分呈构造岩块（片）产出，多数无顶底接触关系。地层厚度较大，有多期中基性火山喷发物。寒武系沙松乌拉组为长石岩屑砂岩、岩屑杂砂岩、岩屑长石砂岩、长石石英砂岩、石英千枚岩夹千枚状板岩、灰岩及安山岩、凝灰岩等，形成的沉积环境为浅海陆棚相。奥陶系—志留系祁漫塔格群出露于祁漫塔格山北坡，呈自西向东增多趋势，并出现了由喷溢相向爆发相的变化。赛什腾组分上、下两段，下段在伏牛山—黑顶山以东，为一套浅变质的碎屑岩，局部夹少量灰岩及灰岩透镜体和凝灰岩，未见底。上段在木孜塔格地区东北部——道梁一带，下部以深灰色糜棱岩、千糜岩、糜棱片岩为主，变形强烈，褶皱发育。

上古生界分布较广，地层发育完整。昆北地区泥盆系总体为海相复理石夹海底喷发中酸性火山岩和海陆交互相碎屑岩、碳酸盐岩与中酸性火山岩组合。下石炭统为灰紫色厚层状砾岩，含砾粗砂岩屑砂岩、细粒长石石英砂岩，与下伏前石炭系不整合接触。上石炭统—下二叠统主要为生物碎屑灰岩，生物碎屑灰岩中含大量砾屑、砂屑，磨圆度和分选性均较好，冲刷侵蚀作用明显，水动力条件较强，属潮下浅水高能环境，为浅海-陆棚碳酸盐相，属近源滨浅海相碎屑岩-碳酸盐岩沉积。上二叠统为一套发育中酸性火山岩的火山盆地沉积。昆中地区下泥盆统为卡拉楚卡组，上石炭统下部为生物碎屑灰岩与长石石英砂岩、粉砂岩互层，上石炭统上部为长石石英砂岩、生物碎屑灰岩、鲕状灰岩夹粉砂岩，与下伏托库孜达坂组呈断层接触。昆南地层区下部为变碎屑岩、板岩、千枚岩、角闪片岩及火山岩夹灰岩或大理岩，上部为灰岩或大理岩夹火山岩及碎屑岩。昆南地区二叠系总体为滨浅海-碳酸盐岩台地相，与下伏地层多数为断层接触。

昆南地区上二叠统—下三叠统下部为石英质砾岩、含砾砂岩、砂岩夹板岩及薄层灰岩，为滨海相沉积；上部为灰红色、灰黑色块状生物礁灰岩，为台地相沉积。该区与下伏地层不整合接触。上三叠统昆北地层区主要由流纹岩类、英安岩类、玄武岩类、安山岩类以及凝灰岩等构成，与下伏不同时代的老地层不整合或断层接触。昆中地层区以碎屑岩为主，局部夹中酸性火山岩，不少区段鲍马序列发育。自下而上总体反映水体不断加深，物源区为强烈隆起之近源造山带。昆南地层区为河流相碎屑岩，具典型的河流相下粗上细的沉积模式。侏罗纪全区地层以河湖相沉积为主，含煤层，所含植物群均与西北、华北、东北地层区同时代的植物群相似；下白垩统为曲流河及湖泊相红色碎屑沉积。上白垩统—新近系昆北地层区为河湖相沉积，含膏岩及含油建造。白垩系、古近系和新近系多为陆相紫红色富含膏盐碎屑岩，并有大量的中基性、中酸性火山喷发岩。第四系全区均为松散堆积物。

15. 巴颜喀拉地层区

巴颜喀拉地层区南、北分别以断裂带为界，北为东昆仑地层区，南为乌丽—襄谦（芒康—思茅）地层区,向西北阿尔金左行走滑断裂截切,呈东宽西窄的楔状近东西向展布。上部被巨厚的巴颜喀拉山群覆盖,局部有黄羊岭群和宁多岩群零星出露。

仅在昌都地块北缘和巴颜喀拉山东南缘发育中新元古界沉积,为宁多群。岩性为灰白色二云石英片岩、白云石英片岩、绢云石英片岩、黑云长石石英片岩、二云石英岩、糜棱岩化大理岩、角岩化片岩夹浅粒岩、黑云斜长片麻岩夹斜长角闪岩等,属中压低角闪岩相变质,原岩为成熟度较高的碎屑岩-中基性火山岩-碳酸盐岩沉积。大部分地区均缺失南华纪—早古生代沉积。本区未出露泥盆系和石炭系,二叠系、三叠系比较连续,尤以海相三叠系最具特色,著名的巴颜喀拉山群横贯全区,分布广泛,厚度巨大。巴颜喀拉山群北西—南东向大面积出露,向西延至新疆麻扎,主要为砂泥质类复理石沉积,钙质及火山物质很少,厚度巨大,浅变质,具活动性沉积特点,多为次深海-深海浊流沉积。因各地出露的层位不一致,地层划分对比相当困难,与下伏黄羊岭群整合或断层接触。巴颜喀拉山群区域上岩性比较稳定,但在羊湖地区出现了不少黑色页岩,在木孜塔格一带还夹有少量火山岩,在伯力克一带还夹有少量砾岩等。二叠系黄羊岭群分布广泛,早期沉积是浅海陆棚相具逆粒序层理的碎屑岩,中上部是向上海水变深的沉积序列,为较深水动荡环境下的暗色类复理石沉积夹杂色碎屑岩及砾屑灰岩。三叠系在全区广泛分布,早期为浅海陆棚相碳酸盐岩和具正粒序递变层理的陆源碎屑岩,中期为韵律清晰的砂板岩复理石沉积,最晚期水体变浅,有海陆交互相的含煤碎屑岩沉积。侏罗系以河湖相沉积为主,含煤层,所含植物群均与西北、华北、东北地层区同时代的植物群相似。下白垩统为曲流河及湖泊相红色碎屑沉积。白垩系、古近系和新近系多为陆相紫红色富含膏盐碎屑岩,并有大量的中基性、中酸性火山喷发岩。第四系全区基本一致,为分布较广的冰碛层以及冲、洪积等松散堆积物。

16. 摩天岭地层区

摩天岭地层区位于南秦岭与汉南地层区之间,西延为巴颜喀拉地层区,被划分为碧口地区(含北部勉略构造混杂带)和后龙门山地区两个次级地区。

太古宇呈构造岩块出露于勉略构造混杂岩带东南侧,由斜长角闪岩、变粒岩、绿片岩、石英片岩组成,经不同程度混合岩化,具花岗-绿岩带组成特征,时代以新太古代为主。元古宇中尚未发现古元古界沉积记录,长城系—青白口系碧口岩群,脆性断裂、韧性剪切带发育,主要由变质火山岩组成,还包含变质泥质岩、碎屑岩。南华系—震旦系既具汉南地层区序列结构特征,又具南秦岭某些岩石组合特点,下部与青白口系不整合接触。后龙门山地区地层组成和序列结构与汉南地层区相同,上部与寒武系连续过渡。

下古生界主要分布于后龙门山地区,发育不全。下寒武统仅有由少数梅树村-沧浪铺期泥质岩、碎屑岩组成的地层,属汉南地层区沉积盆地北缘范围。奥陶系—志留系由碳质、泥质碎屑岩-泥质碎屑岩夹少数碳酸盐岩组成。上古生界总体与南秦岭中、西段近似,多数呈规模不等构造岩片产出,主要由泥盆系、石炭系组成。

侏罗系—白垩系仅有少数沿断裂带分布,其地层组成与南秦岭中、西段相同。

17. 汉南地层区

汉南地层区区域上属扬子区西北缘,北与摩天岭、中与南秦岭地层区以断裂为界。

太古宇—古元古界由中高级变质岩组成,构成结晶基底。中元古界由变质泥质岩、碎屑岩、碳酸盐岩和火山岩组成。青白口系由海陆相火山岩组成,分布局限。

南华系—下古生界为连续沉积,与上扬子区地层组成相似,主体由陆棚浅海-台地相泥质岩、碎屑岩、碳酸盐岩组成,属稳定类型沉积,构成第一盖层。南华系—震旦系可以与峡东剖面对比,由凝灰质杂砂岩、粉砂硅质板岩→杂色砾岩-砂岩、板岩→泥质岩、碎屑岩、碳酸盐岩→含磷、铅锌白云岩序列组成。寒武系镇巴以东发育完整,以西缺失中—晚寒武世沉积。奥陶系—志留系由砂岩、页岩夹含锰灰岩→瘤状、网纹状灰岩、生物碎屑灰岩→杂色砂岩、页岩夹灰岩序列组成。

上泥盆统由石英砂岩、砾岩-灰岩夹板岩含赤铁矿组成，超覆于寒武系—奥陶系之上。石炭系由含碳板岩、灰岩不等厚互层→生物灰岩、白云岩夹砂岩序列组成。二叠系呈被覆式覆盖全区，由铁质页岩夹劣质煤层，铝土质页岩-灰岩夹页岩、硅质岩→碳硅质板岩夹泥灰岩序列组成，平行超覆于下志留统之上。

三叠系与二叠系整合接触，下—中三叠统主要由生物灰岩、泥灰岩、白云岩等组成，中上部出现岩溶角砾岩，形成于局限台地环境。上三叠统为海陆交互含煤碎屑岩地层。侏罗系为陆相紫红色、灰绿色碎屑岩、泥质岩夹煤线。白垩纪盆地向南迁移，本区为剥蚀区。

18. 西昆仑地层区

西昆仑地层区以断裂为界，北为塔里木地层区，南为塔什库尔干—甜水海地层区，由北自南可划分为西昆仑北部、中部、南部3个次级区。

区内出露最老地层为古元古界埃连卡特岩群、赫罗斯坦岩群和库浪那古岩群，由角闪岩相变质火山-沉积岩系和角闪岩相副变质岩系组成；长城系赛拉加兹塔格群仅见于博查特塔格一带，局部不整合在古元古界变质岩系之上，与上覆蓟县系呈角度不整合接触，岩石组合属于细碧角斑岩系列。中—晚元古界丝路群不整合于长城系赛拉加兹塔格群之上，为镁质碳酸盐岩、碳酸盐岩夹碎屑岩，局部为基性火山岩。蓟县系主要岩性为白云岩、白云质灰岩、泥质灰岩、石英砂岩、细砂岩及泥质板岩，局部夹玄武岩。青白口系主要为一套杂色碎屑岩夹灰岩。南华系分布零星，为一套大陆冰盖及海陆过渡相的混合型冰碛堆积，与下伏地层不整合接触。下震旦统为石英砂岩、岩屑砂岩，顶部为硅质白云岩，上震旦统底部为含磷砂岩及白云岩；下部为粉砂岩与砂岩互层夹白云岩；上部以紫—玫瑰色白云岩为主夹少量粉砂质泥岩。

下古生界寒武系—奥陶系主要为一套低绿片岩相的变质岩系，与下伏地层呈断层接触。下—中奥陶统为一套滨-浅海相陆缘碎屑岩及碳酸盐岩沉积。志留系—下泥盆统中南部地区未出露，仅在区域邻近塔里木盆地区的北部边缘局部出露。上古生界中泥盆统为一套滨-浅海相碎屑岩夹碳酸盐岩沉积，上泥盆统为一套河流—三角洲相陆源碎屑岩沉积。石炭系—二叠系南、北相变较大，总体表现为由北（塔里木盆地）向南（盆地边缘）水体逐渐加深，即由陆相或滨-浅海相变为以浅海相为主的沉积。

中生界三叠系未出露，下—中侏罗统叶尔羌群为一套湖泊-沼泽相含煤系碎屑岩建造，主要岩性为灰色、灰绿色砾岩、砂（砾）岩、粉砂岩夹黑色碳质页岩及煤层。上侏罗统与下伏叶尔羌群整合接触，主要为一套山麓河流相碎屑岩建造。白垩系出露较全，为河流-湖泊相红色碎屑岩建造。

古近系分布较广，与下伏白垩系不整合接触，为一套潟湖-海相碎屑岩沉积。新近系为一套以陆相为主夹海陆过渡相碎屑岩建造。区内第四系为一套山麓相磨拉石建造，与下伏上新统不整合接触。

19. 塔什库尔干—甜水海地层区

塔什库尔干—甜水海地层区位于上述西昆仑地层区以南。出露最老地层为古元古界布伦阔勒岩群，为角闪岩相区域变质岩，为一套副变质岩（孔兹岩系），原岩主体属碎屑岩类。长城系为甜水海岩群，为深灰色强变形硬绿泥千枚岩等低绿片岩相浅变质岩，局部不整合在古元古界变质岩系之上。青白口系肖尔克谷地岩组为浅海碳酸盐岩夹少量陆源碎屑岩沉积，与下伏甜水海岩群、上覆奥陶系冬瓜山组均为断层接触。寒武系下部为灰黑色碳质板岩、碳质粉砂岩，上部为深灰色片理化细晶白云岩夹生屑灰岩、浅灰色大理岩化灰岩、深灰色片理化细晶白云岩等。奥陶系下部为灰色条纹状生物碎屑灰岩、礁灰岩，局部夹纹层状白云岩；上部为紫红色、灰黄色角砾状砂质灰岩、砾屑生屑灰岩、纹层状白云岩，夹钙质粉砂岩、泥质岩，为浅海相碳酸盐岩夹少量碎屑岩。志留系自下而上分为A、B、C、D四个岩组，沉积韵律发育，纵向上叠复出现，构成旋回性沉积层序，具有深水浊积岩特征，有不完整的鲍马层序。下泥盆统为中粒长石石英砂岩、中粒石英细砂岩、粉砂岩、灰岩和泥钙硅质岩，为浅海-次深海相沉积。其上不整合中泥盆统碳酸盐岩夹碎屑岩。上泥盆统总体为陆源碎屑岩沉积，与下伏中泥盆统平行不整合接触。石炭系为碳酸盐岩与碎屑岩沉积，与志留系温泉沟群不整合接触。二叠系红山湖组是从原恰提尔群中解体出来的一套浅海碳酸盐岩沉积，其沉积环境为浅海高能碳酸盐台地相沉积。侏罗系为浅海相碳酸盐岩夹碎屑岩，局部夹火山岩。下白垩统为河流-湖泊相红色碎屑岩建造，上白垩统为河流相、湖泊相沉积。古近系缺失。新近系主要为砖红色巨厚层砂（砾）岩、粉砂岩、粉砂质泥岩及少量泥灰岩。第四系沉积均为冲洪积、湖沼沉积、冰碛等松散堆积物，与下伏地层不整合接触。

20. 喀喇昆仑—神仙湾地层区

该区以喀喇昆仑断裂为界，位于塔什库尔干—甜水海地层区以南。

古元古界为布伦阔勒岩群角闪岩相区域变质岩。下古生界缺失，上古生界仅见下二叠统，下部为砂岩、粉砂岩、灰岩、硅质岩，上部为灰岩、砾状灰岩含䗴（下部冷水型、上部暖水型），呈北西-南东向断续分布，常被断层截切呈条带状及菱形块段，多被中三叠统、中侏罗统、上侏罗统不整合覆盖。中三叠统由灰岩、砂岩、碳质粉砂岩组成。上三叠统由砂岩、泥质碳质粉砂岩、泥岩、碳质泥岩组成，具有深水复理石特征。侏罗系沿喀喇昆仑断层分布，下—中侏罗统为灰岩、生物灰岩、泥灰岩、鲕状灰岩夹有少量黏土岩、石膏，局部地区见有中性、基性火山岩、凝灰岩、硅质岩。上侏罗统由灰岩、生物碎屑灰岩、鲕状灰岩、角砾灰岩组成，个别地方夹砂岩、粉砂岩，与上覆白垩系不整合接触。白垩系以上白垩统为主，由灰岩、生物碎屑灰岩及互层的砂、泥岩组成，少见石膏，为浅海-潟湖相，与侏罗系不整合接触。古近系出露很少。新近系主要由陆相河湖成因的红色砂砾岩、泥岩组成。第四系冰川发育，较大面积的山岳冰川形成较大范围的冰碛和冰水沉积。

21. 乌丽—襄谦（芒康—思茅）地层区

乌丽—襄谦（芒康—思茅）地层区位于巴彦喀拉地层区以南，北羌塘地层区以北。

中—新元古界零星出露宁多岩群，上被三叠系覆盖。上古生界泥盆系零星出露，岩性为灰白色中厚层状细、中、粗粒石英砂岩、长石石英砂岩夹灰黑色碳质板岩、土黄色凝灰岩、硅质岩。下石炭统总体是以海相为主的海陆交互相沉积。上石炭统以滨浅海相为主，底部有海陆交互相的近岸滨海沼泽沉积。二叠系由碳酸盐岩夹少许碎屑岩组成。上二叠统以中基性火山熔岩为主夹中基性火山碎屑岩，具陆相火山岩特征。三叠系非常发育，下三叠统下部为不等粒岩屑石英砂岩、岩屑长石石英砂岩、石英岩屑砂岩夹粉砂岩、粉砂质板岩，局部夹砂质灰岩，底部有厚 2~5m 的砾岩层；上部以微晶灰岩、生物碎屑灰岩为主，夹角砾状灰岩、灰质角砾岩。中三叠统为灰色粉砂质板岩、千枚状粉砂质板岩、砂质灰岩、泥晶灰岩、长石石英砂岩、长石砂岩，属还原低能的次深海沉积环境。上三叠统下部以陆缘斜坡海底扇环境为主，并伴有浅海碎屑岩沉积；上部沉积盆地处于较稳定、水动力较弱的陆棚沉积环境，顶部为滨、浅海相沉积环境。侏罗系缺失。下白垩统为河流相沉积厚、巨厚层状砾岩夹岩屑砂岩及灰白色巨厚层状含白云质石膏。上白垩统为薄层石灰岩，夹不纯灰岩、白垩系泥质粉砂岩，属湖泊相沉积，是本区重要的含铜层位。古近系、新近系以陆相盐湖沉积为主，含石膏层。渐新统—上新统发育中酸性火山岩。第四系沉积均为冲洪积、湖沼沉积、冰碛等松散堆积物，尚有少量的火山岩。

22. 北羌塘地层区

北羌塘地层区位于乌丽—襄谦（芒康—思茅）地层区以南（研究范围仅涉及青海省内）。

区内前寒武系未出露，出露的有时代依据的最老地层为上古生界，中泥盆统下部和上部为石英砂岩夹粉砂岩、泥岩或薄层灰岩，中部为厚层灰岩、生物碎屑灰岩。下石炭统下部总体为以海相为主的海陆交互相沉积，上部碳酸盐岩组岩性以生物碎屑灰岩、灰岩为主，夹泥灰岩及细粒石英砂岩和泥岩，为台地浅海-浅滩相。上石炭统以滨浅海相细粒石英砂岩、粉砂质板岩为主。二叠系由火山岩、灰岩及碎屑岩组成,总体为浅水碳酸盐缓坡相沉积,局部含海岸平原湿地相沉积。中生界以中、上侏罗统发育最全,分布最广,三叠系次之,白垩系零星出露。三叠系由下而上为灰紫色厚层中细粒岩屑石英砂岩、岩屑长石砂岩夹巨厚层复成分砾岩、含砾粗砂岩,深灰色含生物泥晶灰岩、亮晶灰岩、白云质生物灰岩、灰质白云岩夹紫红色岩屑长石砂岩,灰黑色含煤碎屑岩夹少量灰岩,局部夹中基性火山岩。中侏罗统自下而上构成一个海侵-海退旋回,下部是海侵最早期的沉积,为一套杂色碎屑岩与泥岩、粉砂质泥岩互层夹(泥)灰岩、白云岩、膏盐岩,与下伏和上覆均整合接触,上部为以杂色碎屑岩夹石膏为特征的沉积组合,其间夹薄层灰岩,代表中侏罗世晚期的海退沉积,形成于滨海-三角洲相沉积。上侏罗统下部为整合于中侏罗统之上的一套以碳酸盐岩为主夹较多的细碎屑岩沉积,上部为一套巨厚的三角洲-河流相碎屑岩系,代表羌塘盆地晚侏罗世由海相向陆相转变时期的沉积。下白垩统为河流相沉积。上白垩统具下细上粗的反粒序旋回,反映了水体由深变浅、由湖泊转变为河流的变迁过程。古近系和新近系主要为河湖相和火山沉积两种类型的岩石地层。第四系沉积均为冲洪积、湖沼沉积、冰碛等松散堆积物。

二、区域岩浆岩特征

西北地区经历过长期复杂的构造岩浆演化历史,岩浆岩分布相当广泛,时代跨越新太古代、古元古代、中元古代、新元古代、早古生代、晚古生代及中新生代。笔者根据岩浆岩出露特征将西北地区划分为4个构造岩浆岩域,并进一步划分出31个构造岩浆带,见表3-1和图3-2。各时代岩浆岩特征简述如下。

(一)新太古代岩浆岩

新太古代岩浆作用主要表现为中酸性侵入岩浆活动,岩浆岩出露于古老板块内或造山带微陆块内,零星分布于华北板块南缘、南秦岭微陆块、北山等地区,侵入于太古宇中,均为变质古侵入体,部分为TTG花岗片麻岩套,是太古宙深部地壳部分熔融的产物。

表3-1 西北地区构造岩浆带划分表

域	区	带	亚带
ⅠB西伯利亚构造岩浆岩域	ⅠB西伯利亚克拉通南缘构造岩浆岩增生区	ⅠB-1阿尔泰构造岩浆岩带	
		ⅠB-2西准噶尔构造岩浆岩带	ⅠB-2-1塔哈尔巴哈台-吉木乃亚带
			ⅠB-2-2西准噶尔南部亚带
		ⅠB-3东准噶尔构造岩浆岩带	ⅠB-3-1北塔山-阿尔曼德亚带
			ⅠB-3-2东准噶尔南部亚带
		ⅠB-4北天山-北山北部-雅干构造岩浆岩带	ⅠB-4-1博格达-哈尔里克山亚带
			ⅠB-4-2觉罗塔格-黑鹰山亚带
			ⅠB-4-3雅干-北银根亚带
		ⅠB-5中天山西段(伊犁地块)构造岩浆带	ⅠB-5-1博罗科努亚带
			ⅠB-5-2乌孙山-阿吾拉勒亚带
			ⅠB-5-3那拉提亚带
		ⅠB-6中天山中东段-明水地块构造岩浆带	ⅠB-6-1中天山中段亚带
			ⅠB-6-2中天山东段亚带
			ⅠB-6-3公婆泉-马鬃山亚带

续表 3-1

域	区	带	亚带
Ⅱ塔里木构造岩浆岩域	ⅡA塔里木克拉通构造岩浆岩区	ⅡA-1 柯坪陆块构造岩浆岩带	
		ⅡA-2 库鲁克塔格构造岩浆岩带	
		ⅡA-3 塔里木西南构造岩浆岩带	
		ⅡA-4 铁克里克构造岩浆岩带	
		ⅡA-5 喀什塔什-库亚克构造岩浆岩带	
	ⅡB塔里木克拉通周缘构造岩浆增生区	ⅡB-1 南天山构造岩浆岩带	ⅡB-1-1 东阿赖-南天山中西段亚带
			ⅡB-1-2 南天山东段亚带
		ⅡB-2 敦煌地块及边缘构造岩浆岩带	ⅡB-2-1 罗雅楚山-尖子山亚带
			ⅡB-2-2 笔架山-大红山亚带
			ⅡB-2-3 敦煌地块构造岩浆岩亚带
			ⅡB-2-4 阿中地块构造岩浆岩亚带
Ⅲ华北板块构造岩浆岩域	ⅢA华北克拉通构造岩浆岩区	ⅢA-1 阿拉善陆块构造岩浆岩带	
		ⅢA-2 鄂尔多斯陆块构造岩浆岩带	ⅢA-2-1 鄂尔多斯陆块北部亚带
			ⅢA-2-2 鄂尔多斯陆块南部亚带
	ⅢB华北克拉通周缘构造岩浆增生区	ⅢB-1 阿拉善陆块北缘构造岩浆岩带	
		ⅢB-2 鄂尔多斯-华北陆块北缘构造岩浆岩带	ⅢB-2-1 满都拉亚带
			ⅢB-2-2 阴山-大青山亚带
		ⅢB-3 阿拉善陆块南缘构造岩浆岩带	
Ⅳ华南板块构造岩浆岩域	ⅣA扬子克拉通构造岩浆岩区	ⅣA-1 上扬子陆块构造岩浆岩带	
	ⅣB扬子克拉通周缘构造岩浆岩增生区	ⅣB-1 北祁连-北秦岭构造岩浆岩带	ⅣB-1-1 北祁连亚带
			ⅣB-1-2 北秦岭亚带
		ⅣB-2 中祁连地块构造岩浆岩带	
		ⅣB-3 南祁连地块构造岩浆岩带	
		ⅣB-4 柴达木地块构造岩浆岩带	ⅣB-4-1 柴达木北缘亚带
			ⅣB-4-2 祁漫塔格亚带
			ⅣB-4-3 东昆仑北部亚带
		ⅣB-5 巴颜喀拉-松潘地块构造岩浆岩带	ⅣB-5-1 东昆仑南部亚带
			ⅣB-5-2 巴颜喀拉亚带
		ⅣB-6 昌都地块构造岩浆岩带	
		ⅣB-7 西秦岭-南秦岭构造岩浆岩带	ⅣB-7-1 西秦岭亚带
			ⅣB-7-2 南秦岭亚带
			ⅣB-7-3 北大巴山亚带
		ⅣB-8 碧口地块构造岩浆岩带	
		ⅣB-9 西昆仑构造岩浆岩带	
		ⅣB-10 塔什库尔干-甜水海构造岩浆岩带	

注：其中 B-1～B-7 为几个主要盆地：B-1 为准噶尔盆地；B-2 为吐哈盆地；B-3 为伊犁盆地；B-4 为额济纳旗坳陷盆地；B-5 为塔里木盆地；B-6 为柴达木盆地；B-7 为鄂尔多斯盆地(包括渭河断陷盆地、渭北克拉通盆地和河套断陷盆地)。

第三章 西北地区区域地质及矿产特征

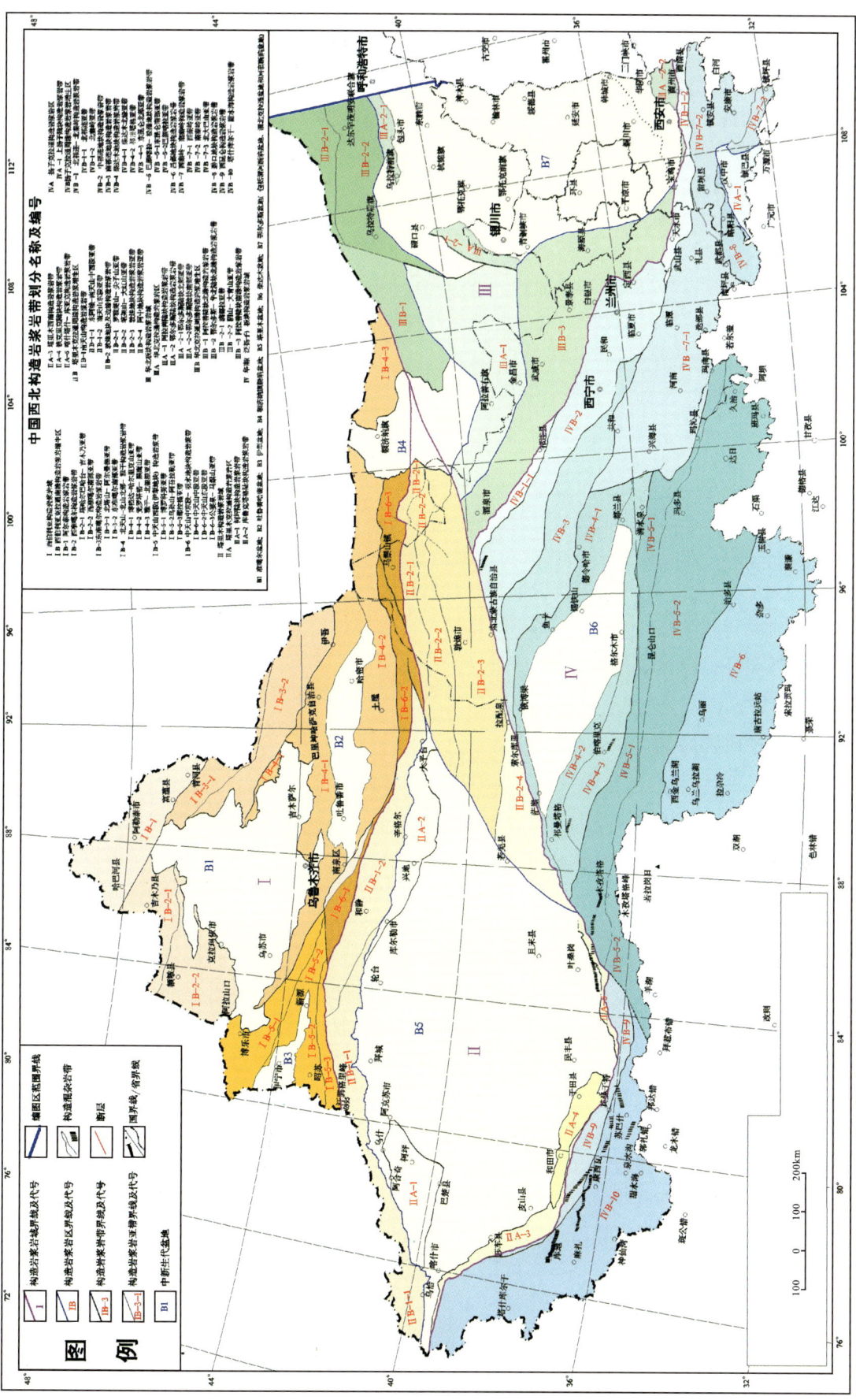

图3-2 西北地区构造岩浆带划分略图

(二)古元古代岩浆岩

古元古代岩浆作用主要表现为中酸性岩浆侵入作用,岩浆岩零星分布于库鲁克塔格地区、北山马鬃山地区、华北板块南缘、柴北缘欧龙布鲁克地区及南秦岭带肖河地区,均为变质古侵入体,以变质变形强烈、与地层边界模糊为特点,多呈岩基状产出,侵入于太古宇—古元古界之中。库鲁克塔格地区古元古代侵入体侵入于古元古代兴地塔格群之中,与围岩为过渡关系,上部被南华系贝义西组冰碛岩不整合覆盖,主要岩石类型为片麻状石英闪长岩、斜长花岗岩及部分英云闪长岩、片麻状二长花岗岩、二云母片麻状花岗岩,形成时代为2028～1920Ma。北山马鬃山地区古元古代变质古侵入体岩性为片麻状石英闪长岩、英云闪长岩和黑云二长闪长岩,形成时代为2120Ma。柴北缘古元古代中酸性侵入体由二长花岗片麻岩-混合岩组成,以大面积分布的紫红色二长花岗片麻岩为主,形成年龄为2366Ma。另外,发育基性岩浆作用,目前已变为斜长角闪岩。南秦岭代肖河地区主要岩性为花岗片麻岩、黑云斜长片麻岩和黑云二长片麻岩等再造高级片麻岩系,亦为S型花岗岩。

(三)中元古代岩浆岩

中元古代岩浆作用主要表现为中酸性岩浆侵入作用,岩浆岩零星分布于北山岩浆岩带的马鬃山地区、华北板块南缘地区、中南祁连地区及柴北缘赛什腾山、绿梁山、都兰—察汗河地区,主要岩石类型为闪长岩-石英闪长岩-花岗闪长岩-二长花岗岩,均发育强烈的变质变形,目前均为片麻状变质古侵入体。北山马鬃山地区中酸性侵入岩形成时代为1752～1299Ma。北祁连东段的陇山微地块、马衔山微地块及北祁连西段的镜铁山微地块中的中元古代中酸性侵入体形成时代为1792～1463Ma,岩石组合为花岗闪长岩-二长花岗岩组合,均发育强烈的变质变形,成为片麻状变质侵入岩。柴北缘中酸性侵入岩侵入于欧龙布鲁克群或长城系—蓟县系之中,目前均为片麻状花岗岩,原岩主要为花岗闪长岩-二长花岗岩。

(四)新元古代岩浆岩

新元古代中酸性侵入岩分布于塔里木板块北缘库鲁克塔格及柯坪地区、中天山地区、祁连地区、柴北缘和秦岭地区、扬子板块北缘汉南地区,均呈岩基产出,侵入于古—中元古界,接触界线清楚,具有一定程度的变质变形,多为片麻状花岗岩。该阶段中酸性侵入体岩石类型复杂,包含了所有类型的花岗岩,形成环境多样,从俯冲碰撞环境到拉张环境,再到古老地壳部分熔融成因的均有。其中库鲁克塔格地区的岩体由辉长岩、闪长岩、花岗闪长岩、二长花岗岩、钾长花岗岩、碱性花岗岩等一系列岩石组成,形成时代介于957～800Ma之间,为钙碱系列准铝质花岗岩,属I型花岗岩。分布于中天山地区的新元古代中酸性侵入体为片麻状花岗闪长岩、片麻状石英闪长岩、片麻状黑云母花岗闪长岩或黑云母二长花岗岩,形成时代介于960～696Ma之间。祁连地区新元古代中酸性侵入岩分布较为广泛,主要为花岗闪长岩-二长花岗岩-花岗岩体,形成时代介于938～639Ma之间,多为准铝质钙碱性花岗岩,为俯冲碰撞环境的产物。柴达木盆地北缘新元古代花岗岩为一套花岗片麻岩,形成时代为1020～780Ma,原岩主要有英云闪长岩、花岗闪长岩、奥长花岗岩、钾长花岗岩4种。秦岭和汉南地区新元古代花岗岩出露于北秦岭、陡岭、小磨岭及汉南—勉略地区,以灰色中粒—中粗粒二长花岗岩、二云母花岗岩和花岗闪长岩为主,夹少量英云闪长岩,普遍具片麻状构造和眼球状构造,多形成于俯冲环境。新元古代基性—超基性侵入体主要分布于柴北缘和汉南地区。柴北缘新元古代的岩石类型以辉石岩-辉长岩-辉绿岩为主,是伸展环境下的产物。汉南地区基性超基性岩浆作用代表性岩体是汉南基性杂岩体,产出于扬子板块北缘前震旦纪基底岩系出露的地段,成岩年龄介于830～780Ma之间,$\varepsilon Nd(t)=+2.9～+5.1$,形成于伸展背景,岩浆源于亏损地幔源。

(五)早古生代岩浆岩

早古生代中酸性侵入岩浆岩在祁连岩浆岩带和柴北缘岩浆岩带、北秦岭岩浆岩亚带之中广泛分布，在东准噶尔岩浆岩亚带、中天山岩浆岩带和南天山岩浆岩带、库鲁克塔格岩浆岩带、北山岩浆岩带的马鬃山地区分布较少。东准噶尔岩浆岩亚带主要分布的是早古生代晚期的石英闪长岩-花岗闪长岩-二长花岗岩，呈岩基、岩株或岩枝侵入，为一套钙碱性Ⅰ型花岗岩，多为火山弧花岗岩。中天山岩浆岩亚带早古生代中酸性侵入岩零星分布于胜利达坂地区、巴伦台—库米什、星星峡地区，岩性为斜长花岗岩、花岗闪长岩、二长花岗岩、花岗岩、黑云母二长花岗岩，形成于俯冲构造环境和地壳加厚重熔。南天山岩浆岩带中伊犁微地块以南的元古宙变质岩发育片麻状二长花岗岩、片麻状花岗岩和钾长花岗岩组合，形成于拉张环境。北山岩浆岩带早古生代中酸性侵入岩分布较少，多呈岩株或岩枝状零星出露，一般均发生糜棱岩化，主要岩石类型为花岗闪长岩和二长花岗岩。祁连、柴北缘、秦岭岩浆岩带早古生代中酸性侵入岩非常发育，以祁连岩浆岩带中北祁连亚带西段研究最为详细，可分南、北两带：南带主要为一套英云闪长岩-花岗闪长岩-二长花岗岩组合的侵入体，侵入于古元古代北大河群中或奥陶纪中基性火山-沉积岩系之中，形成时代多介于470～450Ma之间，具有俯冲型花岗岩的岩石地球化学特点；北带主要以黑云母花岗岩为主，具有碰撞型S型花岗岩的特点，形成时代为420～404Ma。早古生代是秦岭岩浆岩带在板块体制下主造山期的中酸性岩浆活动期，从性质上讲前人主要认为此带以岛弧型及俯冲型花岗岩为主，有少量的A型花岗岩。

祁连岩浆岩带中比较确定的有通渭黑石头岩体、静宁莲花乡岩体，分布面积很少，主要岩石类型为蚀变橄榄辉长岩、辉长岩、辉长苏长岩等，形成于火山弧环境。柴北缘构造岩浆岩带中的基性超基性岩体与柴北缘高压-超高压变质带紧密伴生，多为岩脉状产出，主要岩性有橄榄岩、辉石橄榄岩、二辉、辉长岩等。北秦岭早古生代基性侵入岩体出露于商丹断裂带北侧，自西向东依次为陕西周至县黑河厚畛子、小王涧四方台，商州市拉鸡庙和商南县富水杂岩体，岩石类型主要由中细粒和中粗粒辉长岩、辉长苏长岩组成，还有少量橄榄辉长岩和闪长岩，属钙碱性岩石演化系列，形成于活动大陆边缘环境。

(六)晚古生代岩浆岩

晚古生代中酸性侵入岩在阿尔泰、准噶尔、天山、北山等岩浆岩带分布十分广泛，均是碰撞期后拉张环境的产物，主要形成于晚石炭世—二叠纪，涵盖了闪长岩、石英闪长岩、英云闪长岩、花岗闪长岩、二长花岗岩、斜长花岗岩、花岗岩、钾长花岗岩等岩石类型。祁连岩浆岩带晚古生代中酸性侵入岩主要形成于泥盆纪至早石炭世，岩石组合为一套英云闪长岩-花岗闪长岩-二长花岗岩-钾长花岗岩。柴北缘晚古生代早期花岗岩与早古生代晚期花岗岩紧密相连，分布于柴北缘高压变质带内及其两侧，为花岗闪长岩-二长花岗岩-黑云母花岗岩，是碰撞后环境产物。柴达木北缘地区晚古生代中晚期花岗岩主要岩石类型为英云闪长岩、花岗闪长岩、二长花岗岩、钾长花岗岩。秦岭岩浆岩带晚古生代花岗岩浆活动很弱，在北秦岭和南秦岭有少量二长花岗岩-钾长花岗岩侵入体。

石炭纪晚期—二叠纪是天山—准噶尔—阿尔泰地区岩浆最为活跃的时期，基性—超基性岩浆活动强烈，如喀拉通克、黄山-秋格明塔什、箐布拉克等基性超基性杂岩带和分布范围较为广泛的辉绿岩墙或辉绿岩墙群等为幔源岩浆产物，形成于大陆伸展环境。

(七)中生代岩浆岩

中生代中酸性侵入岩在阿尔泰、天山、祁连岩浆岩带中零星出露，集中分布于柴北缘西部的大柴旦地区和东南部鄂拉山—都兰—察汉河地区、北秦岭商州以西地区。阿尔泰岩浆岩带主要为三叠纪—白垩纪花岗岩，主要岩石类型为黑云母花岗岩、二云母花岗岩、黑云母二长花岗岩、花岗岩等。天山岩浆岩带目前确定存在三叠纪的岩浆活动，一般均为小的岩基，岩石类型为黑云母花岗岩岩体、二长花岗岩、碱性花岗岩等。北山岩浆岩带中主要为三叠系，其次为侏罗纪中酸性侵入体，分布范围有限，多呈岩株状产出，主要出露于红石山—黑鹰山的明水地区、公婆泉—月牙山东部的七一山地区、马鬃山地区、辉铜山-花牛山地区，岩石类型主要为石英闪长岩、二长花岗岩、钾长花岗岩等。祁连岩浆岩带中生代中酸性侵入岩零星分布于北祁连东段，岩性为二长花岗岩、石英闪长岩等。柴北缘三叠纪中酸性岩浆活动十分强烈，花岗岩岩体规模巨大，岩石类型繁多，分布极为广泛，形成时代为250～220Ma，为板内伸展型花岗岩。柴北缘三叠纪以后岩浆活动较弱，侵入岩出露少，均呈孤立的侵入体分布，而且出露面积小，呈似椭圆状、不规则状或小岩株状零散分布于鄂拉山断裂带的两侧以及柯柯赛断裂带内，主要岩石类型有碱长花岗岩、正长花岗岩和正长花岗斑岩等，形成时代为201～95Ma，亦为板内伸展型（1∶25万都兰县幅）。秦岭岩浆岩带三叠纪中酸性侵入体发育，花岗岩出露面积很大，集中分布在商州以西地区，岩体多呈近等轴状或略有拉长形状，多以成群复式岩体侵位于前中生界内，岩石类型主要为二长花岗岩、花岗闪长岩及奥长环斑花岗岩。一般来讲，岩体群早期形成的岩石成分相对偏中基性，以二长岩、闪长花岗岩或花岗闪长岩为主；晚期的岩体偏酸性，主要为二长花岗岩。侏罗纪—白垩纪中酸性侵入体集中分布在研究区东秦岭地区，多以巨大岩基和小型花岗斑岩体形式产出，小型花岗斑岩体出露于栾川断裂北侧的金堆城—栾川一带，与斑岩型钼矿成矿关系密切。

三、区域构造格局及演化

在800～700Ma时期，Rodinia超大陆开始裂解，到古近纪早期印度同欧亚大陆碰撞之前，中国现今的地域曾经被古亚洲洋和特提斯洋分隔成三大部分：北部属古亚洲陆块群，南部属冈瓦纳陆块群，中部属华夏陆块群（或古中华陆块群）；泥盆纪（可能在早泥盆世末）华夏陆块群的主体已拼合在一起，形成新的大陆地壳基底（徐学义等，2008）。中国西北地区主体处于古亚洲构造域和秦祁昆构造域，南跨特提斯构造域，东叠环太平洋构造域，经历了长期复杂的地质演化——以古生代的地质作用，特别是海西期的造山作用最为明显，形成了其典型的洋陆相杂格局，或称作多陆块洋（多岛洋）的构造格局，现今表现为由造山带和盆地构成的陆内盆山构造格局。大型盆地有准噶尔、吐哈、塔里木、柴达木、鄂尔多斯盆地，南部跨及四川盆地北部。主要山系有阿尔泰造山带、天山-北山-阴山造山带、昆仑-祁连-秦岭造山带（简称秦祁昆造山带）。根据目前西北地区的研究程度，构造演化可大致划分为南华纪以前大陆地壳早期演化阶段（阶段Ⅰ）、超大陆裂解及洋陆演化阶段（阶段Ⅱ）、碰撞期后板内伸展阶段（阶段Ⅲ）和陆内叠覆造山阶段（阶段Ⅳ）。

（一）南华纪前大陆地壳基底演化

超大陆裂解前3000～2000Ma的基底演化阶段，一般称为陆核-陆块的演化阶段。目前尚难以勾绘出大陆地壳早期演化阶段的构造格局，只能笼统地说是一种由被裂谷或裂陷槽所割裂的大小陆块构成的格局。

从陆核形成到Rodinia超大陆形成，大体经历了3个时期：①陆核形成及演化期；②陆块形成及演化期；③超大陆形成期。

1. 陆核形成及演化期

到了新太古代末，在中国西北地区形成了一些陆核，如塔里木陆块北缘的中—新太古代托格拉克布拉克杂岩、阿拉善陆块的乌拉山岩群、华北陆块五台运动不整合面之下的五台群及更古老的结晶变质岩系等。在阿尔金构造带的敦煌杂岩中可能存在古老的陆核，欧龙布鲁克陆块察汉河一带的太古宙表壳岩石组合代表古老的陆核碎块，扬子陆块西北缘的新太古代鱼洞子岩群也是古老陆核的残余。在2500Ma前后，塔里木、华北、阿拉善及陕南等地区已经出现了大面积的陆核及一些陆核残片。到了古

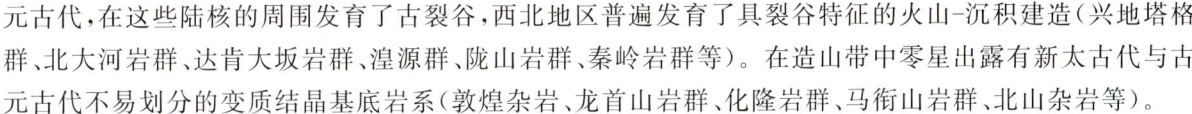

元古代,在这些陆核的周围发育了古裂谷,西北地区普遍发育了具裂谷特征的火山-沉积建造(兴地塔格群、北大河岩群、达肯大坂岩群、湟源群、陇山岩群、秦岭岩群等)。在造山带中零星出露有新太古代与古元古代不易划分的变质结晶基底岩系(敦煌杂岩、龙首山岩群、化隆岩群、马衔山岩群、北山杂岩等)。

2. 陆块形成及演化期

古元古代末的吕梁运动在大陆地壳克拉通化的历程中是一次重要的变革,基本上奠定了此后一些大型陆块的基础。例如华北陆块、塔里木陆块、阿拉善陆块、中南祁连陆块、马衔山陆块、秦岭陆块等。长城纪—青白口纪沉积已经开始出现稳定型、过渡型和活动型的分化。青白口纪上述各陆块之上或其周缘出现厚度不大的泥质白云质碳酸盐岩建造,标志着这一阶段海相沉积将面临结束。而在扬子陆块、碧口陆块、松潘陆块和柴达木陆块上古裂谷-裂陷槽沉积可能一直持续到青白口纪末。中—新元古界碧口岩群、三花石群、西乡群和万宝沟群是这一时期的代表性沉积组合。这些地域直到晋宁运动时才真正完成克拉通化。

3. 超大陆形成期

青白口纪末的晋宁运动完成了上述两大陆块群的拼合,从而成为Rodinia超大陆的组成部分。沿塔里木地块南北缘的中天山和西昆仑、扬子地块北缘、秦岭、阿尔金、柴北缘、东昆仑等地带普遍出露有1000~800Ma的钙碱性花岗岩及花岗质片麻岩,以及广泛分布于亲扬子陆块群和亲华北陆块群之上的南华纪—震旦纪冰成沉积岩系及其下的区域性角度不整合面为这次超大陆拼合提供了地质依据。欧美地质学家认为格伦威尔造山运动是完成新元古代超大陆拼合的一次广泛造山运动,中国的晋宁造山带即相当于全球范围内的格伦威尔造山带。

(二)超大陆裂解及洋陆格局和地质演化

Rodinia超大陆裂解导致洋陆格局的形成,而大洋岩石圈的俯冲消减及弧陆碰撞最终导致陆陆碰撞,造成大洋盆地完全封闭和碰撞造山带的形成。

1. 超大陆裂解期

超大陆裂解过程以祁连地区研究较为详细,总体是通过大陆裂谷演化到大洋盆地。据最新研究可知,白银地区的白银岩群(ZB)时代为震旦纪,为双峰式火山岩组合,标志大陆裂谷作用已经开始。到了寒武纪,沿北祁连已经形成颇具规模的大陆裂谷。该大陆裂谷的轴线大致沿北祁连西端的肃北县城附近,向东经昌马一带、玉门石油河中游一带,断续向东再经祁连县野牛沟、清水沟、郭米寺、百经寺等地,一直伸展到甘肃省白银地区。其他地区对于大陆裂解的过程研究较祁连尚差,有裂解的标志和结果,但无详细的过程。南华纪—震旦纪含冰成岩系的沉积是研究区范围内统一的新元古代超大陆上的第一个沉积盖层,并在盖层沉积的同时也开始孕育着超大陆裂解。南华纪地层中普遍含基性火山岩或双模式火山岩,标志着在超大陆形成不久就已经开始孕育着裂解的因素,这也是全球范围内早古生代大洋盆地打开的前兆。在南华纪—震旦纪含冰成岩系沉积的同时,洪古勒楞—阿尔曼泰、西准噶尔、南天山、西昆仑、北祁连、商丹带、柴北缘及东昆仑已开始裂解,甚至有些地段已经出现了大洋盆地。

2. 洋陆演化格局

大陆裂解最终导致洋陆格局的形成,到了早古生代早中期,出现了两个大洋体系:古亚洲大洋体系和秦祁昆大洋体系,以及夹持于这两个大洋体系中的一些大型陆块。无论是古亚洲大洋体系还是秦祁昆大洋体系,由于洋壳的俯冲消减,保留下来的都是一种多岛弧盆系的格局。在西北地区保留有两个巨大的复杂弧盆系:准噶尔-中天山复杂弧盆系(Ⅱ)和祁连-秦岭复杂弧盆系(Ⅵ),两者之间是塔里木板块

(Ⅲ)、阿尔金微板块(Ⅳ)和阿拉善-华北板块(Ⅴ)，秦祁昆大洋体系之南则是华南陆块群(Ⅶ)。几乎所有弧间洋、小洋盆经过弧陆碰撞后都成为弧陆碰撞带保留在造山带中，而最后封闭的大洋盆地则成为缝合带。

3. 陆块及地块演化

塔里木陆块夹持于两个大洋体系之间，在南华纪—震旦纪，沿其北缘的库鲁克塔格一带发生陆缘裂陷，形成了一套巨厚的含冰筏沉积的陆缘碎屑浊流沉积，其中出现数层玄武岩及双峰式火山岩，被看作是洋盆开启的先兆。从寒武纪开始，其南、北陆缘分别成为南天山洋盆和西昆仑洋盆的陆缘海沉积带，而在内侧开始了克拉通盆地亚相的沉积，一直持续到早—中泥盆世。从志留纪开始到中泥盆世的盆地沉积充填序列明显表现为进积型，显然受这一时期陆陆碰撞事件的影响。南缘在铁克里克一带发育有早古生代陆棚海相沉积组合，构成克拉通盆地亚相，而塔里木陆块中心可能是基底隆起剥蚀区。

阿尔金陆块呈楔状，两侧在南华纪—志留纪可能是两个巨大的转换断裂(TS1、TS2)，它使北天山弧间洋向东转换成红柳河-牛圈子-洗肠井洋盆，使南天山洋向东转换成辉铜山陆缘裂谷，使西昆仑洋向东转换成东昆仑洋，使北祁连弧间洋向西转换成红柳沟-拉配泉小洋盆，使柴北缘洋转换成柯帕-茫崖小洋盆。南华系—中泥盆统为被动陆缘亚相沉积组合。志留纪末碰撞造山作用使阿尔金地块上的两个小洋盆分别转化成弧陆碰撞带(CB5)及缝合带(SR5)。除此以外，阿尔金地块其余部分属基底隆起剥蚀区。

阿拉善地块北缘和华北陆块北缘存在早古生代陆缘沉积带。阿拉善地块缺失早古生代沉积。鄂尔多斯地块发育震旦纪—晚奥陶世陆棚海相克拉通盆地亚相组合，缺失志留纪沉积。

夹持于柴北缘洋和东昆仑洋间的柴达木地块在早古生代一直保持基底隆起剥蚀状态。

华南陆块群位于秦祁昆大洋体系之南，其西段的昆南—羌北地区可能存在早古生代的陆缘带，后来被晚古生代的弧盆系叠加掩盖。扬子陆块北缘成为商丹洋南缘的被动陆缘沉积带。在南秦岭南缘则发育寒武纪—奥陶纪陆缘裂陷槽，向西扩展到甘肃的白龙江流域。华南陆块群中段陆缘带此后被三叠纪沉积掩覆。扬子陆块上发育南华纪—奥陶纪陆棚海相克拉通盆地亚相沉积组合，志留纪沉积仅出现在西北部边缘地带，其余地区则缺失志留纪—泥盆纪沉积。

(三)板内伸展阶段的格局及演化

西北地区从碰撞造山期后到陆内演化阶段之前经历了一个相当长的板内伸展阶段，这个阶段基本特征是广泛发育以新生大陆地壳为基底的板内裂陷盆地及裂谷盆地。除在东昆仑一带出现有限的新生大洋盆地，在巴音沟出现红海式洋盆之外，不再出现具有分割意义的大洋盆地，地质时代延伸大致从中晚泥盆世开始一直持续到早中二叠世。中晚泥盆世—早石炭世沉积序列及其同下伏地质体的区域性不整合，表明大陆动力学条件已经从挤压变成伸展。这个阶段同碰撞造山期联系甚少，而是以大陆地壳伸展为特征，故称作板内伸展阶段。

板内伸展阶段，中国西北地区形成了具有不同特色的三个地(区)带：①中天山—敦煌地块—阿拉善陆块—华北陆块以北地区(简称北部区)，以发育板内裂谷裂陷槽为特征，早期出现新生洋盆，晚期出现大面积岩浆活动，构成中亚地区"大火成岩省"的一部分，部分地区从晚石炭世开始向陆内阶段转化，而整个北部区是在二叠纪末全面转入陆内演化阶段；②上述地区以南，西东昆仑带以北地区(简称中部区)，除了继承性的克拉通盆地外，以发育板内伸展盆地和新克拉通盆地为特征，局部地带出现板内裂谷，从晚石炭世开始北祁连—北秦岭带开始向陆内阶段转化，早二叠世整个北祁连—北秦岭带已经转化成内陆盆地，而中三叠世末全区才全面进入陆内演化阶段；③西东昆仑—阿尼玛卿—勉略带，以发育新生洋盆和板内裂谷为特征，经历过中二叠世末的碰撞造山作用，晚二叠世受特提斯洋扩张的影响，部分地带成为特提斯洋北部的边缘海或弧后盆地，晚三叠世末印支运动进入陆内演化阶段。

板内伸展阶段并非持续不断地伸展，而是伸展和挤压交替。中泥盆世—早石炭世和晚二叠世—中三叠世早期是两个强烈伸展期，而晚石炭世—中二叠世和晚三叠世则是两个挤压期。晚二叠世—中三叠世早期的伸展对南带及其以南地区影响最为强烈，对中部区的秦岭有所影响；而此时，北部区在晚二叠世总体仍然处于挤压背景，造成北天山、北山及锡林浩特板内裂谷及裂陷槽封闭。这种情况可能与早印支期特提斯洋的扩张相关，扩张造成紧邻区的大陆地壳伸展，而使远邻区大陆地壳处于挤压状态。晚三叠世挤压期影响范围最大，又正值印支造山运动发生时期，其结果使东昆仑—阿尼玛卿以北地区结束了板内伸展阶段，形成巨大的陆内造山带；终结了巴颜喀拉—松潘地区特提斯洋，进而形成了印支期碰撞造山带；使上扬子克拉通盆地通过晚三叠世须家河组海陆相沉积转化成大型内陆盆地，同时形成龙门山陆内俯冲型造山带。印支运动还在中国中部地带造成两个效应：其一是以花岗质岩浆侵入为主的构造-岩浆事件遍及中国中央造山带，其二是造成了中国东高西低的构造地貌。

（四）陆内阶段的格局及演化

中国西北地区从晚石炭世开始，在准噶尔地区、阿拉善、鄂尔多斯、北祁连及走廊带、商丹带以北的秦岭地区都以海陆相转化成陆相的方式进入陆内叠覆造山阶段；中三叠世末的陆内造山作用使康西瓦断裂带—昆南断裂带以北的其余地区和上扬子地区进入陆内叠覆造山阶段；而三叠纪末印支期特提斯海的封闭使巴颜喀拉-金沙江弧盆系全面进入陆内叠覆造山阶段。该阶段呈现出一幅波澜壮阔的陆内盆山构造格局。

中国西北地区各地进入陆内演化阶段的时间不尽相同，经历的陆内演化阶段的造山作用期次和强度也不完全相同。北部区海西晚期陆内造山作用表现十分强烈，而印支山运动微弱；中部区则以早印支期陆内造山作用表现得十分强烈；南带及其以南地区印支造山作用的性质则属碰撞造山作用。就中国西北地区整体而言，除了南部巴颜喀拉—松潘以外，从中三叠世晚期—晚三叠世末伴随着早印支期陆内造山作用已全面转入陆内叠覆造山阶段。早印支期陆内造山作用实际上是陆内叠覆造山阶段不同类型造山作用中的一种类型。

第二节 区域矿产概况

一、区域矿产资源特征

西北地区是我国战略性矿产资源勘查的重点工作区之一，也是寻找大型—超大型矿产资源基地的重要战略选区。经过近半个多世纪的地质找矿勘查和开发利用，西北地区金属矿产资源保有储量在我国已占有重要地位，并形成了多个重要的有色金属生产基地。截至2012年，由矿产资料统计（西安地质调查中心，2012）可知，西北地区固体金属矿产有超大型矿床9处、大型矿床88处、中型矿床235处、小型矿床758处、矿（化）点2630处，总计矿床（点）3720处（图3-3）。已发现的矿床（点）中，有金属矿产35种，主要矿种有：黑色金属铁、钛、钒（锰、铬），有色金属铜、镍、钴、铅、锌、汞、锑、钨、钼（锡），贵金属金（银、铂族），稀有金属铍、锂、铌、钽和稀土金属等。镍金属储量占全国的76.7%，铂金属储量占58.1%，但仍有部分重要金属矿产储量（如铅、铁、锌、铜等）还不足全国的20%，这表明西北地区重要金属矿产资源找矿空间还很大，有待加强勘查工作。2008年西北地区开展新疆"358"项目、青藏专项、找矿突破行动以来，带动了地方和社会资金的勘查投入，找矿取得了重大突破，重点是铁、铜、镍、锰、铅、锌、金、钾等国家紧缺矿产资源，以及煤、钨、钼等优势矿产，形成了一批勘查开发基地。矿业已成为西北各省（区）重要的经济支柱产业，对各省（区）GDP的贡献率在60%以上，而且呈不断增大的趋势。

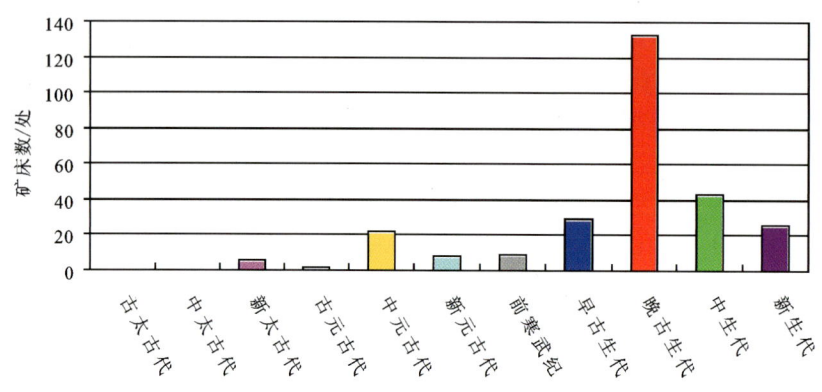

图 3-3 西北地区中型以上矿床成矿时代统计柱状图

二、成矿带划分

西北地区主要分为三大成矿域,即古亚洲成矿域、秦祁昆成矿域和特提斯成矿域,可进一步划分为 11 个成矿省,43 个三级成矿带,156 个四级成矿亚带(图 3-4,表 3-2)。

(一)古亚洲成矿域

中国西部的古亚洲成矿域包括塔里木地块及其以北广大地区,具有塔里木大型地块及阿尔泰、准噶尔、塔城、伊犁、吐哈和马鬃山等中小型地块与造山带镶嵌的地貌地质构造特征,因而可依较大地块及其周缘造山带组成之古板块及其间时代最新的缝合带(结合带),自北而南依次分为隶属于西伯利亚板块的阿尔泰成矿省、隶属于哈萨克斯坦-准噶尔板块的准噶尔成矿省和伊犁成矿省及隶属于塔里木板块的塔里木成矿省。这些成矿省及所辖成矿区带可外延至蒙古国、俄罗斯、哈萨克斯坦和吉尔吉斯斯坦等邻国。

1. 阿尔泰成矿省

该成矿省位于西伯利亚板块西南缘,包括阿尔泰微陆块及周缘造山带,北界为国界,南界为斋桑-额尔齐斯结合带(构造混杂岩带或挤压带)。阿尔泰地区在新疆面积虽小,但西延至俄罗斯和哈萨克斯坦,为山区阿尔泰和矿区阿尔泰,东延为蒙古阿尔泰,是一个独具特色的重要的巨型成矿带。额尔齐斯缝合带与阿尔曼太蛇绿混杂岩带之间的北(东)准噶尔地区在早古生代期间属西伯利亚板块,在晚古生代期间属哈萨克斯坦-准噶尔板块。

该地区在构造上可分为阿尔泰陆块北缘(喀纳斯-诺尔特)亚带、阿尔泰陆块中央(冲乎尔-青河)亚带和阿尔泰陆块南缘(阿舍勒-库尔特和哈巴河-富蕴)亚带。阿尔泰成矿省以稀有金属白云母及 Cu-Pb-Zn-Fe-Au 成矿作用为特征。晚古生代早期(D_{1-2})的裂陷发生于阿尔泰微陆块中部和南缘,在中部形成冲乎尔、克兰和麦兹等多个左行斜列的裂陷海槽,微陆块南缘形成阿舍勒裂陷海槽。在这些海槽内形成海相火山岩型 Fe-Cu-Pb-Zn 矿床;另外,在阿尔泰微地块北东部红山嘴断裂北东侧的诺尔特地区也发生裂陷,成为蒙古-乌列盖上叠盆地(D-C)的一部分,以 Pb-Zn-Au 矿化为特征。值得注意的是,阿尔泰地区成矿作用曾被认为主要发生在加里东期和海西期,但十余年来已获得较多的印支期、印支期—早燕山期和早燕山期碱长花岗岩类(如将军山、尚可兰、可可托海 60 号山等岩体)以及伟晶岩型稀有金属、白云母矿床(如大喀拉苏、小喀拉苏、将军山、可可托海 1 矿、阿祖拜等矿床)。

第三章 西北地区区域地质及矿产特征

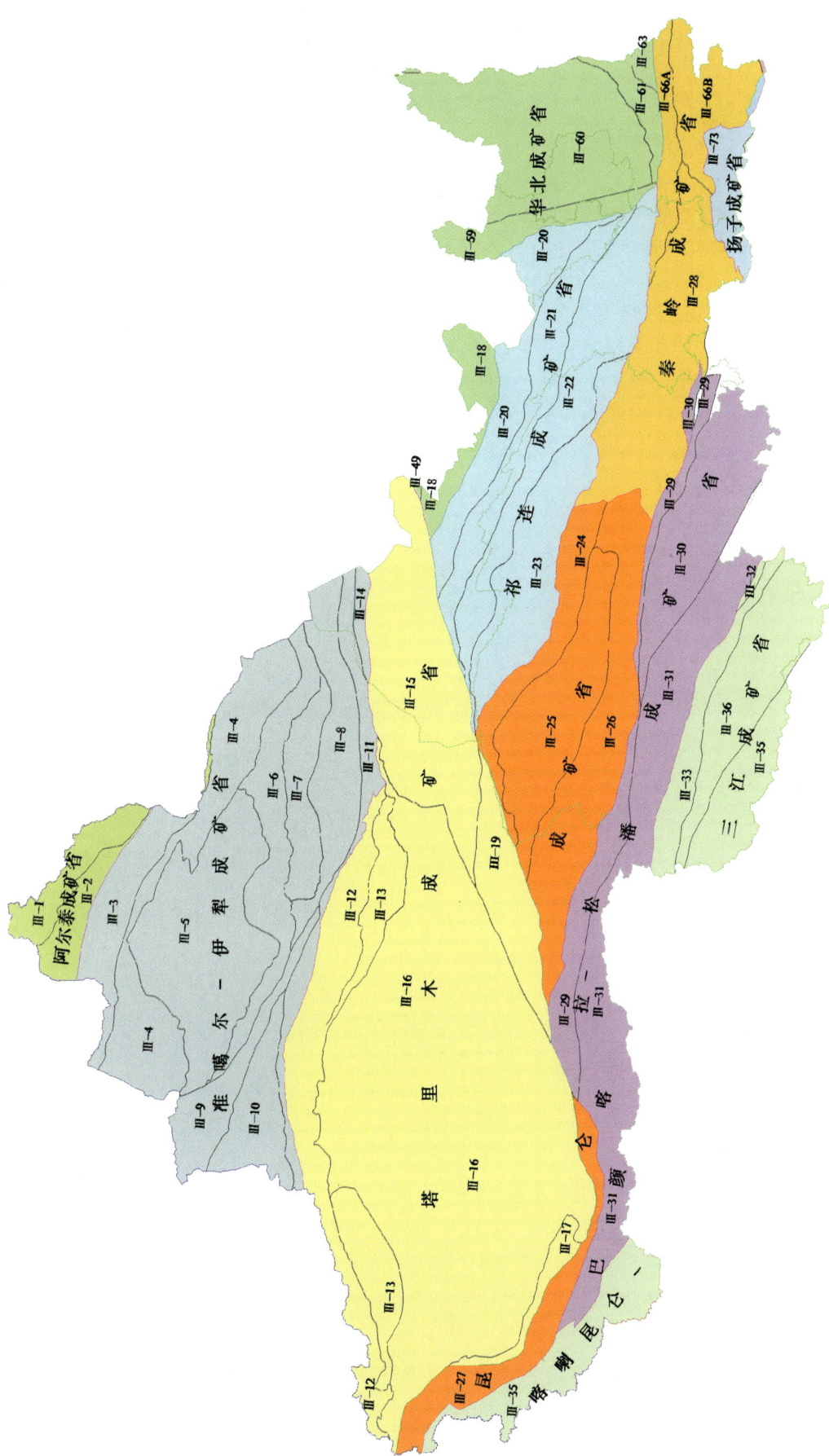

图 3-4 西北地区三级成矿带划分图（张晶等，2018）

表 3-2　西北地区三级成矿带划分表

成矿域	成矿省	三级成矿区带
古亚洲成矿域	阿尔泰成矿省	Ⅲ-1 北阿尔泰(山弧带)稀有元素(RM)、铅、锌、金、铜、镍、多金属、钼、白云母、宝石成矿带
		Ⅲ-2 南阿尔泰(裂陷盆地)铜、铅、锌、铁、金、稀有元素(RM)、铀、白云母、宝石成矿带
	准噶尔成矿省	Ⅲ-3 北准噶尔(沟弧带)铜、镍、钼、金、铁、稀土、煤、膨润土、萤石成矿带
		Ⅲ-4 唐巴勒-卡拉麦里(复合沟弧带带)铬、铜、钼、金、铁、锰、锡、钨、钼、汞、铀、铍、硫铁矿、石墨、石棉、水晶、明矾石、煤、石油、天然气、油页岩、膨润土、硫铁矿成矿带
		Ⅲ-5 准噶尔盆地(中央地块)石油、天然气、煤、金、铜、铁、铅、锌、铀、盐类、膨润土成矿区
		Ⅲ-6 准噶尔南缘(复合岛弧带)铜、钼、金、钨、铁、铬、锰、稀有元素(RM)、铂、高岭土、硫铁矿、膨润土、重晶石、滑石、硼、叶腊石、沸石、石墨、红柱石、泥炭、盐类成矿带
		Ⅲ-7 吐哈盆地(地块)石油、天然气、煤、铀、铁、耐火黏土、钠硝石、盐类、膨润土成矿带
		Ⅲ-8 觉罗塔格-黑鹰山铜、镍、铁、金、银、钼、钨、石膏、硅灰石、膨润土、煤成矿带
	伊犁成矿省	Ⅲ-9 伊犁微板块北东缘(复合岛弧带)金、银、铀、钼、铅、锌、铁、钨、锡、磷、石墨、沸石、珍珠岩、水晶、宝石、煤成矿带
		Ⅲ-10 伊犁(中央地块及裂谷带)铁、锰、铜、铅、锌、金、钨、铀、煤、油气、硫铁矿、白云岩、石英岩成矿带
		Ⅲ-11 伊犁南缘-中天山-旱山铁、铜、镍、金、锰、铅、锌、白云母成矿带
	塔里木成矿省	Ⅲ-12 塔里木板块北缘(复合沟弧带)铁、钛、锰、铜、镍、钼、铅、锌、锡、金、锑、稀有元素(RM)、稀土、白云母、菱镁矿、铝土矿、石墨、硅灰石、红柱石、白云母、石油、天然气、煤、硫铁矿、盐类、玉石、蛇纹岩、泥炭成矿带
		Ⅲ-13 塔里木陆块北缘隆起(地块)铜、镍、金、稀有元素(RM)、稀土、铀、锡、锶、汞、蛭石、磷、石墨、煤、盐类、重晶石、宝石、煤成矿带
		Ⅲ-14 金窝子-公婆泉-东七一山铜、金、钨、锡、铷成矿带
		Ⅲ-15 敦煌(地块)铁、铜、镍、金、银、钨、锑、铅、锌、砷、锰、钒、铀、磷、芒硝成矿区
		Ⅲ-16 塔里木盆地(中央地块)石油、天然气、煤、铀、铅、锌、铁、钒、钛、盐类(钾盐)、砂金成矿区
		Ⅲ-17 铁克里克(陆缘地块)铁、金、铅、锌、水晶、煤、石膏、自然硫、重晶石成矿带
秦祁昆成矿域	阿尔金-祁连成矿省	Ⅲ-19 阿尔金(陆缘地块)铁、铅、锌、铜、金、银、镍、钒、钛、铬、稀有元素(RM)、稀土、石棉、玉石、白云母、白云岩、石英岩、盐类成矿带
		Ⅲ-20 河西走廊铁、锰、萤石、盐类、凹凸棒石、石油成矿带
		Ⅲ-21 北祁连铜、铅、锌、铁、铬、金、银、硫铁矿、石棉成矿带
		Ⅲ-22 中祁连金、硫、重晶石、磷成矿带
		Ⅲ-23 南祁连金、镍、稀土、煤、磷成矿带
	昆仑(造山带)成矿省	Ⅲ-24 柴达木北缘铅、锌、锰、铬、金、白云母成矿带
		Ⅲ-25 柴达木盆地(地块)锂、硼、钾、钠、镁、盐类、石膏、石油、天然气成矿区
		Ⅲ-26 东昆仑(造山带)铁、铅、锌、铜、钴、金、钨、锡、钒、钛、盐类成矿带
		Ⅲ-27-① 西昆仑北部(地块及裂谷带)铁、铜、铅、锌、钼、锰、硫铁矿、水晶、白云母、玉石、石棉成矿带
		Ⅲ-29 喀拉米兰(阿尼玛卿;复合沟弧带)铜、锌、金、银、铂、石棉、石墨、煤、蛇纹岩、盐类成矿带(Ⅳ;Ⅰ-Y)
	秦岭-大别造山带成矿省	Ⅲ-28 西秦岭铅、锌、铜(铁)金、汞、锑成矿带
		Ⅲ-66 东秦岭金、银、钼、铜、铅、锌、锑、非金属成矿带

续表 3-2

成矿域	成矿省	三级成矿区带
特提斯成矿域	巴颜喀拉-松潘成矿省	Ⅲ-27-②西昆仑南部(陆缘盆地)铁、铜、金、铅、锌、稀有元素(RM)、锡、锑、白云母、宝玉石、石墨、硫铁矿、自然硫成矿带
		Ⅲ-30 北巴颜喀拉-马尔康金、镍、铂、铁、锰、铅、锌、锂、铍、白云母成矿带
		Ⅲ-31 南巴颜喀拉-雅江锂、铍、金、铜、锌、水晶成矿带
	喀剌昆仑-三江成矿省	Ⅲ-32 义敦-香格里拉(造山带、弧盆系)金、银、铅、锌、铜、锡、汞、锑、钨、铍成矿带
		Ⅲ-33 金沙江(缝合带)铁、铜、铅、锌成矿带
		Ⅲ-35 喀喇昆仑-羌北(弧后/前陆盆地)铁、金、石膏成矿带
		Ⅲ-36 昌都-普洱(地块/造山带)铜、铅、锌、银、金、铁、汞、锑、石膏、菱镁矿、盐类成矿带
	华北(陆块)成矿省	Ⅲ-49 白乃庙-锡林浩特铁、铜、钼、铅、锌、铬、金、锰、锗、煤、天然碱、芒硝成矿带
		Ⅲ-59 鄂尔多斯西缘(陆缘坳褶带)铁、铅、锌、磷、石膏、芒硝成矿带
		Ⅲ-60 鄂尔多斯(盆地)铀、油气煤盐类成矿区
		Ⅲ-61 山西(断隆)铁、铝土矿、石膏、煤、煤层气成矿带
		Ⅲ-63 华北陆块南缘铁、铜、金、铅、锌、铝土矿、硫铁矿、萤石、煤成矿带
	扬子成矿省	Ⅲ-73 龙门山-大巴山(台缘坳陷)铁、铜、铅、锌、锰、钒、磷、硫、重晶石、铝土矿成矿带
		Ⅲ-74 四川盆地铁、铜、金、石油、天然气、石膏、钙芒硝、石盐、煤、煤层气成矿区

2. 准噶尔成矿省

准噶尔成矿省是指准噶尔地块及其周缘造山带,其北界为额尔齐斯缝合带,南界为木扎尔特-红柳河缝合带。地块北缘造山带以往多被分为北东准噶尔造山带和西准噶尔造山带。西、东准噶尔贯通的次级构造单元是塔尔巴哈台-阿尔曼太早古生代岛弧,吐哈盆地具有与准噶尔盆地相似的前寒武纪基底,原是准噶尔地块的一部分,依连哈比尔尕和哈尔里克是哈萨克斯坦-准噶尔板块南缘活动带,后期的博格达裂谷将吐哈微地块从准噶尔地块裂离出来,成为准噶尔南缘活动带的一部分。准噶尔地块北缘造山带分为北准噶尔铜、镍、钼、金成矿带(以喀拉通克 Cu-Ni 矿床、萨尔布拉克 Au 矿床为代表)和唐巴勒(西准噶尔)-卡拉麦里(东准噶尔)铬、铜、金、锡、硫铁矿、石墨、石棉、水晶成矿带(代表性矿床萨尔托海和琼鱼铬铁矿床、齐依求 1 号金矿床,两者之间为阿尔曼太蛇绿混杂岩带)。区内整体准噶尔成矿省包括准噶尔地块(盆地)、吐哈微地块(盆地)、北准噶尔、唐巴勒(原称西准噶尔)-卡拉麦里(原称东准噶尔)、准噶尔南缘和觉罗塔格 6 个三级成矿带。

3. 伊犁成矿省

伊犁地块在新疆虽然面积较小,但西延至哈萨克斯坦,与伊塞克等地块共同组成一个较大的地块。该成矿省原是塔里木板块的一部分,在中—新元古代时为与"南天山元古洋"相关的滨-浅海环境,发育陆源碎屑岩和碳酸盐岩盖层沉积。从新元古代晚期起,可能由于"南天山元古洋"闭合的侧向效应,在本区那拉提形成"中天山裂陷海槽",发育活动型火山-沉积建造($Nh—O_{1-2}$),继而随海槽的闭合形成"中天山南缘加里东期花岗岩带"及磨拉石建造(O_3)。伊犁地块西北部别珍套山地区发育陆表海沉积($Nh—\epsilon$)和弧后盆地复理石沉积($O—S$),其北部是阿拉套古生代岛弧,南东是博罗霍洛岛弧($O—S$),并向南东延至库米什地区,发育弧后盆地型复理石建造(S)。在晚古生代时,可能由于准噶尔洋及稍后的依连哈比尔尕小洋南向俯冲,伊犁地块中部强烈裂陷,形成西宽东窄的裂谷盆地,除东端发育少许玄武质火山岩(D_3)外,广泛发育火山复理石建造(C_1)和海陆交互相火山-沉积岩系(C_{1-2}),从 C_2^2 起该区基本成陆,含少量流纹质火山岩。伊犁地块北缘博罗霍洛地区在加里东造山带基础上发育弧后盆地沉积(D—C),并形成早—中海西花岗岩带。伊犁成矿省北界为依连哈比尔尕断裂,南界为那拉提南缘断裂和乌瓦门卡瓦布拉克-红柳河断裂,以 Fe-Cu-Au-Mn-Pb-Zn-Mn-P 成矿为特征,并可分为地块北缘(造山带)、地块(中部)和地块南缘(造山带)这3个三级成矿区带。

4. 塔里木成矿省

塔里木成矿省的范围相当于塔里木陆块及其北侧大陆边缘,而南侧大陆边缘(西昆仑北部亚带)归入秦祁昆成矿域的昆仑成矿省。塔里木陆块盖层沉积主要出露于柯坪和库鲁克塔格,为细碎屑岩($Nh-P_1$)、页岩和碳酸盐岩,其中,石炭系黑色生物碎屑灰岩是重要生油层。从晚二叠世起,地块隆升,发育陆相碎屑岩和泥质岩。矿产除沉积型磷(铀、钒)矿外,在柯坪有大—中型钒钛磁铁矿床和金刚石矿(点),在库鲁克塔格有且干布拉克超大型蛭石矿床。

塔里木陆块北侧大陆边缘曾被称为"南天山造山带",经历中—新元古代和晚加里东期—早海西期两个演化阶段。中—新元古代闭合形成阿克苏和长阿吾子蓝闪片岩带,继之发育盖层沉积(Nh—O),后成为残余海盆(O_2),发育磨拉石和复理石建造。晚加里东期—早海西期东段以库米什和米斯布拉克蛇绿岩为特征,并于早泥盆世晚期开始闭合,形成"中天山南缘早海西花岗岩带"。在中古生代阶段,该区中段可能受"北天山洋"的影响而形成弧盆系,可分为艾尔宾、克孜勒塔格和喀拉铁热克3个弧后盆地及霍拉山中间地块。前2个弧后盆地发育火山复理石建造(D_{2-3})、石炭系复理石建造和二叠系磨拉石建造。该地区矿产勘查程度较低,总体是一个铁、钛、锰、铜、钼、铅、锌、锡、金、锑、白云母、菱镁矿、铝土矿、石墨、硅灰石成矿带,可分为塔里木板块北缘、塔里木陆块北缘隆起(柯坪和库鲁克塔格断隆)、金窝子-公婆泉-东七一山、敦煌、塔里木盆地和铁克里克陆缘地块(塔里木陆块南缘)6个三级成矿带。

(二)秦祁昆成矿域

研究区秦祁昆成矿域西部相当于秦祁昆巨型造山系的西部,包括祁连、阿尔金、西昆仑、东昆仑、柴达木北缘(属广义的东昆仑之北部)和西秦岭诸造山带,其内有柴达木盆地(地块)及中祁连、冷湖、德令哈、金水和天水-宝鸡等前寒武纪微地块。该巨型造山系是在晋宁(扬子)旋回形成的古中国地台裂解出祁连洋和秦岭洋的基础上发展而成的。

1. 阿尔金-祁连成矿省

阿尔金山是青藏高原北缘的一条重要山脉,任纪舜等(2004)将其定为秦祁昆造山系中与西昆仑、东昆仑、祁连和秦岭-大别山诸造山带并立的阿尔金造山带,依据是在1:25万苏吾什杰、瓦石峡、阿尔金山等幅地质填图和专题研究中均已发现早古生代蛇绿混杂岩和与加里东造山有关的岩浆活动与变质作用,包括超高压变质作用,现今阿尔金山出露的前震旦纪变质岩并不是塔里木地台的基底岩系,而是强烈卷入加里东造山作用的阿尔金造山带的根部。潘桂棠等(2005)[①]将其定为秦祁昆构造系中与北祁连、南祁连、西昆仑、东昆仑和西秦岭诸弧盆系及柴达木地块并立的阿尔金弧盆系,称为阿尔金-祁连成矿省。矿产以铁、铅、锌、铜、金、银、镍、钒、钛、铬、稀有元素(RM)、稀土、石棉、和田玉、白云母、白云岩、石英岩、盐类为主。

有学者将祁连造山带分为走廊过渡带、北祁连优地槽褶皱带、祁连中间隆起带和南祁连冒地槽褶皱带。李会军等(2006)把祁连造山带作为塔里木-中朝板块中柴达木微板块北缘之早古生代活动陆缘,包

---

① 来源于国家科技成果《青藏高原及邻区地质图(1:150万)》。

括北祁连弧沟、中祁连岩浆弧和南祁连弧后盆地,划分为阿尔金(陆缘地块)铁、铅、锌、铜、金、银、镍、钒、钛、铬、稀有元素(RM)、稀土、石棉、玉石、白云母、白云岩、石英岩、盐类成矿带,河西走廊铁、锰、萤石、盐类、石油成矿带,北祁连铜、铅、锌、铁、铬、金、银、硫铁矿、石棉成矿带,中祁连金、硫、重晶石、磷成矿带和南祁连金、镍、稀土、煤、磷成矿带。其中,尤以北祁连成矿带中白银厂式海相火山岩型铜铅锌银块状硫化物矿床和镜铁山式铁矿床最为著名。

2. 昆仑(造山带)成矿省

昆仑成矿省地域除有西部的西昆仑造山带外,主要是东昆仑造山带和柴北缘造山带,相当于柴达木微板块。目前,学者们对柴达木北缘构造带的构造属性及归属颇有争议。任纪舜等(2004)将它作为东昆仑褶皱系中的一个优地槽褶皱带。李会军等(2006)把该带作为柴达木古陆北缘早古生代裂陷带,将柴北缘构造带单立为一个成矿带,置于昆仑成矿省中,这是因为考虑到它在构造上与柴达木地块关系更为密切。柴北缘成矿带北以南祁连南缘断裂与南祁连成矿带相邻,南以柴北缘断裂系南支断裂为界,其南部是柴达木盆地成矿区。该成矿带是铅、锌、锰、铬、金、云母成矿带,并以锡铁山大型火山岩型铅锌矿床为代表。

柴达木盆地是锂、硼、钾、钠、镁、盐类、石膏、石油、天然气成矿区,该盆地原是秦祁昆造山系中的一个中间地块,在中—新生代时,因周缘昆仑、阿尔金和祁连诸古生代造山带的隆升而成为断陷盆地,盆地中湖(盐湖)众多。阿尔金断裂带的阶段性走滑隆升对柴达木盆地盐类矿产的形成具重要的控制作用。

东昆仑成矿带北以茫崖-乌图美仁断裂和格尔木隐伏断裂为界,其北是柴达木盆地成矿区,南以昆南断裂带北支断裂为界,其南是巴颜喀拉-松潘成矿省的阿尼玛卿成矿带。以铁、铅、锌、铜、钴、金、钨、锡、钒、钛及盐类成矿为特色,代表性矿床有骆驼沟VMS型钴(金)矿床、肯德可克Sedex型铁钴铅锌多金属矿床。

西昆仑北部成矿带为一基底陆壳隆起带,其北缘为泥盆纪—石炭纪裂谷,以康西瓦断裂(板块结合带)为界,划分为北昆仑裂谷带和中昆仑中央地块两个构造单元,以铁、铜、铅、锌、钼、锰及非金属成矿为特色,代表性矿床有赞坎铁矿、特格里曼苏铜矿、塔木-卡兰古铅锌矿以及玛尔坎苏锰矿等。

3. 秦岭-大别造山带成矿省

该成矿省又称中央造山带,包括秦岭、大巴山、米仓山、大别山和积石山以北的广大地区。大致以徽成盆地和南阳-襄樊盆地为界可把造山带沿走向分为3段,分别称为西秦岭、东秦岭和桐柏-大别山造山带;划分为西秦岭铅、锌、铜(铁)金、汞、锑成矿带和东秦岭金、银、钼、铜、铅、锌、锑非金属成矿带2个三级成矿带。

西秦岭与东秦岭、南秦岭属同一构造地层区,其内除含少量结晶基底(Ar_3—Pt_1)和褶皱基底(Pt_2—Pt_3^1)及扬子陆块北侧扩张期陆源沉积(Z_3—O_1)和俯冲期被动陆源沉积(O_3—S)外,主要发育陆表海性质的板内扩张裂陷盆地和相对隆升的地垒沉积。其中,西和、凤县、柞水-山阳及镇安-旬阳诸断陷海盆对容矿于泥盆系碳酸盐岩中的热水-沉积型(Sedex型或非岩浆热液型)铅锌矿床及汞锑矿床具重要控制意义。西秦岭中另一重要成矿作用就是海西晚期—印支期乃至印支—燕山期金成矿作用,总体是铁、铅、锌、金、银、铜、钼、锑、汞、锡、非金属成矿带。

(三)特提斯成矿域

"特提斯"这一著名术语是百余年前由奥地利地质学家徐士创建,后来得到广泛应用,但其概念也随之发生很大变化。本书基本按照徐士的经典定义来理解"特提斯"的含义,认为中生代时位于劳亚大陆和冈瓦纳大陆之间的古海洋从二叠纪晚期开始,在第三纪(古近纪+新近纪)阿尔卑斯-喜马拉雅造山运动之后结束。

1. 巴颜喀拉-松潘成矿省

巴颜喀拉-松潘成矿省是羌北-扬子板块的一部分,在晚二叠世—三叠纪转入特提斯成矿域,发育前陆盆地的复理石建造,其北界为博卡雷克塔格-玛沁-略阳深断裂,南界为甘孜-理塘深断裂,东以小金河断裂和茂汶断裂与扬子成矿省相邻。该成矿省自北而南分为西昆仑南部(陆缘盆地)铁、铜、金、铅、锌、稀有元素(RM)、锡、锑、白云母、宝玉石、石墨、硫铁矿、自然硫成矿带,北巴颜喀拉-马尔康金、镍、铂、铁、锰、铅、锌、锂、铍、白云母成矿带和南巴颜喀拉-雅江锂、铍、金、铜、锌、水晶成矿带3个成矿带,其间的边界分别为木孜塔格-布青山-玛曲-荷叶深断裂及巴颜喀拉山中央断裂和炉霍-道孚断裂(又称鲜水河断裂)。巴颜喀拉-松潘成矿省的范围不限于四川省内,而且还包括青海南部的巴颜喀拉山地区。实际上,该带是巴颜喀拉-松潘造山系与东昆仑-秦岭造山带之间的木孜塔格-玛沁板块缝合带(任纪舜等,2004)。

2. 喀剌昆仑-三江成矿省

学者们对该成矿省内诸成矿带及其对应的构造单元的划分存在一些歧见,主要反映在对昌宁-双江-孟连断裂带(板块结合带)的构造属性上。在构造单元划分上,以大致沿临沧花岗岩基东界展布的澜沧江断裂带为界,分出西侧冈底斯-念青唐古拉褶皱系和东侧唐古拉-昌都-兰坪-思茅褶皱系。黄汲清等(1987)强调昌宁-双江蛇绿岩带是特提斯构造域中冈瓦纳大陆与欧亚大陆之间的北主缝合带的南段,北延金沙江断裂。莫宣学等(1993)认为该带是在保山地块边缘发展起来的裂谷型小洋盆。任纪舜等(2004)将澜沧江缝合带(其北延至龙木错)作为北侧昌都地块与南侧羌塘地块之间的界线。本书大致依照任纪舜等(2004)的认识,把怒江缝合带西侧的腾冲成矿带归入冈底斯-腾冲成矿省,在喀喇昆仑-三江成矿省中,划分出义敦-香格里拉金、银、铅、锌、铜、锡、汞、锑、钨、铍成矿带,金沙江铁、铜、铅、锌成矿带,喀喇昆仑-羌北铁、金、石膏成矿带和昌都-普洱铜、铅、锌、银、金、铁、汞、锑、石膏、菱镁矿、盐类成矿带4个三级成矿带。

3. 华北(陆块)成矿省和扬子成矿省

研究区仅涉及华北(陆块)成矿省和扬子成矿省西部少部分面积,位于北特提斯外围,其特点是受古亚洲构造域、滨太平洋构造域叠加改造尤为显著。

滨太平洋构造域影响范围一般以银川-昆明断裂为西界,但实际上,其构造作用可能还波及北山地区,岩浆作用则基本上发生在鄂尔多斯盆地和四川盆地以东地区。滨太平洋成矿域叠加在早先的古亚洲成矿域之上,成矿作用往往是多旋回的。按照成矿时代最年轻的和/或成矿强度最显著的矿床分布区划定的成矿区带,在很多地区往往斜叠在较早的成矿区域之上,并主要受控于中国东部滨太平洋构造域阶段的地球动力学环境,但在一定程度上又受到先期构造(如基底的隆坳构造和大型断裂构造)的制约。

华北成矿省的地域范围相当于华北陆块,经历了太古宙—古元古代、中新元古代—古生代和中—新生代三大演化阶段,伴随各种成矿作用,形成丰富的矿产。成矿区带划分需考虑不同构造时段所形成的矿产在空间上的"叠合"产况。研究区仅涉及内蒙古西部、陕西北部及山西部分地区,可将它划分出白乃庙-锡林浩特铁、铜、钼、铅、锌、铬、金、锰、锗、煤、天然碱、芒硝成矿带,鄂尔多斯西缘(陆缘坳褶带)铁、铅、锌、磷、石膏、芒硝成矿带,鄂尔多斯(盆地)铀、油气煤盐类成矿区,山西(断隆)铁、铝土矿、石膏、煤、煤层气成矿带和华北陆块南缘铁、铜、金、铅、铝土矿、硫铁矿、萤石、煤成矿带5个三级成矿带。

扬子陆块范围涵盖自滇东至江苏的几乎整个长江流域和南黄海,西南以金沙江-红河深断裂与三江造山带为界,西北以龙门山深断裂与巴颜喀拉-松潘造山带为邻,北以北大巴山-大别山前缘断裂带、郯庐断裂带和嘉山-响水断裂与秦岭-大别造山带为界。研究区仅涉及四川盆地西北缘陕西秦巴山区部分地区。四川盆地及西北缘是扬子陆块西北部的大型中生代盆地,北西缘邻近原龙门山-大巴山陆缘坳陷,发育有与沉积作用有关的矿产,如盆地西南缘仙关组(T_1^1)和蓬莱镇组(J_3)中陆相杂色岩系型铜矿床;盆地中南缘嘉陵江组(T_1^2)和雷口坡组灰岩(T_1^2)、白云岩中的石膏矿床(八家岩、龙门峡、农乐和轸溪等超大型矿床)和石盐矿床(威西、高峰场和鲜渡河等超大型—大型矿床);盆地东南缘自流井组(J_1)底部綦江段夹碳质泥岩、薄煤层之砂泥岩中的菱铁矿和赤铁矿层(綦江式铁矿);盆地北东缘万源一带"香溪组含煤砂岩系"(J_1)中的菱铁矿床(如庙沟中型铁矿床);盆地西南缘新津—雅安地区天马山组(K_1)上部砂泥岩、泥质白云岩中的(钙)芒硝矿床(如金华、眉山、柏木桥和白塔等大型矿床);盆地西北缘砂金矿床(现找到2个大型矿床和5个中型矿床)。研究区内划分出龙门山-大巴山(台缘坳陷)铁、铜、铅、锌、锰、钒、磷、硫、重晶石、铝土矿成矿带和四川盆地铁、铜、金、石油、天然气、石膏、钙芒硝、石盐、煤、煤层气成矿区2个三级成矿带。

第四章 地球化学景观特征

在区域地球化学研究中,地理景观环境是影响化学元素空间分布的重要因素。地理景观是气候、地形、地貌、疏松层性质生物和地质等因素的综合体,它决定和标志着一个地区的表生作用环境和条件。景观不同,表生地球化学条件不同,元素在地表迁移、分散、富集的规律不同。由此可见,自然地理景观与化学元素迁移规律之间有一定的联系,这种联系构成了地球化学景观。一般来说,同一地球化学景观,化学元素的迁移、分散、富集具有相似性和可比性。换言之,只有同一景观区的异常才有对比的基础。因此,地球化学景观可作为制定化探工作方法和异常解释的主要依据。

第一节 地球化学景观的划分

一、西北地区地球化学景观划分依据

(一)一级景观区划分依据

地球化学景观图主要适用于我国地球化学勘查以及方法技术研究和应用,如适用于地球化学勘查资料的解释推断、图件编制。因此,依据地球化学勘查的需要,本书对我国西北地区的不同景观区进行了划分,为地球化学勘查服务。

西北地区一级景观区划分的主要依据:①地形、地貌特点;②气候;③植被;④地质;⑤湖泊、沼泽等水文条件;⑥土壤。

在确定景观区名称时,上述主要依据不同程度地发挥作用,或占主导地位,或为从属。通常确定景观区名称的主要因素有两个,例如:湿润半湿润中低山景观区以气候和地形、地貌条件为主。在与其他景观区区分较困难时,可适当增加至3个主导因素。以此为依据,确定我国西北地区的各一级景观区名称为:湿润半湿润中低山景观区、黄土覆盖景观区、高寒湖泊丘陵景观区、干旱半干旱高寒山区景观区、干旱荒漠戈壁残山景观区、湿润半湿润高寒山区景观区、高原丘陵景观区、高山峡谷景观区、冲积平原景观区、堆积戈壁沙漠景观区。

(二)二级景观区划分依据

我们在一级景观区划分的基础上,依据地球化学勘查的测量方法选择与工作部署,测量的采样密度,工作通行的难易程度,并结合第四系、火山岩分布、地形地貌、相对高差等特点,在一级景观区内划分出二级景观区。

当一级景观区确定之后,在一级景观区内,与地球化学勘查关系最为密切的因素当数地形地貌。地形地貌的变化特点及其差异性与地球化学勘查的水系沉积物测量、土壤测量和岩石测量密切相关。地形地貌的变化对水系、土壤的发育情况以及与基岩的出露情况具有举足轻重的作用。

在一级景观区发挥重要作用的气候、植被、土壤、地质、水文等因素,在二级景观区降至次要因素或发挥很小作用,但玄武岩覆盖区例外。在划分二级景观区时,玄武岩覆盖特点及其厚度将是一个重要因素。以地形地貌为主要划分原则,可将二级景观有机地联系在一起,地形的起伏变化、切割深度将是划分二级景观区的重要依据。

对照我国地貌划分的切割深度和海拔,在我国地貌划分时采用3个标准,即相对高差、绝对高程和切割深度。在划分我国西北地区二级景观区时,我们依据地球化学勘查的特点及实际工作情况,对上述地貌划分依据做了适当的调整,将地貌学中划分的相对高差和切割深度进行细化,并将两者相对应。表4-1是我国各地貌区相对高差、绝对高程和切割深度与二级景观区划分时调整后的划分标准对照表。

表 4-1 地貌与二级景观区的相对高差、绝对高程和切割深度对照表

地貌与景观名称	地貌划分			景观划分	
	相对高差/m	绝对高程/m	切割深度/m	相对高差/m	切割程度
丘陵区	50～200	<500	<500（浅切割）	50～200	浅切割
低山区	>200	500～1000	500～1000（中切割）	200～400	中浅切割
中山区	>200	1000～3500		400～800	中切割
高山区	>200	3500～5000	>1000（深切割）	800～1200	深切割
极高山区	>200	>5000		>1200	极深切割
戈壁、平原区	<50	<50	<50	<50	

备注:参考《中国主要景观区区域地球化学勘查理论与方法》(张华等,2017)。

在划分二级景观区时,依据地球化学勘查难易程度,对划分地貌的相对高差的地理概念做了相应变动与修改,从中划分出中浅切割和极深切割类型,将切割的深度进行了一定程度的调整。

二、西北地区地球化学景观区划分

依据全国地球化学一级、二级景观区的划分原则及我国西北地区(陕西、宁夏、甘肃、青海、新疆)地理地貌特点,结合地球化学特征及开展地球化学工作的条件,可以将我国西北地区划分为10个一级景观区:湿润半湿润中低山景观区、黄土覆盖景观区、高寒湖泊丘陵景观区、干旱半干旱高寒山区景观区、干旱荒漠戈壁残山景观区、湿润半湿润高寒山区景观区、高原丘陵景观区、高山峡谷景观区、冲积平原景观区、堆积戈壁沙漠景观区。进而可以细分出16个二级景观区(图4-1,表4-2)。

在二级景观区划分之后可进行三级景观区划分。三级景观区可能与区域化探、1:5万化探关系更为密切,由此显示出在更为详细的地形、地貌等研究与划分阶段才可进行三级景观划分,由于在1:250万比例尺和1:100万比例尺条件下实施较为困难,因此,本书没有实施三级景观区划分。

西北地区矿产资源潜力地球化学评价

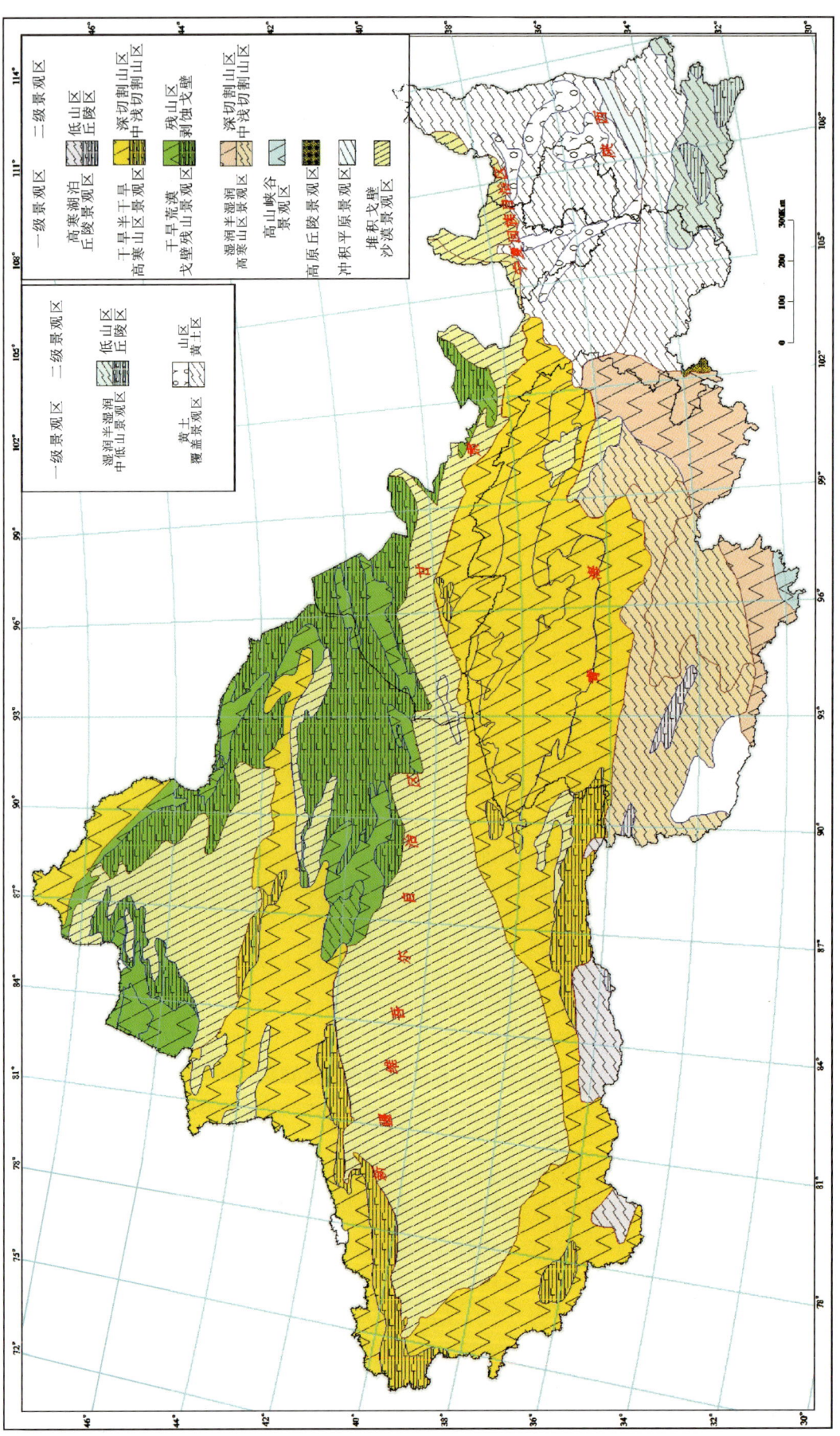

图4-1 西北地区景观区分布示意图（二级景观区）

表 4-2　西北地区地球化学景观分区划分表

一级景观区	二级景观区
湿润半湿润中低山景观区	中浅切割低山区
	浅切割丘陵区
黄土覆盖景观区	浅切割黄土覆盖山区
	黄土厚覆盖区
高寒湖泊丘陵景观区	中浅切割山区
	浅切割丘陵区
干旱半干旱高寒山区景观区	深切割山区
	中浅切割山区
干旱荒漠戈壁残山景观区	残山区
	剥蚀戈壁
湿润半湿润高寒山区景观区	深切割山区
	中浅切割山区
高原丘陵景观区	
高山峡谷景观区	
冲积平原景观区	
堆积戈壁沙漠景观区	

第二节　主要景观区特征

一、湿润半湿润中低山景观区

湿润半湿润中低山景观区主要分布在我国西北陕西省的南部巴山一带，甘肃省陇南与陕西省接壤处，分布面积不大（图 4-2）。该景观区主要特点如下。

(1) 区内地貌起伏相对平缓，为暖温带湿润、半湿润气候，植被覆盖好。

(2) 景观地球化学特征以化学风化为主，元素表生地球化学活性较强。

(3) 与全国背景值相比，CaO、Au、MgO、Sb、Na_2O、F、B、Ni、As、Co、Cr、Cu、Sr、P、Li 等元素呈高背景，Bi、Mn、V、Zn、La、Fe_2O_3、Ba、Y、Al_2O_3、W、Ti、Be、Cd、Sn、K_2O、Zr、SiO_2、Ag、Nb、Pb、Hg、Th 等元素呈正常背景。

(4) 切割深，雨量充沛，气候温暖，厚度不大且分层结构完整的残坡积土壤普遍发育，物理、化学、生物 3 种风化作用均较强，且风化与剥蚀处于动态平衡，多数元素在次生作用中富集。

图4-2　陕南地区湿润半湿润中低山地貌景观

(一)中浅切割低山区

中浅切割低山区特点为溪峪短急、诸水源远流长,切断东西走向山岭,形成许多峡谷,汉江横贯秦巴山区之间(图4-3)。在基岩出露区,深切曲流发育,基本形成"V"字形峡谷。主要水系类型有环状水系、格子-树枝状水系、向心状水系、扇形水系等。

图4-3　陕南地区中浅切割低山地貌景观

(1)环状水系。主要分布在长城系、寒武系中(主要是变质砂岩、页岩),因构造隆起而形成。

(2)格子-树枝状水系。在南北向应力作用下,形成了主要由东西向与南北向两组构造线控制的区域性格子-树枝状水系。

(3)向心状水系。沿北北西、北西西、北东向3组断裂构造发育的向心状水系。

(4)扇形水系。由于南部秦岭强烈抬升,北部渭河盆地下陷,水系流入盆地后迅速汇流而形成的扇形水系。

(二)浅切割丘陵区

浅切割丘陵区土壤有黄棕土,主要为基岩风化残积形成,色黄而均匀,质细。在秦岭南坡分布的主要为黄棕壤,为弱淋溶黄棕壤,属黄棕壤与棕壤的过渡带,特点更接近棕壤,土层薄,多含石渣(图 4-4)。另外还有黄褐土,为中低山缓坡残积形成,局部有黄棕壤和水稻土沙泥田分布。

图 4-4 浅切割丘陵地貌

二、黄土覆盖景观区

黄土覆盖景观区主要分布在我国西北陕西、宁夏南部、甘肃陇南地区,分布面积比较广泛。该景观区主要特点为:以第四系黄土堆积为主,沟谷中出露第三系(古近系+新近系)红土或含膏盐夹层。由于被巨厚的黄土覆盖,水系不甚发育,深部成矿信息在地表反映不明显。

(一)浅切割黄土覆盖山区

该区海拔一般为 1500~2500m,区内沟壑交织,黄土梁、黄土峁广布,部分地区有基岩出露(图 4-5、图 4-6)。与全国背景值相比,CaO、MgO、Sr、Na_2O、Au 等元素呈高背景,Sb、Ni、F、Bi、P、Cu、As、Cr、K_2O、Ba、SiO_2、Pb、Co、Fe_2O_3、Mn、Al_2O_3、La 等元素呈正常背景,其余元素均为低背景。造成其元素背景值分布差异的主要原因为:该景观区干旱少雨,黄土覆盖面积大,导致在水系中易于流失的元素或氧化物含量偏高。

(二)黄土厚覆盖区

黄土厚覆盖区以巨厚的黄土覆盖为主要特点,水系不甚发育,深部成矿信息在地表反映不明显(图 4-7)。部分地区水系较为发育,如有地下泉水发育时,泉积物样可大致反映深部地球化学场的变化。

图 4-5　陕北地区黄土峁地貌

图 4-6　陕北地区黄土峁地貌

图 4-7　陕北地区黄土高原地貌

三、高寒湖泊丘陵景观区

高寒湖泊丘陵景观区在我国西北地区分布很少,仅在新疆塔里木盆地的南边和青海西南部局部有零星出露。高寒湖泊丘陵景观区根据二级景观区划分依据,可划分成2个二级地球化学景观区:中浅切割山区和浅切割丘陵区,中浅切割山区主要分布在新疆,而浅切割丘陵区则分布在青海。

(一)中浅切割山区

高寒湖泊中浅切割山区面积不大,主要分布在新疆塔里木南部边缘,一般相对高差小于500m,其分布的海拔在各山系中稍有差别,一般在2500m以下(图4-8)。地势一般较中山带缓,地表残丘、裸岩有起伏,灌木丛发育广泛。水系极发育,对地形切割起了很大作用。一般迎风坡湿润,背风坡降水较少。地表局部有黄土层分布,而水系多切穿黄土层。该景观区地表广泛分布在疏松盖层,以碎石、岩屑为主,也有部分黄土覆盖层。

图4-8 高寒湖泊中浅切割山区

(二)浅切割丘陵区

浅切割丘陵区零星分布在青海江河源一带,面积很小,该景观区属于寒冷半干旱气候,以低山-丘陵-山间盆地(湖盆)冲积平原地貌组合为特点,可见河谷沙地和局部流动沙丘。草原背景下局部为寒漠、湖盆沼泽和河谷灌丛植被。以高山草原土、栗钙土为主的草原土被,属于永冻土区。物理与化学风化同在,以水力搬运为主,有远源风成细粒沉降形成的不连续薄—中厚层覆盖。黄河源区以黄土为主,长江源区的色调偏暗(含中新生代红层和火山物质)(图4-9)。水系沉积物地球化学异常衰减模式多呈中粗粒保留型。土壤以钙质土为主,钙含量过于饱和,具中至偏碱性反应。

四、干旱半干旱高寒山区景观区

干旱半干旱高寒山区景观区是我国西北主要地球化学景观区之一,广泛分布在我国新疆、甘肃、青海一带(图4-10)。西北地区的干旱半干旱高寒山区景观区有如下特点:①山势高大,气候干旱,河流水系总体不太发育。②年温差、日温差大,山顶有常年不融的雪被。③受干旱气候的制约,植被稀少,主要为高寒草原、高寒草甸,在泉水周围有青草、芦苇,在山前沙山边缘地段有少量梭梭柴等。④中山区普

图 4-9 黄河源区丘陵地貌

遍发育森林、低灌木等植被。一般由山地至盆地中心依次有中山、低山、丘陵、冲洪积平原、盐沼、湖沼、沙漠等二级景观。⑤高寒干旱气候下,山原盐土普遍发育,各垂直带内土壤剖面均见盐渍及盐斑。⑥高寒景观区下界的海拔在各山系中不明显,植物的垂直分带性在各山系中表现的明显程度不尽相同。⑦与地球化学勘查相关的剥蚀作用以冰冻物理风化为主。水系不发育,多呈树枝状。沉积物多以较粗的砂砾为主,砂质、粉砂质等细粒物质较难沉积,常见基岩河床。

图 4-10 干旱半干旱高寒深切割山区地貌

(一)深切割山区

深切割山区主要分布在新疆塔里木周边,准噶尔与吐哈盆地之间,阿勒泰地区,甘肃陇南山区。山高、沟深、坡陡是该区主要的地貌特征。区内气候寒冷,较湿润,4000m以下有一定植被,物理风化和化学风化兼备。与全国背景值相比,CaO、MgO、Sr、Au、Na_2O、Ni、Cu、Cr、F等元素呈高背景,Sb、Co、Ba、Fe_2O_3、As、Mn、P、Bi、Zn、K_2O、SiO_2等元素呈正常背景,其余元素均为低背景。昆仑地区同类景观有干旱荒漠化特征,多见古冰川遗迹,冰川谷两侧多为岩块、漂砾,与天山、阿尔泰山有明显差别。一般该区缺乏大河,沿断裂发育的小河流切割很深,径流靠高山冰雪融水补给,水量受融化条件控制,平时多为干润季节性河流。

(二)中浅切割山区

中浅切割山区景观分布较少,主要在新疆塔里木周边,属于半干旱高寒气候,海拔一般为1200～2500m,年降水量为500～800mm。水系发育,多为常年流水。区内植被发育,山区多被森林覆盖。

五、干旱荒漠戈壁残山景观区

干旱荒漠戈壁残山景观区主要分布在新疆北部、甘肃北部局部地区,分布面积大。该景观区主要特点:一般海拔为1500～2500m,呈中低山、宽浅谷地貌景观,处于风化夷平过程的后期阶段(图4-11)。区内气候极干燥,少雨多风,以风的吹蚀作用为主,物理风化作用强烈。水系多由短暂阵雨形成,一般水系长度较短(特别是一级水系),水系沉积物颗粒较粗。与全国背景值相比,Na_2O、CaO、Sr、Ba、K_2O、SiO_2六种元素和氧化物呈高背景,其余元素均为低背景。主要原因有:气候极干燥,残坡积土壤极不发育,风成沙干扰严重,采样介质一般为粗粒级,元素次生富集作用很弱。

图4-11 干旱荒漠戈壁残山景观区地貌

(一)残山区

在戈壁残山区地形切割明显的地段,采样介质可以采用水系沉积物;而在强烈的夷平地段,采样介质可以采用基岩表面残积土壤。

(二)剥蚀戈壁

在北山冲积堆积戈壁区,在对覆盖层厚度调查的基础上,应使用深挖或浅钻手段采取基岩表面残积物土壤,直接在地表采样的找矿意义不大。

六、湿润半湿润高寒山区景观区

湿润半湿润高寒山区景观区主要分布在我国西北的青海省南部、祁连山东段、阿尔泰山西北段。该景观区主要特点有:①为高山寒冷气候,以高山草甸-山地-冰川冰缘地貌组合为特征。②以固体水和液体水水力搬运为主,酸性雪水的水蚀和有机质土层加厚使化学风化有所加强。③以树枝状水系为主,矿床地球化学异常以偏中细粒携带型异常衰减模式为特点,适宜各种密度的水系沉积物测量。④土体上部钙、镁有轻微流失，下部有轻微次生碳酸盐化，上部呈弱酸性至中性反应，下部呈中性反应。⑤寒漠土带、冰缘地带的土壤地球化学异常与其物源对应关系不佳。

（一）深切割山区

深切割山区分布在青海南部边界地区，属于高山寒冷半湿润气候（图4-12）。地貌组合为：河谷冲洪积平原-中深切割山地-冰川冰缘。植被以河谷灌丛、高山草甸为特点。水系以树枝状水系为主，局部宽谷缓坡草皮封沟地带水系密度不够，正常进行水系沉积物采样有些困难。

图4-12　湿润半湿润高寒深切割山区地貌

（二）中浅切割山区

中浅切割山区主要分布在青海南部，属于高原高山寒冷半湿润气候（图4-13）。地貌以河谷草原草甸、山地草甸、稀疏植被为特征，以水蚀和水搬运作用为主。酸性雪水侵蚀和高腐殖质粉蚀作用使化学风化进一步强化，适宜各种密度的水系沉积物测量。土体上部呈弱酸性反应；下部有轻微钙积现象，呈中性反应。受冰川、冰水堆积物影响，有些地段（如陆日格）的异常物源错位严重，探矿效果较差。

图4-13　湿润半湿润高寒中浅切割山区地貌

七、高原丘陵景观区

该景观区主要分布在四川西北部的阿坝藏族羌族州，西北地区高原丘陵景观区仅分布在青海东部与四川接壤的小部分地区。主体由草甸、沼泽和周边丘陵构成。草甸内部地形略有起伏，部分地段为缓山包，周边为草甸，雨季为沼泽，且多连成片。土壤发育，上部腐殖质较厚。水系较发育或不甚发育。草甸区多有主干水系，水系两侧多为沼泽。

八、高山峡谷景观区

我国西北地区的高山峡谷景观区范围很小，主要分布在青海南部，由极深切割和超深切割山地构成，是我国地形变化极显著、相对高差最大的景观区。该区基岩裸露或半裸露，水系十分发育，多见羽状水系。海拔为3000～5000m，切割深度大于1200m，部分区段可达2000～3000m。区内山势挺拔陡峭，山体与河流下切形成狭窄的"V"形峡谷。水系发育，植被茂密，土壤覆盖厚度较薄。

九、冲积平原景观区

冲积平原景观区主要分布在陕西关中盆地，关中盆地是由河流冲积和黄土堆积形成的，地势平坦，水源丰富。该区绝对高度为300～500m，切割深度小于100m。该区内为半湿润气候，植被为果树、旱地经济作物。基本地貌类型是河流阶地和黄土台塬。渭河横贯盆地入黄河，河槽地势低平，海拔为326～600m（图4-14）。从渭河河槽向南、北两侧，地势呈不对称性阶梯状增高，由一、二级河流冲积阶地过渡到高出渭河200～500m的一级或二级黄土台塬。阶地在北岸呈连续状分布，南岸则残缺不全。渭河各主要支流也有相应的多级阶地。渭河北岸二级阶地与陕北高原之间分布着东西延伸的渭北黄土台塬，塬面广阔，一般海拔为460～800m。渭河南侧的黄土台塬断续分布，高出渭河250～400m，呈阶梯状或倾斜的盾状，由秦岭北麓向渭河平原缓倾。

针对此类地球化学景观，工作人员一般开展多目标地球化学工作。

图4-14 渭河平原地貌

十、堆积戈壁沙漠景观区

堆积戈壁沙漠景观区主要分布在我国新疆、甘肃、宁夏、青海地区（图4-15）。堆积戈壁包括砾石戈壁和剥蚀石质戈壁。

图 4-15　堆积戈壁、沙漠景观区

砾石戈壁区是发育于古老洪积扇上的一种特殊景观，是由砾石组成的荒漠，主要分布于东准噶尔及东天山、罗布泊北一带。荒漠中的古老洪积物，在强烈的风化作用下，细砾和粉尘被吹走，留下粗大砾石覆盖地表，形成砾漠。砾石在风所夹带的沙粒磨蚀下，形成风棱石，且其表面有一层薄的深褐色的铁锰化合物，这种彩色砾石广布，形如"黑色砾幕"。

剥蚀石质戈壁是指剥蚀到准平原的裸岩地带，主要分布于干旱荒漠中地壳较为稳定的地区。新疆的该景观区主要分布在富蕴—吐鲁番—若羌一线以东的准平原区。各时期的裸露岩层经过长期剥蚀达到准平原阶段，地面起伏和缓，其上有众多宽广的谷地和低矮山脊，明显呈现倾斜的基岩剥蚀面。极端干旱气候及热力风化作用使地表覆盖一层不厚的未固结碎石、岩屑，它们有一定厚度的盐碱障。一般石质戈壁区均缺乏地表水、地下水，地表经风力吹蚀形成沙盖及沙包。局部发育残坡积土壤，其母质与基岩类型相关。

该景观区经多年试验总结，已形成成熟的岩屑，并通过辅以土壤地球化学测量方法发现了不少大中型矿产地。

第五章 区域地球化学特征

第一节 地球化学分区

一、地球化学分区依据

综合研究区所处的大地构造环境、区域地球化学背景分布特征、局部地球化学场的差异、异常的分布规律等因素,从全区到局部划分出:地球化学域、地球化学区、地球化学亚区、综合异常带和综合异常等不同级别的地球化学分区。不同级别具有不同的划分依据。

(一)地球化学域划分依据

构造地球化学域作为最高一级的地球化学分区,主要依据常量元素的区域地球化学背景分布特征,综合研究常量元素具有明显区域背景差异的分界线,再结合基础地质和大地构造单元的划分情况,最终划分出构造地球化学域。

图5-1(a)是Na_2O地球化学图,可以看出以康西瓦与阿尔金构造带为界,两侧表现出明显的Na_2O的背景差异,而B、Li、Hg等元素则正好相反。图5-1(b)是B地球化学图。Ti、P、Zr等元素则介于上述两类元素分布特征之间,在天山那拉提构造带以南(Ⅱ)、康西瓦与阿尔金构造带连线以北(Ⅰ)圈定的塔里木盆地及其周缘是一个相对的低背景,而其南、北两侧则表现为相对的高背景。

归纳对比这些有明显背景差异元素所反映的区域地球化学场的差异,结合区域地质背景可以将研究区划分为4个地球化学域:Ⅰ西伯利亚地球化学域、Ⅱ塔里木地球化学域、Ⅲ华北板块构造地球化学域和Ⅳ华南(泛扬子)板块构造地球化学域。

(二)地球化学区的划分

在地球化学域内,以局部地球化学背景结构特征的差异为主,适当结合构造地质背景在地球化学域内进行地球化学区的划分,共划分出15个地球化学区,见图5-2及表5-1。

(三)地球化学亚区的划分

在地球化学区内根据地球化学背景的局部差异,结合区域元素地球化学异常特征的分布、组合异常特征等,划分地球化学亚区,共划分出44个地球化学亚区,详见表5-1。

(四)综合异常带和综合异常的划分

在地球化学亚区内,依据其异常内元素组合特征、异常空间展布方向及异常间的相互关系等,进一步缩小范围,划分出综合异常带和综合异常。

西北地区矿产资源潜力地球化学评价

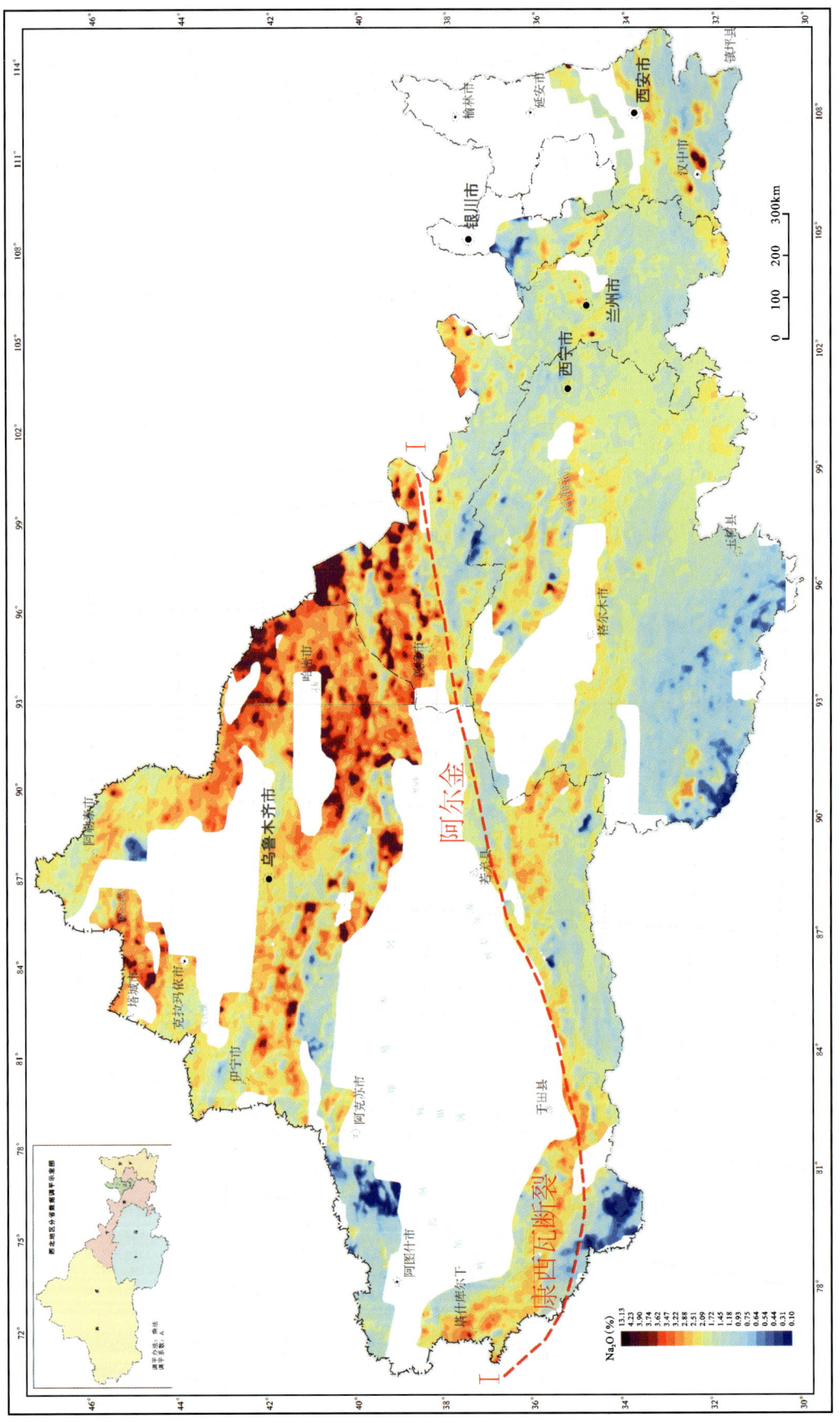

(a) Na₂O地球化学图

图 5-1 西北地区地球化学图

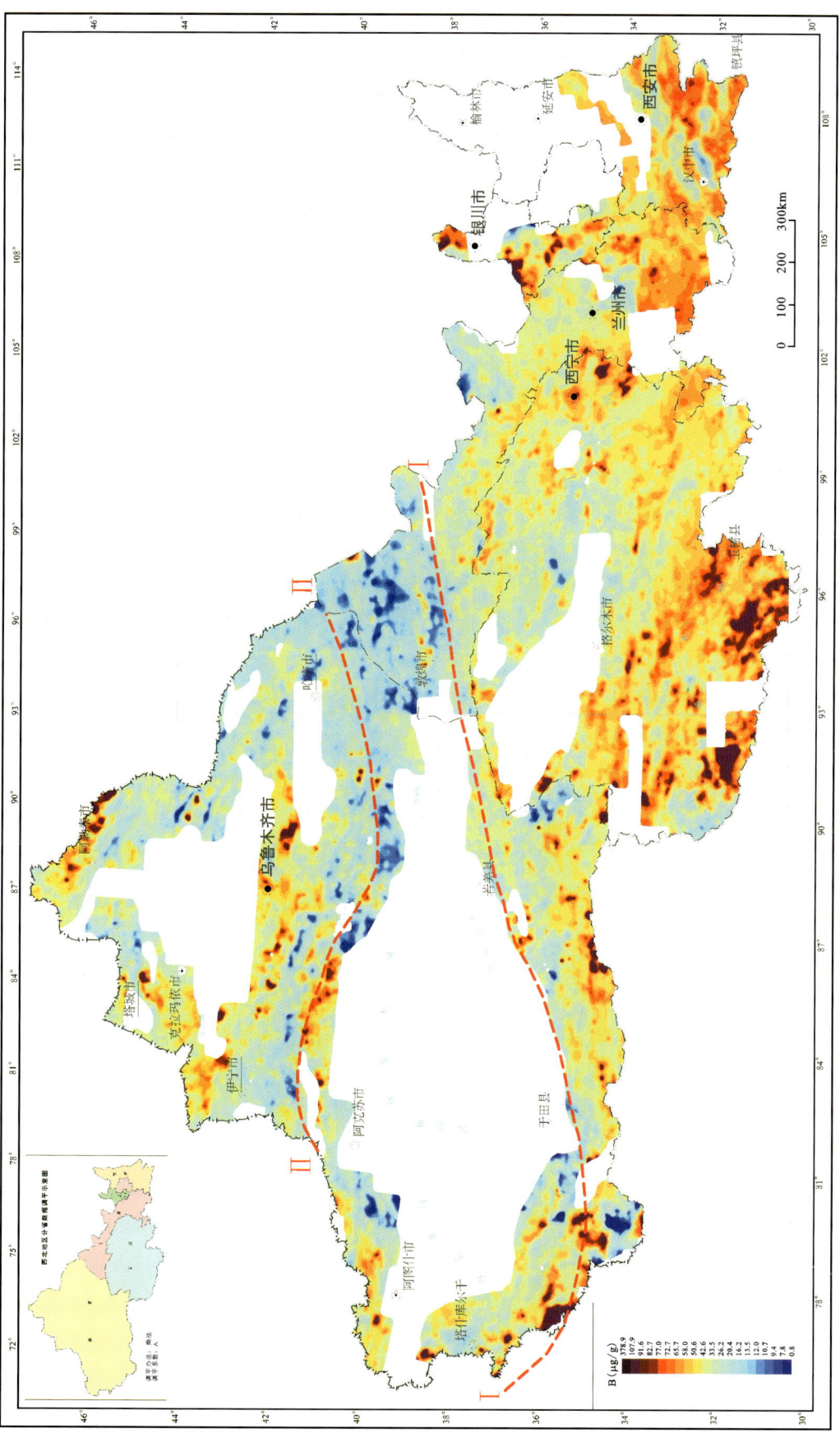

续图 5-1 (b) B 地球化学图　　西北地区地球化学图

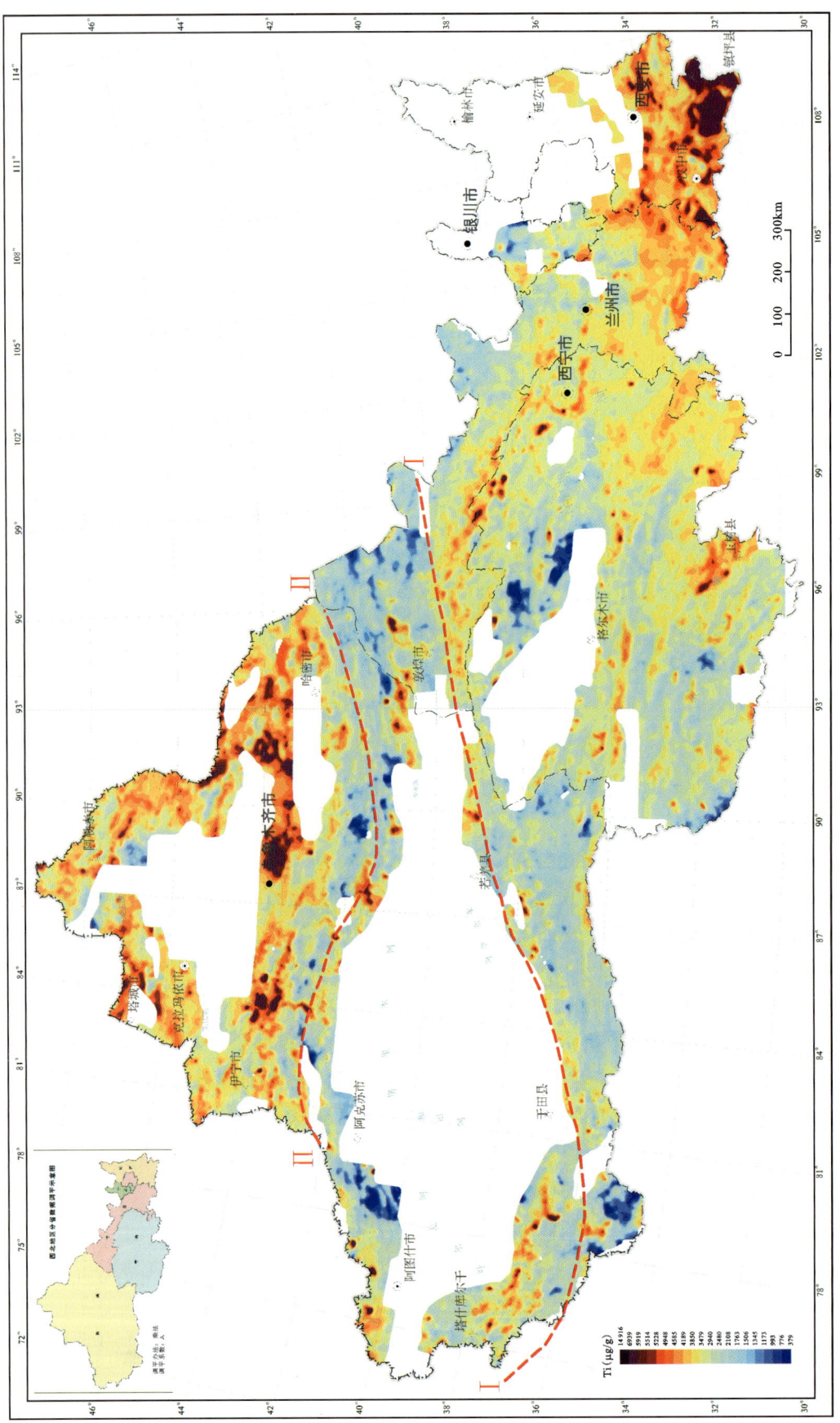

续图 5-1 西北地区地球化学图

(c) Ti 地球化学图

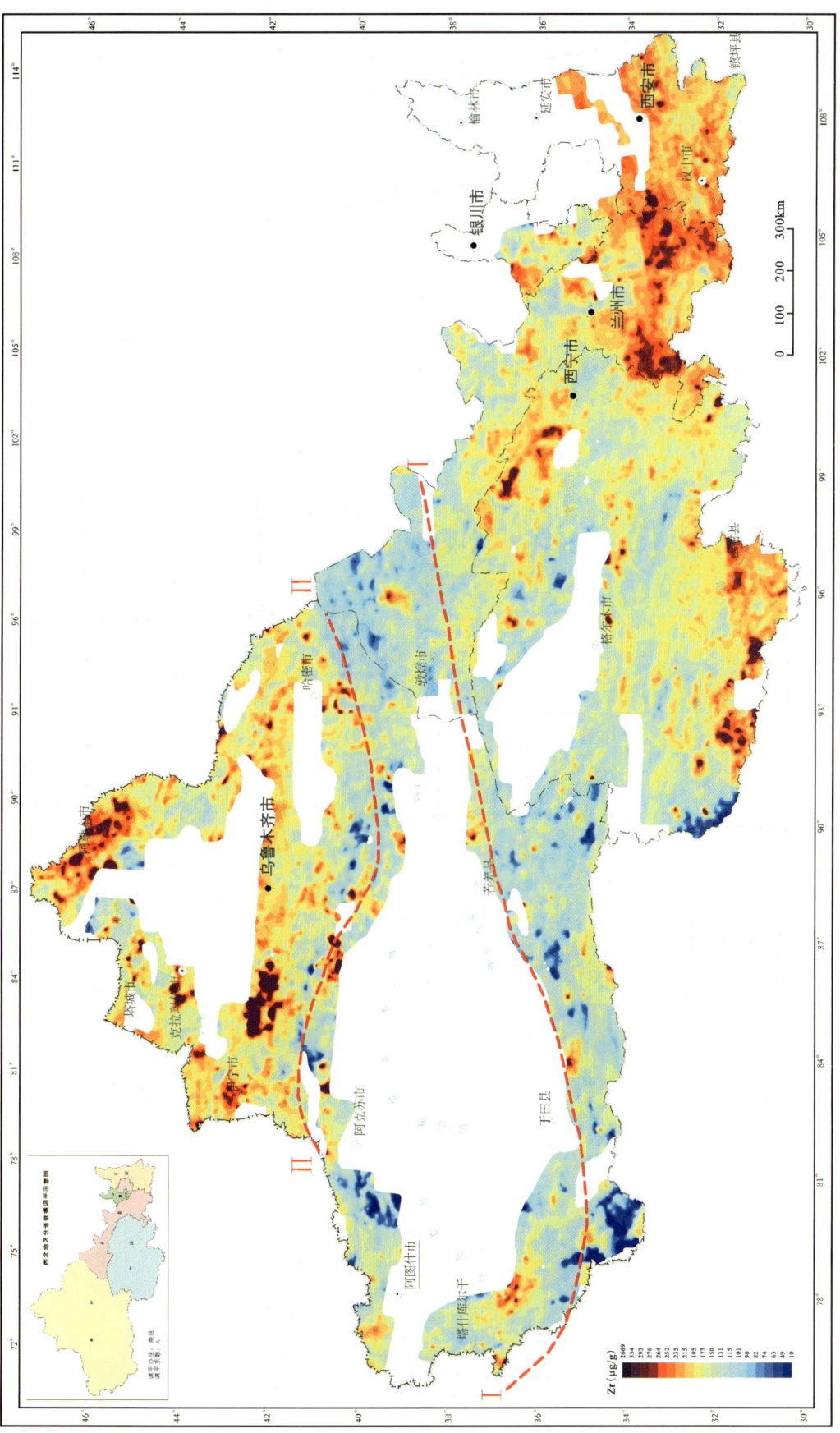

(d) Zr地球化学图

续图5-1 西北地区地球化学图

西北地区矿产资源潜力地球化学评价

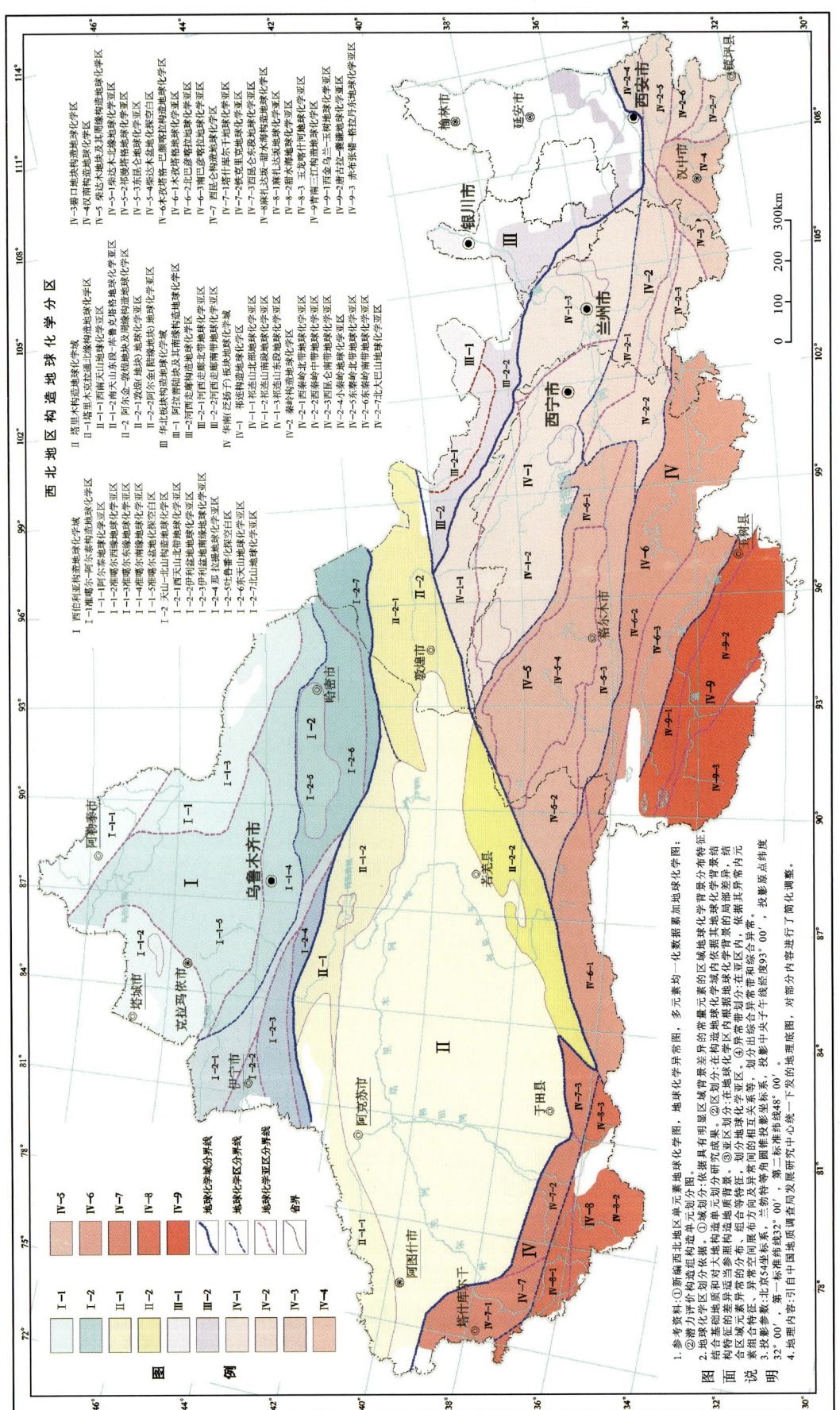

图 5-2 西北地区地球化学分区图

二、地球化学分区划分结果

依据上述原则，全区共划分出 4 个地球化学域、15 个地球化学区、44 个地球化学亚区。地球化学域、区、亚区的相互关系见地球化学分区谱系表 5-1 和图 5-2。

表 5-1 西北地区构造地球化学分区一览表

序号	域	区	亚区
1	Ⅰ 西伯利亚构造地球化学域	Ⅰ-1 准噶尔-阿尔泰构造地球化学区	Ⅰ-1-1 阿尔泰地球化学亚区
2			Ⅰ-1-2 准噶尔西缘地球化学亚区
3			Ⅰ-1-3 准噶尔东缘地球化学亚区
4			Ⅰ-1-4 准噶尔南缘地球化学亚区
5			Ⅰ-1-5 准噶尔盆地化探空白区
6		Ⅰ-2 天山-北山构造地球化学区	Ⅰ-2-1 西天山北带地球化学亚区
7			Ⅰ-2-2 伊利盆地球化学亚区
8			Ⅰ-2-3 伊利盆地南缘地球化学亚区
9			Ⅰ-2-4 那拉提地球化学亚区
10			Ⅰ-2-5 吐鲁番化探空白区
11			Ⅰ-2-6 东天山地球化学亚区
12			Ⅰ-2-7 北山地球化学亚区
13	Ⅱ 塔里木构造地球化学域	Ⅱ-1 塔里木克拉通北缘地球化学区	Ⅱ-1-1 西南天山地球化学亚区
14			Ⅱ-1-2 南天山东段地球化学亚区
15		Ⅱ-2 阿尔金-敦煌地块及周缘构造地球化学区	Ⅱ-2-1 敦煌（地块）地球化学亚区
16			Ⅱ-2-2 阿尔金（陆缘地块）地球化学亚区
17	Ⅲ 华北板块构造地球化学域	Ⅲ-1 阿拉善陆块及其南缘构造地球化学区	
18		Ⅲ-2 河西走廊构造地球化学区	Ⅲ-2-1 河西走廊北带地球化学亚区
19			Ⅲ-2-2 河西走廊南带地球化学亚区
20	Ⅳ 华南（泛扬子）板块构造地球化学域	Ⅳ-1 祁连构造地球化学区	Ⅳ-1-1 祁连山北部地球化学亚区
21			Ⅳ-1-2 祁连山南段地球化学亚区
22			Ⅳ-1-3 祁连山东段地球化学亚区
23		Ⅳ-2 秦岭构造地球化学区	Ⅳ-2-1 西秦岭北带地球化学亚区
24			Ⅳ-2-2 西秦岭中带地球化学亚区
25			Ⅳ-2-3 西昆仑南带地球化学亚区
26			Ⅳ-2-4 小秦岭地球化学亚区
27			Ⅳ-2-5 东秦岭北带地球化学亚区
28			Ⅳ-2-6 东秦岭南带地球化学亚区
29			Ⅳ-2-7 北大巴山地球化学亚区

续表 5-1

序号	域	区	亚区
30	Ⅳ 华南（泛扬子）板块构造地球化学域	Ⅳ-3 碧口地块构造地球化学区	
31		Ⅳ-4 汉南构造地球化学区	
32		Ⅳ-5 柴达木地块及其周缘构造地球化学区	Ⅳ-5-1 柴达木北缘地球化学亚区
33			Ⅳ-5-2 祁漫塔格地球化学亚区
34			Ⅳ-5-3 东昆仑地球化学亚区
35			Ⅳ-5-4 柴达木盆地化探空白区
36		Ⅳ-6 木孜塔格-巴颜喀拉构造地球化学区	Ⅳ-6-1 木孜塔格地球化学亚区
37			Ⅳ-6-2 北巴彦喀拉地球化学亚区
38			Ⅳ-6-3 南巴彦喀拉地球化学亚区
39		Ⅳ-7 西昆仑构造地球化学区	Ⅳ-7-1 塔什库尔干地球化学亚区
40			Ⅳ-7-2 铁克里克地球化学亚区
41			Ⅳ-7-3 西昆仑东段地球化学亚区
42		Ⅳ-8 麻扎达坂-甜水海构造地球化学区	Ⅳ-8-1 麻扎达坂地球化学亚区
43			Ⅳ-8-2 甜水海地球化学亚区
44			Ⅳ-8-3 玉龙喀什河地球化学亚区
45		Ⅳ-9 青南三江构造地球化学区	Ⅳ-9-1 西金乌兰-玉树地球化学亚区
46			Ⅳ-9-2 唐古拉-囊谦地球化学亚区
47			Ⅳ-9-3 赤布张错-格拉丹东地球化学亚区

三、地球化学分区地质矿产特征

各地球化学分区的地质、矿产特征见表 5-2。

表 5-2 西北地区构造地球化学分区划分表

域	区	地质、矿产特征
Ⅰ 西伯利亚构造地球化学域	Ⅰ-1 准噶尔-阿尔泰构造地球化学区	阿尔泰地区主体由寒武纪—中奥陶世的半深海相复理石组成；上奥陶统—志留系分布零星，为浅变质的绿色陆源碎屑岩。志留纪以后抬升，中泥盆统—石炭系是陆相磨拉石建造，与额尔齐斯断裂以南的同时代海相地槽型沉积形成鲜明对照。岩浆作用为中酸性岩浆活动强烈，花岗岩广泛出露，出露时间可分为前志留纪、志留纪、泥盆纪、晚古生代中晚期及中—新生代等。以志留纪、泥盆纪花岗侵入岩为主，石炭纪晚期—二叠纪花岗侵入岩次之。主要矿产为稀有矿产、铅、锌、金、铜、镍、多金属、钼、白云母-宝石等。 准噶尔地区大致以准噶尔新生代盆地为界分为东、西两个地区，主体由晚古生代以来地层组成，自二叠纪始全面转为陆相地层。西准噶尔中酸性侵入岩出露广泛，以晚古生代的中酸性侵入岩为主，出露时间可分为晚石炭世—早二叠世和中—晚二叠世两期。晚石炭世—早二叠世花岗岩类以钾长花岗岩为主。中—晚二叠世中酸性侵入岩均与早二叠世陆相火山岩伴生，岩石类型包括二长闪长岩、斜长花岗岩、石英二长岩、花岗斑岩等。东准噶尔地区中酸性侵入岩划分为早古生代晚期和晚古生代两期。早古生代晚期主要岩石组合为石英闪长岩-花岗闪长岩-二长花岗岩。晚古生代早期岩性主要为斜长花岗岩、石英闪长岩。主要矿产为铜、钼、金、钨、铁、铬、锰、铂、铀、盐类及石油、天然气、煤等。

续表 5-2

域	区	地质、矿产特征
Ⅰ 西伯利亚构造地球化学域	Ⅰ-2 天山-北山构造地球化学区	北天山地区主要由显生宇组成，中、晚二叠世全面转为陆相地层。前寒武系仅有中元古代变质岩呈断块零星出露于东、北部，其组成与中天山及准噶尔地层区相同，中新生界主要分布在伊宁盆地。晚古生代中酸性岩浆作用最为强烈，基性—超基性侵入岩以东天山黄山基性—超基性侵入杂岩最为著名。中天山地区石炭纪—二叠纪花岗岩主要出露在天山中段的各微地块中，西部那拉提微地块内主要以钾长花岗岩为主，中部巴仑台微地块内主要以二长花岗岩、钾长花岗岩为主。北天山主要矿产为铜、镍、铁、金、银、钼、钨、煤等，伊犁地区主要矿产为金、银、铅、锌、铁、钨、锡、铀、煤、油气、磷、宝石等，中天山主要矿产为铁、铜、镍、金、钼、铅、锌等。 北山地区前寒武系及古生界广泛发育，太古宇—古元古界下部属高绿片岩-低角闪岩相，上部以高绿片岩相为主。蓟县系—青白口系为大理岩、结晶灰岩、白云岩。震旦系为碎屑岩、冰碛岩。寒武系主要为碎屑岩夹硅质岩及碳酸盐岩。奥陶系分布广泛，有硅质岩、碎屑岩、灰岩及基性、酸性火山岩。志留系主要为中基性、中酸性火山岩、火山碎屑岩、砂砾岩及灰岩。泥盆系为海陆交互相-滨海相碎屑岩夹中酸性灰岩。石炭系为碎屑岩夹碳酸盐岩和中酸性火山岩。二叠系以中酸性火山熔岩和火山碎屑岩为主，局部有少量的基性火山岩。前寒武纪中酸性侵入岩主要分布于马鬃山地区。早古生代中酸性侵入岩较少，晚古生代中酸性侵入岩大面积出露，主要为石炭系—下二叠统。岩石类型主要为石英闪长岩、英云闪长岩、花岗闪长岩、二长花岗岩。中生代侵入岩零星出露。晚古生代基性—超基性侵入岩浆作用在新疆北山地区较为发育。主要矿产为铁、金、钨、锡、铅、锌等金属矿产。
Ⅱ 塔里木构造地球化学域	Ⅱ-1 塔里木克拉通北缘构造地球化学区	以古生界为主，中二叠统由海陆相全面转为陆相地层。前寒武系零星出露，未见青白口系。南华系—震旦系由海相碎屑岩夹陆相冰成岩组成。寒武系—奥陶系零星出露，主要由陆源碎屑岩-碳、硅质岩-碳酸盐岩序列组成。志留系分布较广，主要由成熟度低的陆源碎屑岩-凝灰碎屑岩-碳酸盐岩组成。晚古生代泥盆系—下二叠系为海相地层，中二叠统始转为陆相地层。三叠系—侏罗系为河流-湖泊相碎屑岩-含煤碎屑岩序列组合，白垩系—新近系由山麓-河湖相碎屑岩-蒸发岩和古近纪海陆相含石膏泥质岩、碎屑岩夹泥灰岩组成，西南天山侏罗系为含煤碎屑岩。古—新元古代花岗岩体出露较少。早古生代—泥盆纪中酸性侵入岩主要岩石类型为斜长花岗岩、片麻状花岗岩及钾长花岗岩。二叠纪花岗岩为闪长岩、似斑状花岗岩、二云母花岗岩和碱长花岗岩 4 种类型。主要矿产为铁、钛、锰、铜、镍、钼、铅、锌、金、锑、稀土元素、菱镁矿、铝土矿、石油、天然气、煤及石墨、白云母、盐类。
	Ⅱ-2 阿尔金—敦煌地块及周缘构造地球化学区	太古宇—古元古界由变粒岩、斜长角闪岩、片麻岩等组成，具 TTG 片麻岩特征；中元古界—青白口系由绿片岩相变质火山岩-碎屑岩-碳酸盐岩序列组成。南华系—震旦系由杂砾岩-泥质岩-碳酸盐岩组成。寒武系—奥陶系由复成分碎屑岩、碳硅质板岩、碳酸盐岩及火山岩组成，出现蛇绿构造混杂岩。志留系由碎屑岩、碳硅质板岩、火山岩等组成。泥盆系为滨海-河湖相杂色粗碎屑岩-陆相中基性火山岩序列组成。石炭系主要由海相陆源碎屑岩、火山碎屑岩、火山熔岩不等厚相间组成。二叠系主要由海相-海陆相碎屑岩、火山岩组成。中生界为山间盆地沉积。新生界为山麓、河流、湖泊等不同环境沉积。古元古代晚期构造岩浆活动广泛发育，从花岗片麻岩、石英闪长岩、花岗闪长岩、二长花岗岩到富铝花岗岩组合均有。中元古代早期发育双峰式的岩浆侵入活动，包括辉长岩-斜长岩组合和巨斑状的钾质花岗岩。海西中期和晚期的侵入岩体为花岗岩、二长花岗岩、石英闪长岩、钾长花岗岩、英云闪长岩、闪长岩等。中新生代本区陆内造山活动强烈，发育陆相含煤建造、岩浆侵入活动和推覆、走滑构造。矿产主要为有色金属（铜、铅、锌、钨、锡、镍、锑、汞等）、贵金属（金、银、铂、钯）、铁、稀有金属（锂、铍、铌、钽）、玉石、石棉、石膏等。

续表 5-2

域	区	地质、矿产特征
Ⅲ 华北板块构造地球化学域	Ⅲ-1 阿拉善陆块及其南缘构造地球化学区	阿拉善-华北板块上出露的基底岩系主要集中在阿拉善地块上,中太古界乌拉山群、新太古界—古元古界龙首山岩群构成深变质结晶基底,而蓟县系墩子沟群属古克拉通盆地相白云质碳酸盐岩建造,它们共同构成基底岩系。寒武系—早中奥陶统主要是克拉通盆地相生物碳酸盐岩。上奥陶统在阿拉善陆块南、北两侧出露有弧盆系沉积组合。这一时期的侵入岩浆活动主要集中在南、北陆缘地带,从晋宁期到加里东期都有活动,以花岗质侵入岩为主,其性质属俯冲型和碰撞型。中泥盆统—三叠系整体上处于隆起剥蚀状态,仅在阿拉善右旗雅布赖东南马莲泉山东段出露有少量以晚石炭世海相火山岩为主的建造,其中夹有浅海相碎屑岩,呈断块出露或被二叠纪花岗质侵入体侵入。石炭纪和二叠纪岩浆活动极其发育,岩石类型有花岗岩、花岗闪长岩、闪长岩、石英闪长岩,少量辉长岩和二叠纪辉长岩。中—新生代走廊盆地基本上继承了晚石炭世晚期—二叠纪内陆盆地特征,岩浆活动不发育。上三叠统—白垩系以河湖相沉积为主,渐新统—新近系为剥蚀夷平后的准平原化河湖相碎屑沉积、更新世以来的多成因陆相沉积。主要金属矿产有铁、铜、金、铅、锌、钼、锰、铬、铝土矿等,能源矿产以石油、煤为主,非金属矿产主要有萤石、盐类、凹凸棒石、芒硝等。
	Ⅲ-2 河西走廊构造地球化学区	
Ⅳ 华南(泛扬子)板块构造地球化学域	Ⅳ-1 祁连构造地球化学区	各时代地层较为发育,但变化较大,太古宇—古元古组成复杂,主要由片麻岩、变粒岩、石英片岩、大理岩、斜长角闪(片)等变质岩类组成。中元古界北祁连以朱龙关群(Ch)为代表。祁连东端兰州以东兴隆山群(Ch)由火山岩、碎屑岩-碳酸盐岩组成。新元古界青白口系由陆源碎屑岩、泥质岩、碳酸盐岩夹互组成。南华系—震旦系不整合于青白口系之上,由杂砾岩-碳酸盐岩组成。下古生界较为发育,寒武系南、北祁连地区由基性、中基性火山岩、泥硅质岩、细碎屑岩、碳酸盐岩不同岩类组成。奥陶系北祁连地区由火山岩夹硅质大理岩、碎屑岩、碳酸盐岩、火山岩组成。南祁连由陆源碎屑岩、中酸性—中基性火山岩组成。志留系分布于南、北祁连,中祁连缺失,主要由陆源泥质岩、碎屑岩组成,夹少数火山岩、凝灰岩。北部泥盆系为陆相,石炭系为海陆相,二叠系始为陆相;南部大部缺失泥盆纪—石炭纪沉积,二叠系—三叠系为海相-海陆相。此后以山间湖盆沉积为主。中酸性侵入岩从古元古代至中生代均有分布,但以早古生代为主,主要为一套英云闪长岩-花岗闪长岩-二长花岗岩组合的侵入体。晚古生代中酸性侵入岩主要形成于泥盆纪—早石炭世,岩石组合为一套英云闪长岩-花岗闪长岩-二长花岗岩-钾长花岗岩。三叠纪花岗岩主要岩石类型亦为英云闪长岩-花岗闪长岩-二长花岗岩-钾长花岗岩。侏罗纪—白垩纪花岗岩仅有零星分布。此外带内普遍发育中元古代基性—超基性岩,在南祁连还发育青白口纪及奥陶纪的基性—超基性岩浆作用,形成橄榄岩-辉石岩-闪长岩杂岩体。北祁连主要矿产为铜、铅、锌、铁、铬、金、银、硫铁矿、石棉等,中祁连主要矿产为金、硫、重晶石、磷等,南祁连主要矿产为金、镍、稀有元素、煤、磷等。
	Ⅳ-2 秦岭构造地球化学区	东秦岭地区地层经历多期构造改造和大规模的位移,形成若干叠置构造岩片结构,致使各地层单位之间多数以断裂相接触。东秦岭地区在古元古代称为秦岭岩群,由泥质-长英质变质岩、基性变质岩和钙质变质岩3种基本变质岩组组成。中—新元古界称宽坪岩群,位于秦岭岩群北侧,由绿片岩、斜长角闪(片)岩、石英片岩、片麻岩、石英大理岩、黑云母片状大理岩组成。下古生界总体由中—低级变质火山-沉积岩系组成。上古生界多数沿断裂带零星分布,属内陆-山间盆地海-陆相沉积。中—新生界分布零星,发育不全,缺失下—中三叠统。中秦岭地区以上古生界为主,南秦岭地区地层发育较全,北大巴山地区主要由新元古界—下古生界组成。太古宇—古元古由高级变质片麻岩、片及不同时代变质侵入岩组成。中元古界被称为武当岩群,由绿片岩相变质火山岩-沉积岩组成。青白口系以耀岭河组为代表,由绿片岩相变质火山岩-正常沉积岩组成。南华系—下古生界由一套连续以海相正常沉积岩为主的岩石组成。上古生界—三叠系除北大巴山地区缺失沉积记录外,中秦岭和南秦岭地区主要由海相泥质岩、碎屑岩和碳酸盐岩组成。古近系—新近系主要为河湖相沉积。南秦岭新太古代-古元古代岩浆岩主要岩性为黑云二长片麻岩、黑云斜长片麻岩。新元古代花岗岩出露于北秦岭、陇岭、小磨岭及勉略地区,岩石类型以灰白色或灰色中粒—中粗粒二长花岗岩、二云母花岗岩和花岗闪长岩为主。新元古代基性侵入岩主要分布于安康牛山一带,岩石主要由辉长辉绿岩和辉绿岩组成。早古生代是秦岭造山带主要中酸性岩浆活动期,集中分布于北秦岭,岩石类型相对多样,以肉红色和灰

续表 5-2

域	区	地质、矿产特征
Ⅳ 华南（泛扬子）板块构造地球化学域	Ⅳ-2 秦岭构造地球化学区	白色中粒—中粗粒黑云母花岗岩、二长花岗岩和花岗闪长岩为主，其次有少量石英闪长岩。北秦岭早古生代基性侵入岩体出露于北秦岭商丹断裂带北侧，一般规模不大，呈岩墙、岩瘤产出。晚古生代花岗岩浆活动很弱，在北秦岭有少量二长花岗岩-钾长花岗岩侵入体，在南秦岭有石英闪长岩、黑云花岗闪长岩及二长花岗岩侵入体。三叠纪是强烈活动期，花岗岩出露面积很大，集中分布在商州以西地区，岩石类型主要为二长花岗岩、花岗闪长岩及奥长环斑花岗岩。由于自印支期后，华北、秦岭、扬子板块已经拼合，形成统一的大陆地块，秦岭地区整个进入陆内构造演化阶段，因此秦岭地区侏罗纪—白垩纪及其以后的花岗岩均为板内花岗岩。西秦岭矿产以铅、锌、铜（铁）、金、汞、锑为主，东秦岭矿产以金、银、钼、铜、铅、锌、锑及非金属为主。
	Ⅳ-3 碧口地块构造地球化学区	太古宇呈构造岩块，出露于勉略构造混杂岩带东南侧，主要由斜长角闪岩、变粒岩、绿片岩、石英片岩等组成，具花岗-绿岩带组成特征，时代以新太古代为主。尚未发现古元古代沉积记录。长城系—青白口系碧口岩群（Pt_{2-3}），主要由变质火山岩组成，其次由变质泥质岩、碎屑岩组成。南华系—震旦系既具汉南地层区序列结构特征，又具南秦岭某些岩石组合特点。下古生界出露少，由碳质、泥质碎屑岩夹少数碳酸盐岩组成。上古生界总体与南秦岭中、西段近似，主要由泥盆系、石炭系组成。侏罗系—白垩系仅有少数沿断裂带分布，其地层组成与南秦岭中、西段相同。主要矿产为金、银、铅、锌、铜、铁、锰、铬、镍及磷、石棉等。
	Ⅳ-4 汉南构造地球化学区	太古宇—古元古界由中高级变质岩组成（后河岩群 Ar_3Pt_1），构成结晶基底。中元古界由变质泥质岩、碎屑岩、碳酸盐岩和火山岩组成。青白口系由海陆相火山岩组成，分布局限，岩石类型较为复杂，有基性、中性和酸性。南华系—下古生界主体由陆棚浅海-台地相泥质岩、碎屑岩、碳酸盐岩组成。上古生界、上泥盆统由石英砂岩、砾岩、灰岩夹板岩含赤铁矿组成。石炭系由含碳板岩、碳酸盐岩组成。二叠系覆盖全区，主要由铁质页岩夹劣质煤层、铝土质页岩、碳硅质板岩夹泥灰岩组成。上—中三叠统主要由生物碎屑灰岩、泥灰岩、白云岩等组成。上三叠统为海陆交互含煤碎屑岩地层。侏罗系为陆相紫红色、灰绿色碎屑岩、泥质岩夹煤线。白垩纪盆地向南迁移，后成为剥蚀区。古元古代花岗岩体出露于图幅东南部良心河—柿树坪一带，主要岩性为花岗片麻岩、黑云斜长片麻岩、黑云二长片麻岩等再造高级片麻岩系。发育新元古代—古生代、中生代的碱性—偏碱性侵入岩类，属 A 型花岗岩。基性杂岩体以汉南杂岩最为著名，主要矿产为铁、铜、煤等。
	Ⅳ-5 柴达木地块及其周缘构造地球化学区	柴达木盆地是一锂、硼、钾、钠、镁、盐类、石膏、石油、天然气成矿区。该盆地原是秦祁昆造山系中的一个中间地块，在中—新生代时，因周缘昆仑、阿尔金和祁连诸古生代造山带的隆升而成为断陷盆地。柴北缘地区古元古界由片麻岩、斜长角闪（片）岩、变粒岩、石英片岩、大理岩等组成。长城系—青白口系由碎屑岩、泥质岩、碳酸盐岩夹碎屑岩组成。南华系—震旦系以石英岩、砂岩夹薄层玄武岩、白云岩、灰岩为主。下古生界稳定类型沉积由白云岩、碳板岩、杂砾岩、砂岩、灰岩、白云岩组成，活动类型沉积由变质火山岩、火山碎屑岩及泥质岩、碎屑岩、碳酸盐岩组成。上古生界以石炭系—二叠系分布较广，北部由低级变质泥质岩、碎屑岩、碳酸盐和火山岩组成，南部缺失二叠纪沉积记录。泥盆系分布零星。三叠系主要由复成分碎屑岩、泥质岩夹薄层灰岩、少数火山岩等组成。侏罗系由陆相杂色含煤碎屑岩、泥质岩组成。白垩系仅有早白垩世沉积，由砖红色砾岩夹砂岩、泥岩组成。柴达木北缘是一铅、锌、锰、铬、金、云母成矿带，并以锡铁山大型火山岩型铅锌矿床为代表。祁漫塔格地区主体为一套由早古生代沉积的碎屑岩、火山岩和碳酸盐岩组成的地层，且以晚奥陶世沉积地层最发育，在祁漫塔格地区西北部零星产出与火山岩关系密切的超基性岩和基性岩侵入体，带内还包含新太古代—古元古代古陆块体。中酸性侵入岩比较发育，以海西中、晚期二长花岗岩和花岗闪长岩为主，次为加里东晚期的二长花岗岩、花岗闪长岩和闪长岩。主要矿产为钨、锡、铅、锌、铁、钒、钛、铜、石墨、稀有元素、稀土等。

续表 5-2

域	区	地质、矿产特征
Ⅳ 华南（泛扬子）板块构造地球化学域	Ⅳ-5 柴达木地块及其周缘构造地球化学区	东昆仑结晶岩带为一基本连续展布的古陆块体，其主体由新太古代—古元古代和中—新元古代构成。其中新太古代—元古宙为一套原岩为泥砂质碎屑岩-基性火山岩-碳酸盐岩建造的变质岩系，包含二长花岗岩、花岗闪长岩和闪长岩变质侵入体，同时也有稀散的以辉长岩为主的基性岩侵入体。中—新元古界为绿片岩相变质的稳定型滨海相碎屑岩建造、低绿片岩相变质的硅镁质碳酸盐岩-碎屑岩建造、碎屑岩-镁质碳酸盐岩建造。缺失早古生代沉积，上古生界主要为板内裂陷盆地沉积。岩浆岩广泛发育，除中元古代变质侵入体外，主要形成于加里东期、海西期—印支期。昆南增生带分布最广的是中新元古代形成的火山-沉积建造，次为早古生代晚期裂陷火山-沉积建造，其岩性组合为活动型海相碎屑岩-基性火山岩-镁质碳酸盐岩组合。石炭系—上二叠统为海相碎屑岩及碳酸盐岩及酸性火山岩、火山碎屑岩组合。晚二叠世至早中三叠世前陆盆地沉积岩零星分布，自东向西零星分布晚三叠世陆相磨拉石和火山岩建造。侵入岩主要有加里东期和海西期—印支期两个时期。主要矿产为铜、钴、金、钨、锌、铅、锡、铁等金属矿产
	Ⅳ-6 木孜塔格-巴颜喀拉构造地球化学区	整体为发育在华南陆块群中晚泥盆世—早中二叠世裂谷裂陷盆地体系基础之上卷入的石炭系—下中二叠统，整体区内几乎没有前泥盆系出露，仅沿西金乌兰-金沙江缝合带中发现前泥盆纪变质岩石。晚石炭世—早二叠世沉积底部为底砾岩，下部为碎屑岩，上部为生物碳酸盐岩+角砾状灰岩及灰岩砾岩。晚二叠世晚期—早三叠世早期沉积未见出露。下三叠统为一套浅变质的陆源细碎屑岩组合，中三叠统主体为一套陆源碎屑岩浊流沉积，上三叠统出露广泛，为一套厚度巨大的陆源碎屑浊流沉积。侏罗系及白垩系为陆相盆地沉积。古新世以来的高原隆升，在造山带中发育了新生代山间盆地沉积。该区出露有印支期、燕山期和喜马拉雅期花岗质侵入岩体。主要矿产为金、铅、银、锑、稀土元素、钨、锡、汞、铜、镍、稀土、煤等
	Ⅳ-7 西昆仑构造地球化学区	西昆仑地区地层发育较齐全，在太古宙和元古宙的众多层位中有花岗绿岩系及硅铁岩系，古生代的活动陆缘及裂谷带中有基性火山岩分布，在大陆深断裂带有高原玄武岩、超镁铁质及超碱性岩展布。晚古生代—早中生代在塔里木盆地边缘有陆源碎屑岩和碳酸盐岩的稳定沉积，其后在昆仑山北缘及山间盆地中有中新生代红色岩系沉积。岩浆活动频繁，起始于晋宁期，终止于喜马拉雅期。超基性至超碱性岩均有出露，但以中酸性花岗岩和花岗闪长岩为主。在燕山期和喜马拉雅期有不少深源岩体。晚古生代以来本区发育着与区域构造线呈大角度斜交的横跨性构造带，它们多成为地幔热流体上升的通道，对超基性岩、超碱性岩、金伯利岩起到了控制或联合控制的作用。金属矿产主要为铁、金、铅、锌、铜等，非金属矿产有水晶、煤、自然硫、白云母、玉石、石棉等
	Ⅳ-8 麻扎达坂-甜水海构造地球化学区	麻扎达坂-甜水海地块，基底为前寒武系，发育古生界盖层。长城系甜水海群为正常沉积岩，寒武系—奥陶系为碳酸盐岩。志留系为半深海相碎屑岩-碳酸盐岩建。下中泥盆统为汇聚阶段的陆源碎屑岩-碳酸盐岩建造，上泥盆统转为磨拉石。石炭系为残余海盆的次稳定型碳酸盐岩建造。二叠系南部为残余海盆沉积，北部为陆相火山磨拉石。三叠系为海陆交互相陆源碎屑沉积。侵入岩主要分布在北部地区，以海西期为主。该地块在加里东期由片麻状石英闪长岩、碱性正长岩组成，海西期由闪长岩-钾长花岗岩组成，印支期由花岗闪长岩-钾长花岗岩组成，燕山期由花岗闪长岩-二长花岗岩组成，为一铁、铜、金、铅、锌、稀有元素（RM）、锡、锑、白云母、宝玉石、石墨、硫铁矿、自然硫成矿带。 喀喇昆仑地块包括喀喇昆仑中生代陆缘盆地和乔戈里地块。喀喇昆仑中生代陆缘盆地成分较复杂，有加里东褶皱基底、二叠纪裂谷，还有中生代陆缘盆地的构造成分。志留系为复理石建造，下二叠统属以基性火山岩为主的准双峰式火山岩-复理石建造，三叠纪时转为浅海相复理石建造沉积。侏罗系—古近系属含膏碳酸盐岩建造，含有火山岩夹层。该带侵入岩主要发育于北段，为燕山期花岗闪长岩-二长花岗岩。褶皱构造较紧闭，断裂构造较发育。乔戈里地块位于喀喇昆仑主脊乔戈里峰一带，主要出露古元古界和下二叠统。古元古界为黑云母斜长片麻岩夹黑云石英片岩、大理岩，原岩为碎屑岩建造，变质作用类型为面型区域动力热流变质。下二叠统

续表 5-2

域	区	地质、矿产特征
Ⅳ 华南（泛扬子）板块构造地球化学域	Ⅳ-8 麻扎达坂-甜水海构造地球化学区	空喀山口组为灰岩夹石英砂岩、粉砂岩的碳酸盐建造，为陆棚浅海沉积，含有砾板岩、含冷水型单通道蜓，具冈瓦纳大陆的沉积和生物特征。该区侵入岩为燕山早期的花岗闪长岩，为钙碱系。主要金属矿产为铁、金、铋、锡，非金属矿产有硫、石膏、水晶等
	Ⅳ-9 青南三江构造地球化学区	区域地层主要为上三叠统巴颜喀拉山群、巴塘群和结扎群。其中，上三叠统巴塘群分布最广的岩层，岩性以石英砂岩、中基—中酸性火山岩及火山碎屑岩、灰岩、暗绿色安山岩、中基性熔岩为主。区内断裂构造发育，且规模较大，多为北西-南东向展布的压扭性逆断层。受断裂构造影响，区内岩浆岩分布较广泛。侵入岩的时代以印支期为主，燕山期较少。侵入岩主要为石英闪长岩体和似斑状花岗岩体，火山活动从三叠纪到新近纪均有。主要金属矿产为金、银、铅、锌、铁、铜、锡、汞、锑、钨等，非金属矿产有石膏、菱镁矿、盐类等

第二节 地球化学域成矿元素评价

评价一个地球化学域的找矿条件，就是运用地球化学手段讨论该区各元素成矿物质的丰缺以及这些物质在样本间的贫富差别。

为了对比各地球化学域的地球化学特征，利用西北地球化学数据库对 4 个域 12 种成矿元素的全区平均值、单元素平均值（Avg）进行了统计，并计算了各地球化学域成矿元素的变异系数（C_v），结果见表 5-3。

表 5-3 西北地区各地球化学域元素特征参数一览表

元素	全区 单元素平均值	Ⅰ 单元素平均值	C_v	Ⅱ 单元素平均值	C_v	Ⅲ 单元素平均值	C_v	Ⅳ 单元素平均值	C_v
Ag	50.48	69.81	0.813	62.43	2.35	46.21	0.89	39.56	2.36
Au	1.69	1.64	12.26	1.49	5.69	1.94	2.77	1.75	3.70
Cu	23.70	27.84	0.98	19.65	1.98	21.02	1.08	23.27	0.98
La	32.29	28.18	0.41	29.49	1.01	34.89	0.34	34.57	0.39
Mo	0.96	1.21	1.29	1.00	1.59	0.97	1.67	0.84	5.64
Ni	25.93	24.11	1.25	20.05	1.15	24.6	0.76	28.41	1.22
Pb	21.52	16.04	1.45	15.79	1.08	22.56	0.53	25.32	3.02
Sb	0.89	0.66	2.56	0.62	7.39	0.81	2.19	1.08	5.75
Sn	2.40	2.208	10.22	1.90	0.75	2.36	0.62	2.60	0.84
W	1.66	1.64	2.75	1.14	1.71	1.42	0.65	1.82	2.95
Y	22.50	25.97	0.40	19.69	0.84	20.06	0.23	21.96	0.28
Zn	66.11	68.89	0.49	50.72	0.58	55.18	0.48	69.86	0.95

注：Ⅰ.西伯利亚地球化学域；Ⅱ.塔里木地球化学域；Ⅲ.华北板块地球化学域；Ⅳ.华南（泛扬子）板块地球化学域；Avg.平均值；C_v.变异系数。

一、成矿元素背景特征

为了便于各地球化学域元素背景对比,笔者计算了成矿元素在各地球化学域相对于整个西北地区富集系数(K_i)、各地球化学域元素平均值(X_i)与相应元素在整个西北地区平均值的比值,并对各域元素依据富集系数大小进行了排序,见表5-4。

表5-4 各地球化学域元素富集系数排序表

I		II		III		IV	
元素	K_1	元素	K_2	元素	K_3	元素	K_4
Ag	1.38	Ag	1.24	Au	1.15	Sb	1.21
Mo	1.26	Mo	1.04	La	1.08	Pb	1.18
Cu	1.17	La	0.91	Pb	1.05	W	1.10
Y	1.15	Au	0.88	Mo	1.01	Ni	1.10
Zn	1.04	Y	0.88	Sn	0.98	Sn	1.08
W	0.99	Cu	0.83	Ni	0.95	La	1.07
Au	0.97	Sn	0.79	Ag	0.92	Zn	1.06
Ni	0.93	Ni	0.77	Sb	0.91	Au	1.04
Sn	0.92	Zn	0.77	Y	0.89	Cu	0.98
La	0.87	Pb	0.73	Cu	0.89	Y	0.98
Pb	0.75	Sb	0.70	W	0.86	Mo	0.88
Sb	0.74	W	0.69	Zn	0.83	Ag	0.78

注:K_i为富集系数,$K_i \geq 1.5$表示强富集,$1.5 > K_i \geq 1.3$表示富集,$1.3 > K_i \geq 1.1$表示弱富集,$1.1 > K_i > 0.9$表示背景,$0.9 \geq K_i \geq 0.7$表示弱贫乏,$0.7 \geq K_i > 0.5$表示贫乏。

富集系数表述的是元素在各地球化学域的背景值与整个西天山背景值的比较,若$K_i > 1$,表示元素在其所在域的平均含量大于全区的平均值。

在西伯利亚地球化学域(Ⅰ),成矿元素中有Ag、Mo、Cu、Y、Zn五个元素的平均值大于全区平均值,其中Ag、Mo、Cu、Y四个元素的富集系数(K_1)大于1.1,相对于全区具有一定的富集,占12个元素的33%。这表明与全区相比,这些元素的成矿物质条件较好,有利于成矿。

在塔里木地球化学域(Ⅱ),Ag、Mo元素的平均值大于全区的平均值,仅Ag元素的富集系数大于1.1。排在第三位的La元素呈背景值分布特征。Au、Y、Cu、Sn、Ni、Zn、Pb、Sb、W呈低背景。

在华北板块岩浆岩域(Ⅲ),有Au、La、Pb、Mo四个元素平均值大于全区平均值,其中Au元素的富集系数大于1.1,相对于全区具有一定的富集,大部分元素的富集系数在背景值范围内,其中Y、Cu、W、Zn相对较贫乏。

在华南(泛扬子)板块地球化学域(Ⅳ),有Sb、Pb、W、Ni、Sn、La、Zn、Au八个元素的平均值大于全区的平均值,其中Sb、Pb、W、Ni富集系数大于1.1,占12个成矿元素的34%。这表明与全区相比,这些元素的成矿物质条件相对好,有利于成矿。

综合对比上述4个地球化学域,单从成矿物质条件角度看,华南(泛扬子)板块地球化学域最好,其余依次为西伯利亚地球化学域、华北板块地球化学域,最差为塔里木地球化学域。

二、成矿元素分异特征及其找矿意义

成矿物质的丰缺程度(元素富集系数大小)是判断一个区域各元素成矿条件优劣的重要地球化学指标,而这些物质在样本间的贫富差别(变异系数大小)是衡量一个评价区域地质因素复杂程度和所经受成矿地质作用强弱的重要地球化学指标,是判断一个元素成矿有利程度的重要参数。表5-5是西北各地球化学域元素变异系数排序表,从理论上讲,变异系数排序靠前的元素,分异程度高,有利于局部富集成矿,但是由于在测区内元素自身丰度及其形成矿床的边界品位的明显差异,不同元素成矿要求的富集程度也就明显不同。例如Sb的平均值为89×10^{-6},成矿的边界品位为0.6%,要富集4个数量级(10^4)才能成矿;Ag平均值为58×10^{-9},而其形成矿床的边界品位是0.0045%,要富集3个数量级才能成矿;Cu的平均含量为0.0023%,铜矿的边界品位为0.2%,那么在本区对于铜元素来说,富集2个数量级就可以成矿。经过对比分析发现,变异系数排序与成矿规律不符主要是由于元素成矿的自身丰度和边界品位存在明显差异,成矿要求的富集倍数明显不同。所以,如果简单地依据变异系数对测区排序,那么元素的有利成矿顺序是有明显差异的。

表5-5 各地球化学域元素变异系数一览表

|	|	Ⅱ	|	Ⅲ	|	Ⅳ	|
元素	C_v	元素	C_v	元素	C_v	元素	C_v
Au	12.26	Sb	7.39	Au	2.77	Sb	5.75
Sn	10.22	Au	5.69	Sb	2.19	Mo	5.64
W	2.75	Ag	2.35	Mo	1.67	Au	3.70
Sb	2.56	Cu	1.98	Cu	1.08	Pb	3.02
Pb	1.45	W	1.71	Ag	0.89	W	2.95
Mo	1.29	Mo	1.59	Ni	0.76	Ag	2.36
Ni	1.25	Ni	1.15	W	0.65	Ni	1.22
Cu	0.98	Pb	1.08	Sn	0.62	Cu	0.98
Ag	0.813	La	1.01	Pb	0.53	Zn	0.95
Zn	0.49	Y	0.84	Zn	0.48	Sn	0.84
La	0.41	Sn	0.75	La	0.34	La	0.39
Y	0.40	Zn	0.58	Y	0.23	Y	0.28

为了消除这种差异对准确评价元素是否有利于成矿的影响,本书引进变异系数校正参数,经过反复推演将变异系数校正参数定义为元素富集形成矿床的边界品位与元素在测区的平均值的比值取对数倒数的3倍,即

$$变异系数校正参数 = 3[1/\lg(边界品位/平均值)] \quad (5-1)$$

元素变异系数矫正参数计算结果如表5-6所示。将表5-6根据校正系数大小排序,并制作柱状图(图5-3),从图表中可以看出对于成矿时需要富集倍率高的元素,用变异系数评价成矿可能性时,其变异系数要调低,如Sb的变异系数要调为原值的78%,而Y的变异系数要调为原值的1.28倍,Cu的变异系数要调为原值的1.56倍。

用元素变异系数校正参数对元素的变异系数校正并排序后得表5-7,与用富集系数评估元素成矿可能性一样,用校正后的变异系数评估元素成矿可能性,从理论上讲,排序靠前的元素与靠后的元素相

比分异程度更高,样本间贫富差异大,易于成矿。可以看出,在地球化学域范围内,Au、Mo、Sb、Cu、Pb等元素排序靠前,Zn、La、Y等元素排序靠后。

表 5-6 西北地区元素变异系数矫正参数计算结果

元素	全区平均值 /10^{-6}	边界品位 /10^{-2}	边界品位 /10^{-6}	校正系数
	a	b	$c=b\times 100$	$d=3[1/\lg(c/a)]$
Ag	0.058	0.004 5	45.00	1.04
Au	0.001 7	0.000 1	1.00	1.08
Cu	23.70	0.20	2000	1.56
La	32.29	0.50	5000	1.37
Mo	0.96	0.03	300	1.20
Ni	25.93	0.30	3000	1.45
Pb	21.52	0.50	5000	1.27
Sb	0.89	0.60	6000	0.78
Sn	2.40	0.10	1000	1.15
W	1.66	0.10	1000	1.08
Y	22.50	0.50	5000	1.28
Zn	66.11	1.00	10 000	1.38

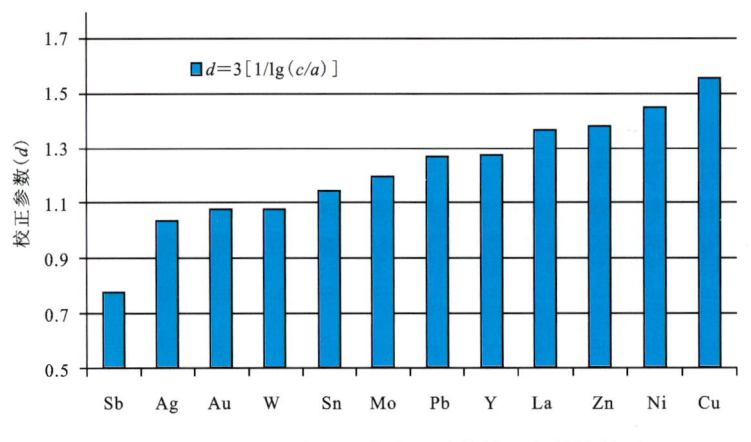

图 5-3 西北地区成矿元素变异系数矫正参数柱状图

表 5-7 校正后的各地球化学域变异系数排序表

I		II		III		IV	
元素	C_{vj1}	元素	C_{vj2}	元素	C_{vj3}	元素	C_{vj4}
Au	13.24	Au	6.15	Au	2.99	Mo	6.77
Sn	11.75	Sb	5.76	Mo	2.00	Sb	4.49
W	2.97	Cu	3.09	Sb	1.71	Au	3.99
Sb	1.99	Ag	2.44	Cu	1.68	Pb	3.84
Pb	1.84	Mo	1.91	Ni	1.10	W	3.19
Ni	1.81	W	1.85	Ag	0.93	Ag	2.45

续表 5-7

I		II		III		IV	
元素	C_{vj1}	元素	C_{vj2}	元素	C_{vj3}	元素	C_{vj4}
Mo	1.55	Ni	1.67	Sn	0.71	Ni	1.77
Cu	1.53	La	1.38	W	0.70	Cu	1.53
Ag	0.85	Pb	1.37	Pb	0.67	Zn	1.31
Zn	0.68	Y	1.07	Zn	0.66	Sn	0.97
La	0.56	Sn	0.86	La	0.47	La	0.53
Y	0.51	Zn	0.80	Y	0.29	Y	0.36

三、成矿元素成矿有利度评价

一个元素背景值高,表明该元素的成矿物质条件好,但不一定能够成矿,还必须参考其分异程度(变异系数)。同样,一个元素分异程度很高,即变异系数很大,如果其成矿物质不够丰富,也不一定能够成矿。只有把元素富集系数 K 和相应元素的变异系数 C_v 综合考虑,才能得出较客观的分析结论。为此,引入了成矿有利度系数(mineralizing advantageous coefficient)概念,定义为

$$C_{Ma} = \frac{\overline{X}}{At} \times Sev \qquad (5-2)$$

此公式中 $\overline{X}$ 为异常平均值,At 为异常下限,Sev 为标准离差。$\overline{X}$ 与 At 的比值反应的是异常的富集程度,Sev 均方差反应的是元素分异程度,成矿有利度 Ma 能够同时反应元素的富集程度和分异程度。

表 5-8 给出了西北地区 4 个域 12 个元素成矿有利度参数并做了排序。根据测区已有的成矿事实并结合各域有利度参数,初步把成矿有利度参数确定为:大于 1 为有利。依据该参数和计算结果,可以给出各分区有成矿可能的元素。

表 5-8 校正后的各地球化学域成矿有利度排序表

I		II		III		IV	
元素	C_{Ma}	元素	C_{Ma}	元素	C_{Ma}	元素	C_{Ma}
Au	12.84	Au	5.41	Au	3.44	Mo	5.96
Sn	10.81	Sb	4.03	Mo	2.02	Sb	5.43
W	2.94	Ag	3.03	Sb	1.56	Pb	4.53
Mo	1.95	Cu	2.56	Cu	1.49	Au	4.15
Cu	1.79	Mo	1.98	Ni	1.05	W	3.51
Ni	1.68	Ni	1.29	Ag	0.86	Ni	1.95
Sb	1.47	W	1.28	Pb	0.70	Ag	1.91
Pb	1.38	La	1.26	Sn	0.69	Cu	1.50
Ag	1.17	Pb	1.00	W	0.60	Zn	1.39
Zn	0.71	Y	0.94	Zn	0.55	Sn	1.05
Y	0.59	Sn	0.68	La	0.51	La	0.57
La	0.49	Zn	0.62	Y	0.26	Y	0.35

在西伯利亚地球化学域（Ⅰ）按成矿有利度参数大小排序，有利成矿元素依次为 Au、Sn、W、Mo、Cu、Ni、Sb、Pb、Ag 等；在塔里木地球化学域（Ⅱ），有利成矿元素依次为 Au、Sb、Ag、Cu、Mo、Ni、W、La、Pb 等；在华北板块地球化学域（Ⅲ），有利成矿元素依次为 Au、Mo、Sb、Cu、Ni 等；在华南（泛扬子）板块地球化学域（Ⅳ），有利成矿元素依次为 Mo、Sb、Pb、Au、W、Ni、Ag、Cu、Zn、Sn 等元素。通过综合对比可知，Au、Cu、Pb、W、Ni、Mo、Ag、Sb 等元素成矿更为有利。

第三节 地球化学区成矿元素评价

不同域可划分数目不等的地球化学区，在西伯利亚地球化学域（Ⅰ）、塔里木地球化学域（Ⅱ）、华北板块地球化学域（Ⅲ），每个域可分为 2 个地球化学区，华南（泛扬子）板块地球化学域（Ⅳ）可分为 9 个地球化学区，而且每个域内不同地球化学区有利成矿元素的差异有可对比性。所以，可以不同地区化学域为单位分析不同地球化学区的成矿元素分布情况。

一、西伯利亚构造地球化学域（Ⅰ）

西伯利亚构造地球化学域物质条件相对较好，主要有利成矿元素为 Au、Sn、W、Mo、Cu、Ni、Sb、Pb、Ag。针对有利成矿元素，统计Ⅰ-1 和Ⅰ-2 两个地球化学区的平均值、富集系数和变异系数，再结合西北地区元素变异系数校正参数，计算出校正后的成矿有利度系数（表 5-9），并将所有参数排序，分析出不同地球化学分区有利成矿元素分布情况。

表 5-9 西伯利亚构造地球化学域分区元素参数一览表

平均值				富集系数				校正后变异系数				成矿有利度系数			
Ⅰ-1		Ⅰ-2		Ⅰ-1		Ⅰ-2		Ⅰ-1		Ⅰ-2		Ⅰ-1		Ⅰ-2	
元素	单元素平均值	元素	单元素平均值	元素	K	元素	K	元素	C_v	元素	C_v	元素	C_{Ma}	元素	C_{Ma}
Ag	72.58	Ag	65.75	Ag	1.44	Mo	1.39	Au	16.10	Au	7.38	Au	15.46	Au	7.23
Cu	31.76	Cu	22.02	Cu	1.34	Ag	1.30	Sn	14.11	Pb	2.63	Sn	13.97	Mo	2.24
Ni	27.92	Ni	18.44	Mo	1.18	Au	0.98	W	3.39	Sb	2.48	W	3.36	W	2.1
Pb	15.63	Pb	16.64	Ni	1.08	W	0.97	Ni	1.80	W	2.16	Cu	1.98	Pb	2.03
Sn	2.37	Sn	1.96	Sn	0.99	Cu	0.93	Cu	1.48	Ni	1.64	Ni	1.94	Sb	2.03
W	1.65	Au	1.66	W	0.99	Sb	0.82	Mo	1.48	Sn	1.63	Mo	1.75	Cu	1.4
Au	1.62	W	1.61	Au	0.96	Sn	0.82	Sb	1.36	Mo	1.61	Ag	1.09	Sn	1.34
Mo	1.13	Mo	1.33	Pb	0.73	Pb	0.77	Pb	0.85	Cu	1.51	Sb	0.94	Ag	1.26
Sb	0.615	Sb	0.73	Sb	0.69	Ni	0.71	Ag	0.76	Ag	0.97	Pb	0.62	Ni	1.16

西伯利亚构造地球化学域（Ⅰ）内两个地球化学区Ⅰ-1 和Ⅰ-2 的物质条件基本相同，但在这两个区内变异系数差异较大，导致两个区有利成矿元素的成矿有利度排序不同，在Ⅰ-1 地球化学分区中有利成矿元素的排序为 Au、Sn、W、Cu、Ni、Mo、Ag、Sb、Pb，而在Ⅰ-2 地球化学分区中有利成矿元素的排序为 Au、Mo、W、Pb、Sb、Cu、Sn、Ag、Ni。

二、塔里木构造地球化学域（Ⅱ）

在塔里木构造地球化学域（Ⅱ），主要有利成矿元素有 Au、Sb、Ag、Cu、Mo、Ni、W、La、Pb。针对有利成矿元素,统计Ⅱ-1、Ⅱ-2两个地球化学分区的平均值、富集系数和变异系数,再结合西北地区元素变异系数校正参数,计算出校正后的成矿有利度系数(表5-10),并将所有参数排序,分析出不同地球化学区有利成矿元素分布情况。

表5-10 塔里木构造地球化学域分区元素参数一览表

平均值				富集系数				校正后变异系数				成矿有利度系数			
Ⅱ-1		Ⅱ-2		Ⅱ-1		Ⅱ-2		Ⅱ-1		Ⅱ-2		Ⅱ-1		Ⅱ-2	
元素	单元素平均值	元素	单元素平均值	元素	K	元素	K	元素	C_v	元素	C_v	元素	C_{Ma}	元素	C_{Ma}
Ag	67.71	Ag	67.48	Ag	1.34	Ag	1.34	Au	8.95	Sb	2.55	Au	7.78	Ag	1.52
La	31.96	La	28.83	Mo	1.09	Mo	1.01	Sb	8.22	Au	1.71	Sb	6.0	Sb	1.36
Cu	21.74	Ni	15.79	La	0.99	La	0.89	Cu	4.10	Cu	1.45	Cu	3.76	Mo	1.34
Ni	21.25	Cu	15.40	Cu	0.92	Pb	0.65	Ag	2.22	Mo	1.32	Ag	2.98	Au	1.07
Pb	16.52	Pb	14.07	Au	0.87	Cu	0.65	Mo	1.90	Ag	1.13	Mo	2.08	Cu	0.94
Au	1.47	Au	1.06	Ni	0.82	Au	0.63	La	1.89	Pb	1.09	La	1.87	Pb	0.72
W	1.22	Mo	0.97	Pb	0.77	Ni	0.61	Pb	1.85	Ni	1.06	Pb	1.42	Ni	0.64
Mo	1.05	W	0.93	W	0.74	W	0.56	Ni	1.71	W	1.05	Ni	1.40	W	0.59
Sb	0.65	Sb	0.48	Sb	0.73	Sb	0.53	W	1.66	La	0.51	W	1.22	La	0.45

在塔里木构造地球化学域(Ⅱ),Ⅱ-1地球化学区比Ⅱ-2地球化学区的物质条件略好,分异程度也是前者明显好于后者,易于富集成矿,所以Ⅱ-1地球化学区成矿条件整体好于Ⅱ-2地球化学区。通过成矿有利度排序可知,在Ⅱ-1地球化学区,有利成矿元素的排序为Au、Sb、Cu、Ag、Mo、La、Pb、Ni、W;在Ⅱ-2地球化学区,有利成矿元素的排序为Ag、Sb、Mo、Au、Cu、Pb、Ni、W、La。

三、华北板块构造地球化学域(Ⅲ)

在华北板块构造地球化学域(Ⅲ),主要成矿元素为Au、Mo、Sb、Cu、Ni。针对有利成矿元素,统计Ⅲ-1,Ⅲ-2两个地球化学分区的平均值、富集系数和变异系数,再结合西北地区元素变异系数校正参数,计算出校正后的成矿有利度系数(表5-11),并将所有参数排序,分析出不同地球化学分区有利成矿元素分布情况。

表5-11 华北板块构造地球化学域内地球化学分区元素参数一览表

平均值				富集系数				校正后变异系数				成矿有利度			
Ⅲ-1		Ⅲ-2		Ⅲ-1		Ⅲ-2		Ⅲ-1		Ⅲ-2		Ⅲ-1		Ⅲ-2	
元素	单元素平均值	元素	单元素平均值	元素	K	元素	K	元素	C_v	元素	C_v	元素	C_{Ma}	元素	C_{Ma}
Ni	15.62	Ni	25.87	Au	0.72	Au	1.19	Cu	1.42	Au	3.01	Au	0.92	Au	3.57
Cu	12.43	Cu	22.27	Ni	0.60	Mo	1.08	Au	1.28	Mo	1.99	Cu	0.79	Mo	2.16
Au	1.44	Au	2.01	Cu	0.56	Ni	1.00	Mo	0.87	Sb	1.71	Ni	0.47	Sb	1.67
Mo	0.45	Mo	1.04	Mo	0.43	Sb	0.98	Ni	0.78	Cu	1.68	Mo	0.38	Cu	1.58
Sb	0.36	Sb	0.87	Sb	0.41	Cu	0.94	Sb	0.51	Ni	1.09	Sb	0.21	Ni	1.09

在华北板块构造地球化学域（Ⅲ），Ⅲ-2地球化学区比Ⅲ-1地球化学区的物质条件好，前者的分异程度也明显好于后者，易于富集成矿，所以Ⅲ-2地球化学区成矿条件整体好于Ⅲ-1地球化学区。通过成矿有利度排序可知，在Ⅲ-1地球化学区，有利成矿元素的排序为Au、Cu、Ni、Mo、Sb；在Ⅲ-2地球化学区，有利成矿元素的排序为Au、Mo、Sb、Cu、Ni。

四、华南（泛扬子）板块地球化学域（Ⅳ）

华南（泛扬子）板块地球化学域的成矿物质条件最好，域内有利成矿元素为Mo、Sb、Pb、Au、W、Ni、Ag、Cu、Zn、Sn。本书针对有利成矿元素，统计9个地球化学分区的平均值、富集系数和变异系数，再结合西北地区元素变异系数校正参数，计算出校正后的成矿有利度系数（表5-12～表5-15），并将所有参数排序，分析出不同地球化学分区有利成矿元素分布情况。

表5-12 华南（泛扬子）板块各地球化学区平均值排序表

Ⅳ-1		Ⅳ-2		Ⅳ-3		Ⅳ-4		Ⅳ-5		Ⅳ-6		Ⅳ-7		Ⅳ-8		Ⅳ-9	
元素	单元素平均值	元素	单元素平均值	元素	单元素平均值	元素	单元素平均值	元素	单元素平均值	元素	单元素平均值	元素	单元素平均值	元素	单元素平均值	元素	单元素平均值
Zn	60.74	Zn	85.82	Ag	108.87	Zn	110.58	Zn	56.33	Zn	56.50	Ag	64.78	Zn	74.11	Zn	74.19
Ni	31.89	Ag	85.75	Zn	97.71	Ag	105.49	Pb	21.98	Ni	22.61	Zn	64.01	Ag	61.80	Pb	35.44
Ag	28.76	Ni	31.50	Ni	37.14	Pb	38.45	Ni	20.18	Cu	20.33	Ni	26.56	Pb	29.33	Ni	24.09
Cu	23.23	Pb	29.64	Cu	34.27	Ni	33.54	Cu	20.09	Ag	19.81	Cu	23.82	Ni	28.05	Cu	20.68
Pb	20.75	Cu	25.94	Pb	29.03	Cu	28.69	Sn	2.86	Pb	18.42	Pb	20.06	Cu	22.54	Sn	2.36
Sn	2.55	Sn	2.97	Au	4.76	Sn	2.55	Ag	2.56	Sn	2.39	Sn	2.20	Sn	1.96	W	1.78
Au	1.72	W	2.28	Sn	2.80	W	2.19	W	1.75	W	1.52	W	1.62	W	1.41	Au	1.26
W	1.64	Au	2.17	W	2.25	Au	1.78	Au	1.42	Au	1.31	Au	1.38	Au	1.22	Sb	1.12
Sb	0.85	Sb	1.57	Sb	1.27	Sb	0.95	Sb	0.81	Sb	1.02	Mo	0.91	Sb	1.09	Mo	0.83
Mo	0.79	Mo	1.09	Mo	1.10	Mo	0.67	Mo	0.79	Mo	0.62	Sb	0.62	Mo	0.81	Ag	0.08

表5-13 华南（泛扬子）板块各地球化学区富集系数排序表

Ⅳ-1		Ⅳ-2		Ⅳ-3		Ⅳ-4		Ⅳ-5		Ⅳ-6		Ⅳ-7		Ⅳ-8		Ⅳ-9	
元素	K_1	元素	K_2	元素	K_3	元素	K_4	元素	K_5	元素	K_6	元素	K_7	元素	K_8	元素	K_9
Ni	1.23	Sb	1.77	Au	2.82	Ag	2.09	Sn	1.19	Sb	1.15	Ag	1.28	Pb	1.36	Pb	1.64
Sn	1.06	Ag	1.70	Ag	2.16	Pb	1.79	W	1.05	Sn	0.99	La	1.26	Ag	1.22	Sb	1.25
La	1.05	Pb	1.38	Zn	1.48	Zn	1.67	Pb	1.02	La	0.92	Ni	1.02	Sb	1.22	Zn	1.12
Au	1.02	W	1.38	Cu	1.45	W	1.32	La	1.01	W	0.92	Y	1.02	Zn	1.12	W	1.07
W	0.99	Zn	1.30	Ni	1.43	La	1.31	Y	0.92	Y	0.91	Cu	1.01	Ni	1.08	Sn	0.98
Cu	0.98	Au	1.28	Sb	1.43	Ni	1.29	Sb	0.91	Ni	0.87	W	0.98	Cu	0.95	La	0.97
Y	0.98	Sn	1.24	W	1.36	Cu	1.21	Zn	0.85	Cu	0.86	Zn	0.97	W	0.85	Ni	0.93
Pb	0.96	La	1.22	Pb	1.35	Y	1.10	Cu	0.85	Pb	0.86	Mo	0.95	Mo	0.84	Cu	0.87
Sb	0.95	Ni	1.21	La	1.26	Sb	1.07	Au	0.84	Zn	0.85	Pb	0.93	La	0.83	Mo	0.87
Zn	0.92	Mo	1.14	Y	1.18	Sn	1.06	Mo	0.82	Au	0.78	Sn	0.92	Sn	0.82	Y	0.82
Mo	0.82	Y	1.11	Sn	1.17	Au	1.05	Ni	0.78	Mo	0.65	Au	0.82	Y	0.79	Au	0.74
Ag	0.57	Cu	1.09	Mo	1.15	Mo	0.70	Ag	0.05	Ag	0.39	Sb	0.70	Au	0.72	Ag	0.002

表5-14 华南(泛扬子)板块各地球化学区校正后变异系数排序表

IV-1		IV-2		IV-3		IV-4		IV-5		IV-6		IV-7		IV-8		IV-9	
元素	C_v	元素	C_v	元素	C_v	元素	C_v	元素	C_v	元素	C_v	元素	C_v	元素	C_v	元素	C_v
Mo	8.43	Mo	8.19	Au	4.32	Mo	3.84	Ag	5.23	Mo	3.60	Au	3.86	Au	4.27	W	7.20
Au	3.59	Sb	6.08	Mo	2.38	Au	3.67	W	4.10	Au	3.38	Pb	1.64	Pb	1.94	Pb	6.81
Ag	2.68	Au	3.77	Cu	2.17	Ni	0.99	Pb	3.38	Ag	1.77	Sb	1.56	Sn	1.44	Sb	3.62
Ni	2.36	Ag	1.83	Ni	1.37	Cu	0.63	Au	3.31	W	1.62	Ni	1.24	Ag	1.17	Au	2.58
Sb	2.30	Pb	1.51	Ag	1.03	Ag	0.58	Zn	2.38	Cu	1.44	Cu	1.13	Cu	0.98	Mo	2.46
W	2.03	Zn	1.45	Sb	0.86	Zn	0.56	Sb	2.27	Ni	1.00	W	0.94	W	0.97	Zn	1.54
Cu	2.01	Ni	1.24	W	0.69	Sb	0.54	Cu	1.24	Sb	0.74	Ag	0.84	Ni	0.97	Sn	1.32
Sn	1.19	W	1.19	Zn	0.65	W	0.51	Ni	1.22	Sn	0.60	Mo	0.79	Sb	0.83	Ag	1.31
Zn	0.92	Cu	0.80	Pb	0.52	Sn	0.43	Mo	0.98	Zn	0.57	Zn	0.54	Zn	0.80	Cu	1.25
Pb	0.78	Sn	0.67	Sn	0.36	Pb	0.29	Sn	0.95	Pb	0.37	Sn	0.52	Mo	0.71	Ni	1.05

表5-15 华南(泛扬子)板块各地球化学区校正后的成矿有利度排序表

IV-1		IV-2		IV-3		IV-4		IV-5		IV-6		IV-7		IV-8		IV-9	
元素	C_{Ma}	元素	C_{Ma}	元素	C_{Ma}	元素	C_{Ma}	元素	C_{Ma}	元素	C_{Ma}	元素	C_{Ma}	元素	C_{Ma}	元素	C_{Ma}
Mo	6.93	Sb	10.75	Au	12.18	Au	3.87	W	4.31	Au	2.62	Au	3.16	Au	3.09	Pb	11.22
Au	3.65	Mo	9.31	Cu	3.13	Mo	2.69	Pb	3.45	Mo	2.33	Pb	1.53	Pb	2.64	W	7.71
Ni	2.91	Au	4.85	Mo	2.68	Ni	1.28	Au	2.78	W	1.49	Ni	1.27	Ag	1.43	Sb	4.54
Sb	2.19	Ag	3.11	Ag	2.23	Ag	1.20	Sb	2.05	Cu	1.24	Cu	1.14	Sn	1.17	Mo	2.14
W	2.01	Pb	2.08	Ni	1.96	Zn	0.93	Zn	2.03	Ni	0.87	Sb	1.10	Ni	1.05	Au	1.92
Cu	1.97	Zn	1.89	Sb	1.22	Cu	0.77	Sn	1.13	Sb	0.84	Ag	1.08	Sb	1.02	Zn	1.73
Ag	1.53	W	1.63	Zn	0.96	W	0.68	Cu	1.05	Ag	0.69	W	0.91	Cu	0.93	Sn	1.29
Sn	1.27	Ni	1.51	W	0.94	Sb	0.58	Ni	0.95	Sn	0.59	Mo	0.75	Zn	0.89	Cu	1.09
Zn	0.84	Cu	0.88	Pb	0.71	Pb	0.52	Mo	0.80	Zn	0.49	Zn	0.52	W	0.82	Ni	0.98
Pb	0.76	Sn	0.83	Sn	0.42	Sn	0.45	Ag	0.26	Pb	0.32	Sn	0.48	Mo	0.59	Ag	0.002

在华南(泛扬子)板块地球化学域(IV),IV-3和IV-4地球化学区的物质条件相对较好,但IV-4地球化学区的变异系数相对较差,IV-9地球化学区的变异系数较高。不同地球化学区的有利成矿元素排序不同。在IV-1区中有利成矿元素排序在前的是Mo、Au、Ni等,在IV-2区中有利成矿元素排序在前的是Sb、Mo、Au等,在IV-3区中有利成矿元素排序在前的是Au、Cu、Mo等,在IV-4区中有利成矿元素排序在前的是Au、Mo、Ni等,在IV-5区中有利成矿元素排序在前的是W、Pb、Au等,在IV-6区中有利成矿元素排序在前的是Au、Mo、W等,在IV-7区中有利成矿元素排序在前的是Au、Pb、Ni等,在IV-8区中有利成矿元素排序在前的是Au、Pb、Ag等,在IV-9区中有利成矿元素排序在前的是Pb、W、Sb等。

综上所述,在Ⅰ-1和Ⅰ-2、Ⅱ-1、Ⅲ-1、Ⅲ-2、Ⅳ-3、Ⅳ-4、Ⅳ-6、Ⅳ-7、Ⅳ-8地球化学区中排名第一的有利成矿元素为Au,Ⅳ-5地球化学区中排名第一的有利成矿元素是W,在Ⅳ-1地球化学区中排名第一的有利成矿元素是Mo,在Ⅱ-2地球化学区中排名第一的有利成矿元素是Ag,在Ⅳ-2地球化学区中排名第一的有利成矿元素是Sb。

第四节 典型地质体地球化学特征及其意义

各类地质构造,大到板块构造、地幔柱,小到褶皱、断层都会对所涉及的地质体产生相应的影响,包括分割(如板块拉张、断层切割)、拼合(如板块会聚)、新生(如岩浆侵入)、改造(各类变质)。这些影响都会形成相应的地球化学记录,会通过区域地球化学背景差异、局部地球化学异常以及地球化学异常的规律展布等表现出来。

笔者在前几节中就已经讨论了区域主要地质构造的地球化学特征,本节将讨论区内一些典型地质构造及地质体的地球化学表征,进而利用这些特征对一些尚未识别出来的地质(断裂)构造及地质体做一些推断,或对一些地质体的类别加以区分。

一、已知断裂构造的地球化学特征

(一)艾比湖-头苏泉断裂

艾比湖-头苏泉断裂位于新疆准噶尔盆地南缘边缘(图5-4)。艾比湖-头苏泉断裂是伊犁地块与准噶尔地块的分界,也是重要的构造地球化学分区界线。图5-4中,Cu与Th、As等元素以该断裂为界表现出了明显的背景差异,B则延断裂形成明显的高背景。事实上,除图示的几个元素外,另有Be、Bi、La、U等亲酸性岩元素在该断裂西侧形成高背景,而在东侧形成低背景。相反Cr、Ni、Co等亲基性超基性岩元素和Hg、Cu等亲铜元素在其西侧形成低背景,而在东侧形成高背景。

(二)那拉提构造带南缘断裂(阿特巴希断裂)

那拉提构造带南缘断裂(图5-5)走向由西端汗腾格里峰到巴音郭勒的北东向逐渐过渡为南东向,是区内那拉提-巴伦台构造地球化学区与南天山构造地球化学区的分界断裂,该断裂带及其两侧表现出明显的地球化学差异。如与花岗岩关系密切的Na、K、Si、Al等元素表现为北侧高背景、南侧低背景;而与沉积作用关系明显的元素,如Ca、Cd等则相反,表现为北侧低背景、南侧高背景。另外,多数高温元素也与中酸性元素有类似特征,即北高南低,低温元素则相反。

(三)阿尔金南缘断裂

阿尔金南缘断裂走向为北东东向,该断裂为阿尔金构造带与祁连山、柴周缘以及东昆仑构造的分界断裂,见图5-6。该断裂是西北地区重要的地球化学背景分界线,表现为众多元素以该分界呈现出背景的明显差异,也是重要的地球化学分区界线。除了本章第二节介绍的元素外,图5-6还给出了Cd与Sb在断裂两侧的背景差异。

事实上,除了本节介绍的这条断裂在地球化学特征上表现出明显差异外,区内许多断裂或多或少都会表现这种差异。另外,更值得关注的是在区内对很多存在明显地球化学背景差异的地区尚未填绘出应有的构造界限,这就是我们要进行地质构造地球化学解译的原因。

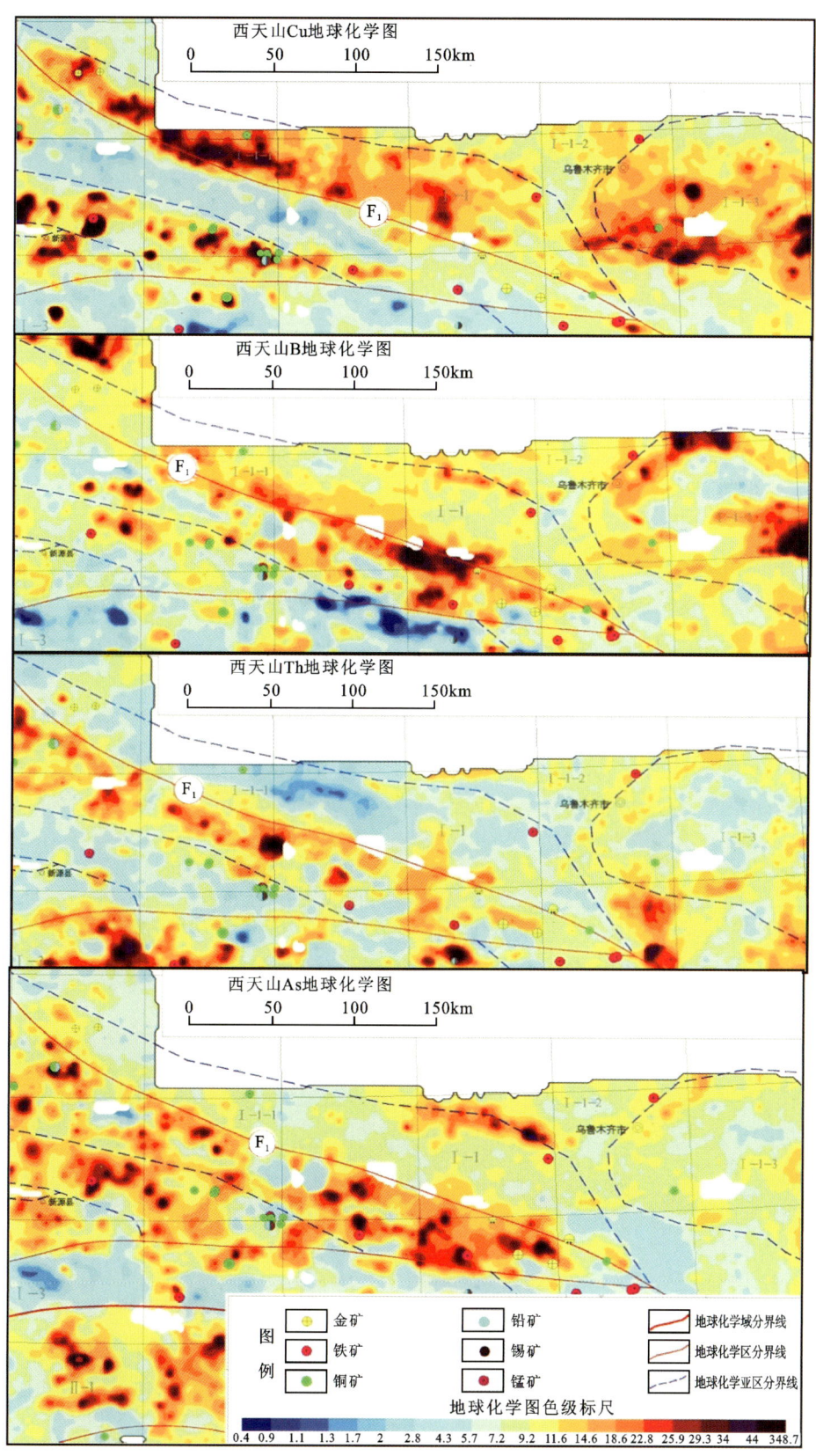

图 5-4　艾比湖-头苏泉断裂(F_1)两侧元素地球化学特征对比图

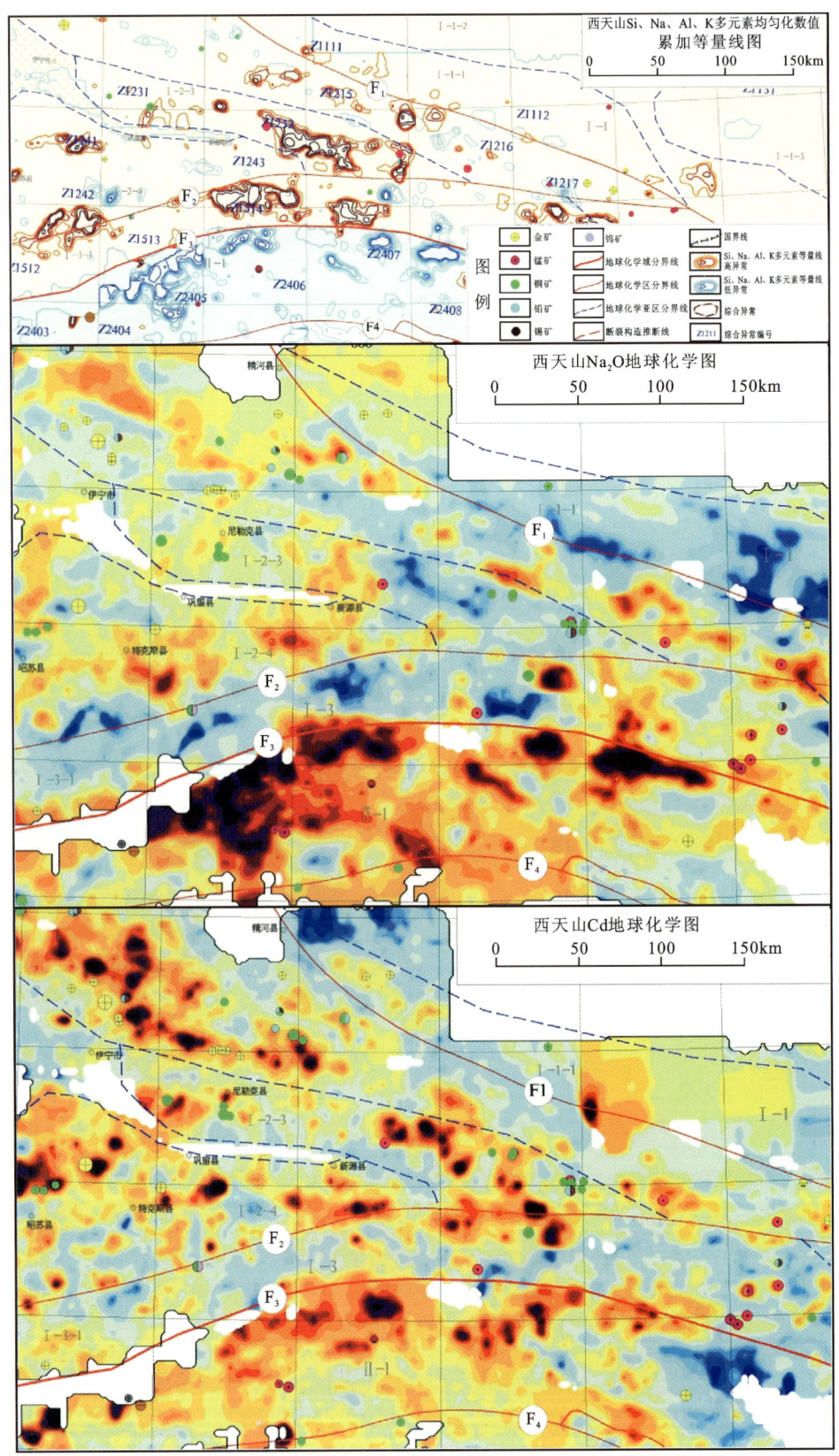

图 5-5 那拉提构造带南缘断裂带地球化学特征对比图

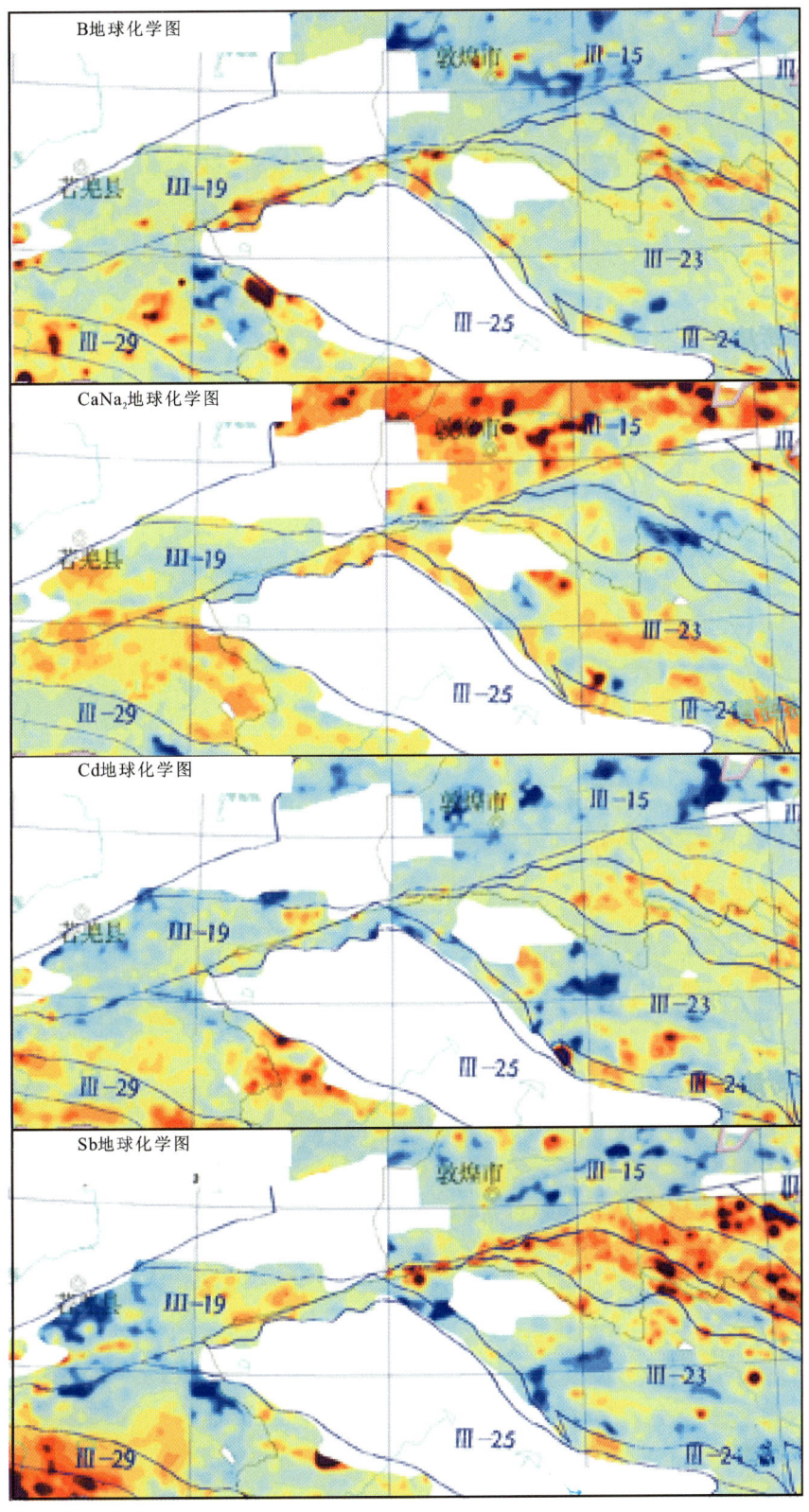

图 5-6 阿尔金南缘断裂地球化学特征

二、断裂构造地球化学解译

从地球化学研究的角度可以推断出两大类断裂构造：一类是影响区域地球化学背景分布特征的线性界线；另一类是控制异常带分布，影响异常展布方向的断裂构造。

(一)影响区域地球化学背景断裂构造的推断

影响地球化学背景分布特征的线性界线往往就是分割各种级别地质块体的界线，被这些断裂分割的地质块体，因原来隶属关系、经受地质作用、抬升剥蚀程度等的差异，表现出其地球化学背景场的差异，依靠这些差异就可以推断出这类异常。事实上，上述第二节划分的地球化学分区的界线以及前边介绍的几条典型断裂多为此类断裂构造。

(二)控制异常展布的推测断裂

地球化学异常通常就是各类热液沿断裂构造活动的物质记录，研究异常带的排列及展布就可以识别和推断这类断裂构造。通常表现为一组元素异常的定向排列、异常带的错断、局部背景场的分割线等。

三、地球化学解译构造的地质意义

(一)关于康西瓦与阿尔金南缘断裂

通过 Na_2O 地球化学图(图 5-1(a))与 $Na_2O/\sum LiBeHg$ 地球化学图(图 5-7)可以清晰地解译出康西瓦与阿尔金南缘断裂。从已有的地球化学信息可知：①康西瓦与阿尔金南缘断裂是一条断裂，其两侧地球化学背景形成明显的强弱对比；②以康西瓦-阿尔金断裂为界把西北地区分成了两个背景差异明显的地球化学单元，预示以此为界两侧地壳可能存在某种差异。

(二)关于秦祁昆构造带

从地球化学背景看，秦岭、祁连以及昆仑造山带存在明显的地球化学背景差异，它们之间的关系有待进一步研究。

(三)塔里木盆地边界

图 5-8 是塔里木盆地及其周边一定范围的 Cr、Ni、Co 衬值累加数据地球化学图。可以看出，塔里木盆地西南边的羊布拉克达坂—奇普恰普山口一线的化探异常呈北北西向排列，盆地其他区域及周边异常也有类似特征。在盆地北侧的巴音郭楞及东侧的米兰附近，也有由几组线形边界圈定的三角形和菱形正异常或负异常区块，通过对这些线形界线或异常走向线进行解译，可形成北东、北西和东西 3 组线形构造，表明塔里木盆地实际上是以这 3 组断裂构造为边界的断陷盆地。

第五章 区域地球化学特征

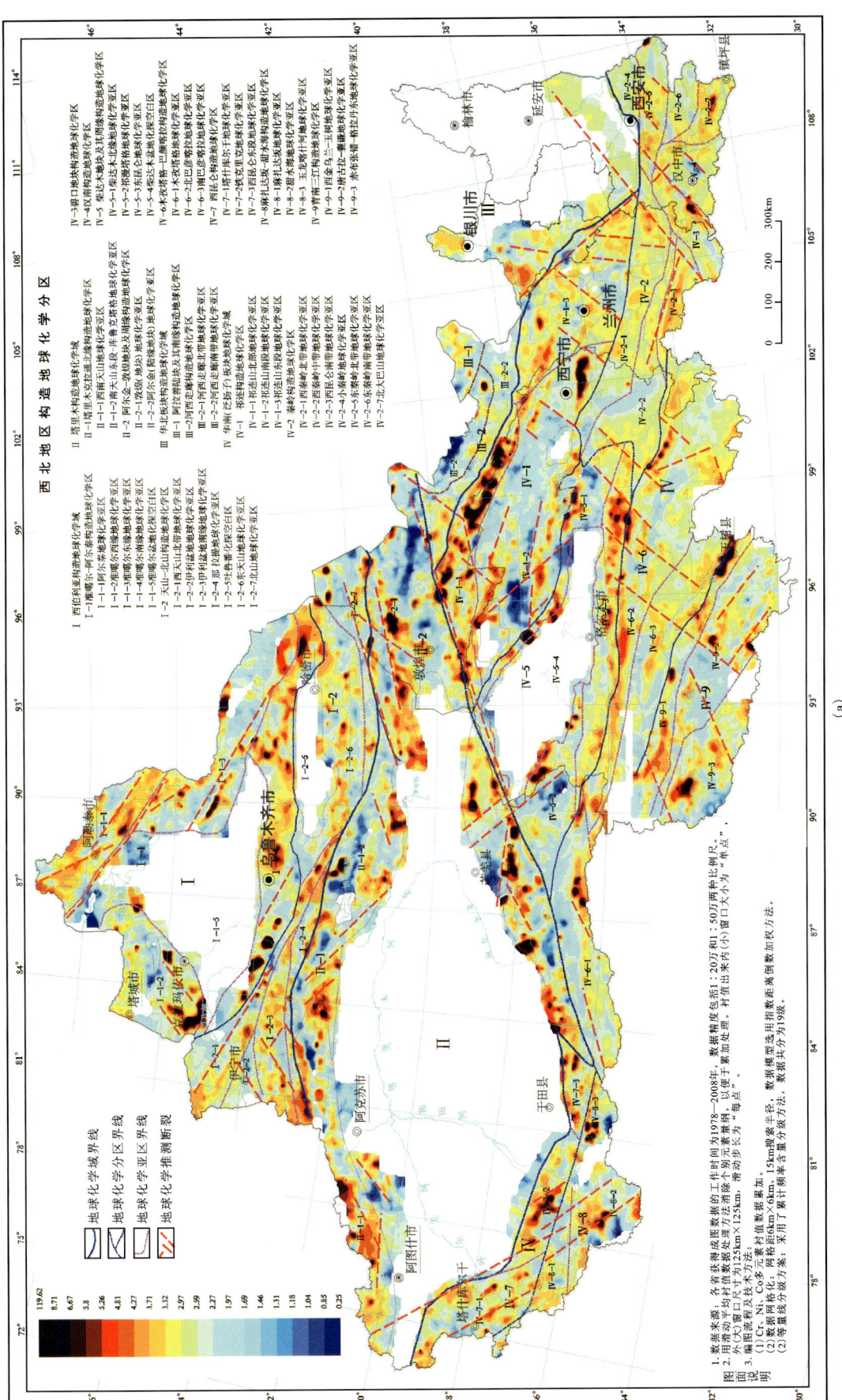

图5-7 西北地区断裂构造地球化学解译图

西北地区矿产资源潜力地球化学评价

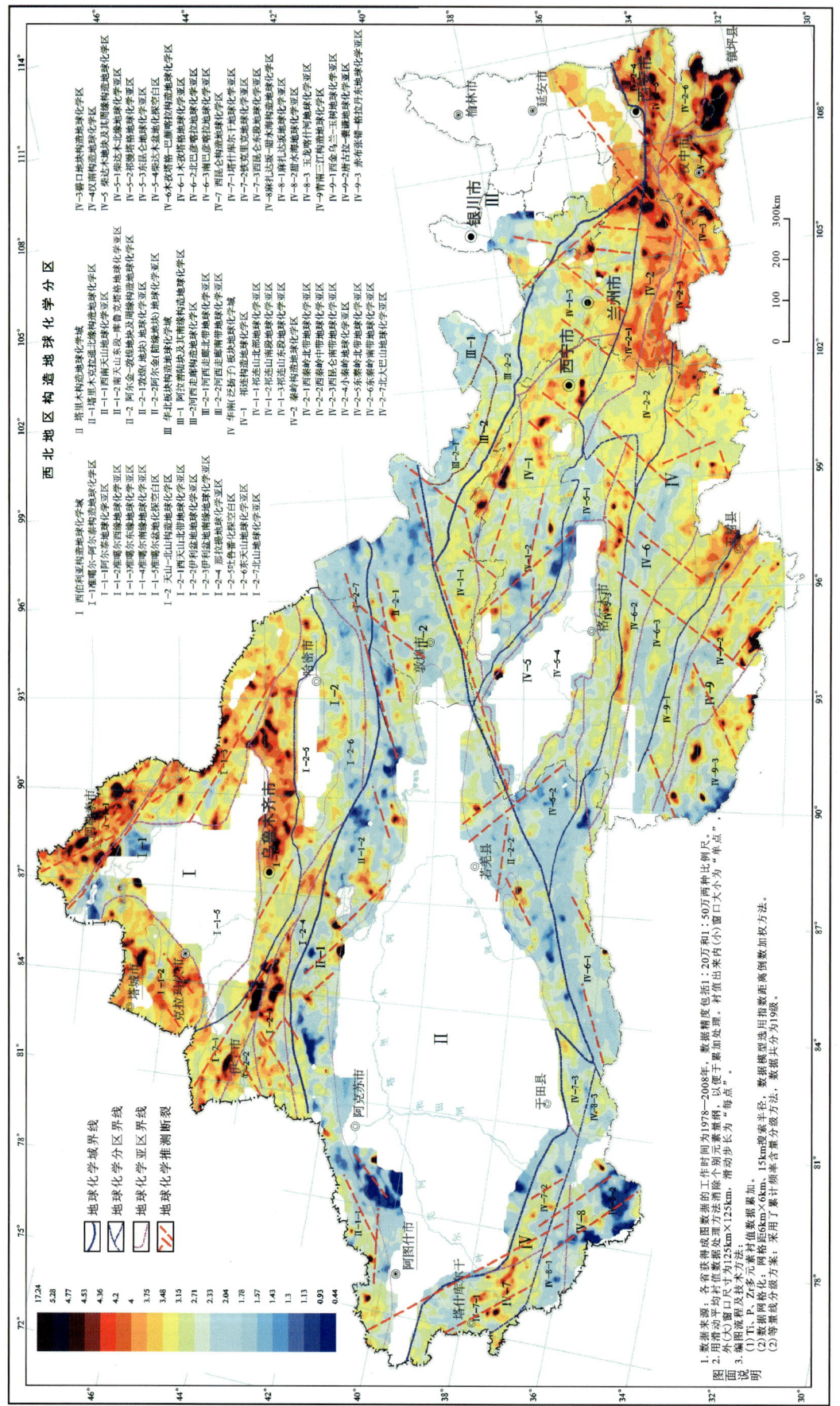

续图 5-7 西北地区断裂构造地球化学解译图

第五章 区域地球化学特征

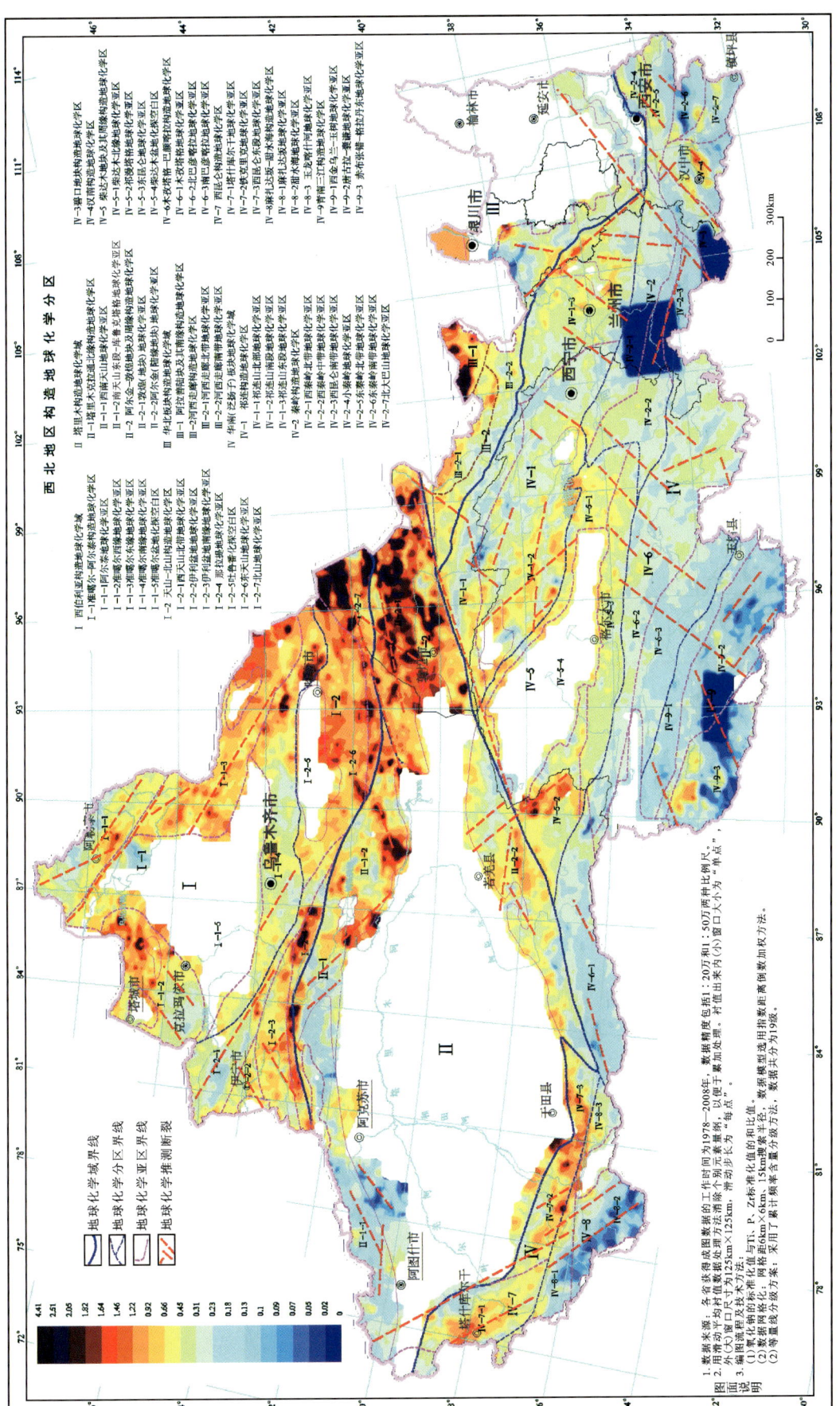

续图 5-7 西北地区断裂构造地球化学解译图

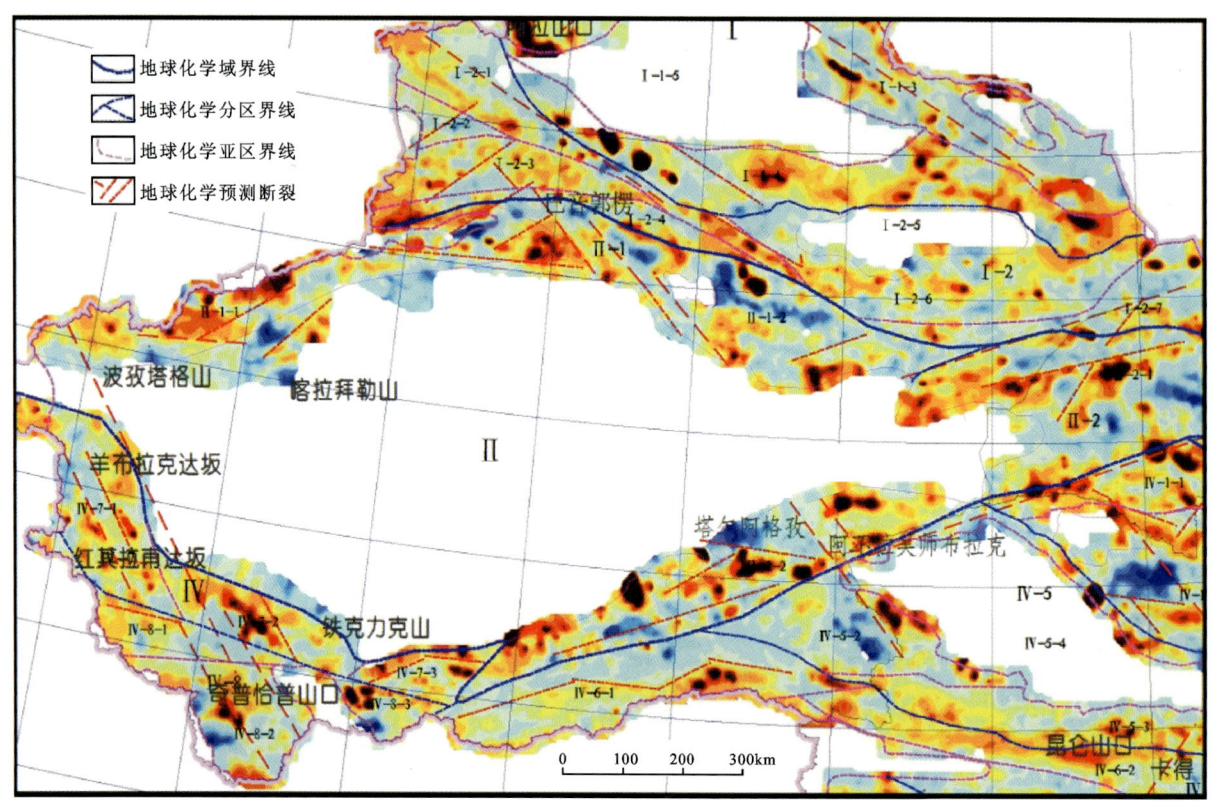

图 5-8 塔里木盆地周缘地球化学推断断裂分布

第六章 区域地球化学异常分布规律及其意义

第一节 区域地球化学异常带划分

本书以地球化学数据(综合异常、单元素异常等)为基础,结合构造、地层、岩体等相关因素,参考西北地区 1∶250 万成矿带划分图,根据地球化学数据分布规律和聚积特征编制了西北地区地球化学谱系。本次划分的地球化学谱系由域、区、亚区、带 4 级组成。其中西北地区共分为 4 个地球化学域、15 个地球化学区、44 个地球化学亚区和 384 个异常带,其关系见图 6-1,划分结果见表 6-1。在第五章中已对地球化学域和地球化学区的地质、地球化学特征进行了分析。

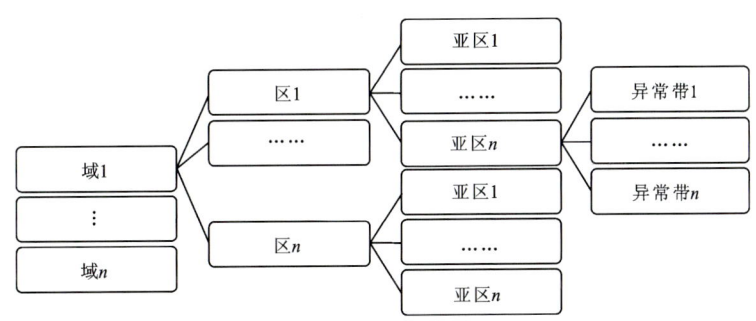

图 6-1 地球化学分区示意图

表 6-1 西北地区地球化学谱系

序号	域	区	亚区	异常带	序号	域	区	亚区	异常带
1	Ⅰ西伯利亚构造地球化学域	Ⅰ-1 准噶尔-阿尔泰构造地球化学区	Ⅰ-1-1 阿尔泰地球化学亚区	Ⅰ-1-1-1	193	Ⅳ华南(泛扬子)板块地球化学域	Ⅳ-1 祁连构造地球化学区	Ⅳ-1-1 祁连山北部地球化学亚区	Ⅳ-1-1-5
2				Ⅰ-1-1-2	194				Ⅳ-1-1-6
3				Ⅰ-1-1-3	195				Ⅳ-1-1-7
4				Ⅰ-1-1-4	196				Ⅳ-1-1-8
5				Ⅰ-1-1-5	197				Ⅳ-1-1-9
6			Ⅰ-1-2 准噶尔西缘地球化学亚区	Ⅰ-1-2-1	198				Ⅳ-1-1-10
7				Ⅰ-1-2-2	199			Ⅳ-1-2 祁连山南段地球化学亚区	Ⅳ-1-2-1
8				Ⅰ-1-2-3	200				Ⅳ-1-2-2
9				Ⅰ-1-2-4	201				Ⅳ-1-2-3
10				Ⅰ-1-2-5	202				Ⅳ-1-2-4

续表 6-1

序号	域	区	亚区	异常带	序号	域	区	亚区	异常带
11	Ⅰ 西伯利亚构造地球化学域	Ⅰ-1 准噶尔-阿尔泰构造地球化学区	Ⅰ-1-2 准噶尔西缘地球化学亚区	Ⅰ-1-2-6	203	Ⅳ 华南（泛扬子）板块地球化学域	Ⅳ-1 祁连构造地球化学区	Ⅳ-1-2 祁连山南段地球化学亚区	Ⅳ-1-2-5
12				Ⅰ-1-2-7	204				Ⅳ-1-2-6
13				Ⅰ-1-2-8	205				Ⅳ-1-2-7
14				Ⅰ-1-2-9	206				Ⅳ-1-2-8
15			Ⅰ-1-3 准噶尔东缘地球化学亚区	Ⅰ-1-3-1	207				Ⅳ-1-2-9
16				Ⅰ-1-3-2	208				Ⅳ-1-2-10
17				Ⅰ-1-3-3	209				Ⅳ-1-2-11
18				Ⅰ-1-3-4	210				Ⅳ-1-2-12
19				Ⅰ-1-3-5	211				Ⅳ-1-2-13
20				Ⅰ-1-3-6	212				Ⅳ-1-2-14
21				Ⅰ-1-3-7	213				Ⅳ-1-2-15
22				Ⅰ-1-3-8	214				Ⅳ-1-2-16
23				Ⅰ-1-3-9	215			Ⅳ-1-3 祁连山东段地球化学亚区	Ⅳ-1-3-1
24				Ⅰ-1-3-10	216				Ⅳ-1-3-2
25				Ⅰ-1-3-11	217				Ⅳ-1-3-3
26				Ⅰ-1-3-12	218				Ⅳ-1-3-4
27				Ⅰ-1-3-13	219				Ⅳ-1-3-5
28			Ⅰ-1-4 准噶尔南缘地球化学亚区	Ⅰ-1-4-1	220				Ⅳ-1-3-6
29				Ⅰ-1-4-2	221				Ⅳ-1-3-7
30				Ⅰ-1-4-3	222				Ⅳ-1-3-8
31				Ⅰ-1-4-4	223				Ⅳ-1-3-9
32				Ⅰ-1-4-5	224				Ⅳ-1-3-10
33				Ⅰ-1-4-6	225				Ⅳ-1-3-11
34				Ⅰ-1-4-7	226				Ⅳ-1-3-12
35				Ⅰ-1-4-8	227				Ⅳ-1-3-13
36				Ⅰ-1-4-9	228				Ⅳ-1-3-14
37				Ⅰ-1-4-10	229				Ⅳ-1-3-15
38				Ⅰ-1-4-11	230				Ⅳ-1-3-16
39				Ⅰ-1-4-12	231				Ⅳ-1-3-17
40				Ⅰ-1-4-13	232				Ⅳ-1-3-18
41			Ⅰ-1-5 准噶尔盆地化探空白区	Ⅰ-1-5-1	233		Ⅳ-2 秦岭构造地球化学区	Ⅳ-2-1 西秦岭北带地球化学亚区	Ⅳ-2-1-1
42				Ⅰ-1-5-2	234				Ⅳ-2-1-2

续表 6-1

序号	域	区	亚区	异常带	序号	域	区	亚区	异常带
43	Ⅰ 西伯利亚构造地球化学域	Ⅰ-2 天山-北山构造地球化学区	Ⅰ-2-1 西天山北带地球化学亚区	Ⅰ-2-1-1	235	Ⅳ 华南（泛扬子）板块地球化学域	Ⅳ-2 秦岭构造地球化学区	Ⅳ-2-1 西秦岭北带地球化学亚区	Ⅳ-2-1-3
44				Ⅰ-2-1-2	236				Ⅳ-2-1-4
45				Ⅰ-2-1-3	237				Ⅳ-2-1-5
46				Ⅰ-2-1-4	238				Ⅳ-2-1-6
47				Ⅰ-2-1-5	239			Ⅳ-2-2 西秦岭中带地球化学亚区	Ⅳ-2-2-1
48				Ⅰ-2-1-6	240				Ⅳ-2-2-2
49				Ⅰ-2-1-7	241				Ⅳ-2-2-3
50				Ⅰ-2-1-8	242				Ⅳ-2-2-4
51			Ⅰ-2-2 伊犁盆地球化学亚区	Ⅰ-2-2-1	243				Ⅳ-2-2-5
52				Ⅰ-2-2-2	244				Ⅳ-2-2-6
53			Ⅰ-2-3 伊犁盆地南缘地球化学亚区	Ⅰ-2-3-1	245				Ⅳ-2-2-7
54				Ⅰ-2-3-2	246			Ⅳ-2-3 西昆仑南带地球化学亚区	Ⅳ-2-3-1
55				Ⅰ-2-3-3	247				Ⅳ-2-3-2
56				Ⅰ-2-3-4	248			Ⅳ-2-4 小秦岭地球化学亚区	Ⅳ-2-4-1
57				Ⅰ-2-3-5	249				Ⅳ-2-4-2
58				Ⅰ-2-3-6	250			Ⅳ-2-5 东秦岭北带地球化学亚区	Ⅳ-2-5-1
59				Ⅰ-2-3-7	251				Ⅳ-2-5-2
60				Ⅰ-2-3-8	252				Ⅳ-2-5-3
61			Ⅰ-2-4 那拉提地球化学亚区	Ⅰ-2-4-1	253				Ⅳ-2-5-4
62				Ⅰ-2-4-2	254				Ⅳ-2-5-5
63				Ⅰ-2-4-3	255			Ⅳ-2-6 东秦岭南带地球化学亚区	Ⅳ-2-6-1
64				Ⅰ-2-4-4	256				Ⅳ-2-6-2
65				Ⅰ-2-4-5	257			Ⅳ-2-7 北大巴山地球化学亚区	Ⅳ-2-7-1
66				Ⅰ-2-4-6	258				Ⅳ-2-7-2
67				Ⅰ-2-4-7	259				Ⅳ-2-7-3
68			Ⅰ-2-5 吐鲁番化探空白区		260		Ⅳ-3 碧口地块地球化学区		Ⅳ-3-1
69			Ⅰ-2-6 东天山地球化学亚区	Ⅰ-2-6-1	261				Ⅳ-3-2
70				Ⅰ-2-6-2	262				Ⅳ-3-3
71				Ⅰ-2-6-3	263				Ⅳ-3-4
72				Ⅰ-2-6-4	264				Ⅳ-3-5
73				Ⅰ-2-6-5	265				Ⅳ-3-6

续表 6-1

序号	域	区	亚区	异常带	序号	域	区	亚区	异常带
74	Ⅰ西伯利亚构造地球化学域	Ⅰ-2 天山-北山构造地球化学区	Ⅰ-2-6 东天山地球化学亚区	Ⅰ-2-6-6	266	Ⅳ 华南（泛扬子）板块地球化学域		Ⅳ-4 汉南构造地球化学区	Ⅳ-4-1
75				Ⅰ-2-6-7	267				Ⅳ-4-2
76				Ⅰ-2-6-8	268				Ⅳ-4-3
77				Ⅰ-2-6-9	269				Ⅳ-4-4
78				Ⅰ-2-6-10	270				Ⅳ-4-5
79				Ⅰ-2-6-11	271			Ⅳ-5-1 柴达木北缘地球化学亚区	Ⅳ-5-1-1
80			Ⅰ-2-7 北山地球化学亚区	Ⅰ-2-7-1	272				Ⅳ-5-1-2
81				Ⅰ-2-7-2	273				Ⅳ-5-1-3
82				Ⅰ-2-7-3	274				Ⅳ-5-1-4
83				Ⅰ-2-7-4	275				Ⅳ-5-1-5
84				Ⅰ-2-7-5	276			Ⅳ-5-2 祁漫塔格地球化学亚区	Ⅳ-5-2-1
85				Ⅰ-2-7-6	277				Ⅳ-5-2-2
86				Ⅰ-2-7-7	278				Ⅳ-5-2-3
87				Ⅰ-2-7-8	279				Ⅳ-5-2-4
88				Ⅰ-2-7-9	280				Ⅳ-5-2-5
89				Ⅰ-2-7-10	281		Ⅳ-5 柴达木地块及其周缘构造地球化学区		Ⅳ-5-2-6
90				Ⅰ-2-7-11	282				Ⅳ-5-2-7
91				Ⅰ-2-7-12	283				Ⅳ-5-2-8
92				Ⅱ-1	284				Ⅳ-5-2-9
93				Ⅱ-2	285				Ⅳ-5-2-10
94				Ⅱ-3	286				Ⅳ-5-2-11
95				Ⅱ-1-1-1	287				Ⅳ-5-2-12
96				Ⅱ-1-1-2	288				Ⅳ-5-2-13
97				Ⅱ-1-1-3	289			Ⅳ-5-3 东昆仑地球化学亚区	Ⅳ-5-3-1
98	Ⅱ塔里木构造地球化学域	Ⅱ-1 塔里木克拉通北缘构造地球化学区	Ⅱ-1-1 西南天山地球化学亚区	Ⅱ-1-1-4	290				Ⅳ-5-3-2
99				Ⅱ-1-1-5	291				Ⅳ-5-3-3
100				Ⅱ-1-1-6	292				Ⅳ-5-3-4
101				Ⅱ-1-1-7	293				Ⅳ-5-3-5
102				Ⅱ-1-1-8	294				Ⅳ-5-3-6
103				Ⅱ-1-1-9	295				Ⅳ-5-3-7
104				Ⅱ-1-1-10	296			Ⅳ-5-4 柴达木盆地化探空白区	

续表 6-1

序号	域	区	亚区	异常带	序号	域	区	亚区	异常带
105	Ⅱ 塔里木构造地球化学域	Ⅱ-1 塔里木克拉通北缘构造地球化学区	Ⅱ-1-1 西南天山地球化学亚区	Ⅱ-1-1-11	297	Ⅳ 华南（泛扬子）板块地球化学域	Ⅳ-6 木孜塔格－巴颜喀拉构造地球化学区	Ⅳ-6-1 木孜塔格地球化学亚区	Ⅳ-6-1-1
106				Ⅱ-1-1-12	298				Ⅳ-6-1-2
107				Ⅱ-1-1-13	299				Ⅳ-6-1-3
108				Ⅱ-1-1-14	300				Ⅳ-6-1-4
109				Ⅱ-1-1-15	301				Ⅳ-6-1-5
110				Ⅱ-1-1-16	302				Ⅳ-6-1-6
111				Ⅱ-1-1-17	303				Ⅳ-6-1-7
112			Ⅱ-1-2 南天山东段地球化学亚区	Ⅱ-1-2-1	304				Ⅳ-6-1-8
113				Ⅱ-1-2-2	305				Ⅳ-6-1-9
114				Ⅱ-1-2-3	306				Ⅳ-6-1-10
115				Ⅱ-1-2-4	307				Ⅳ-6-1-11
116				Ⅱ-1-2-5	308				Ⅳ-6-1-12
117				Ⅱ-1-2-6	309				Ⅳ-6-1-13
118				Ⅱ-1-2-7	310				Ⅳ-6-1-14
119				Ⅱ-1-2-8	311				Ⅳ-6-1-15
120				Ⅱ-1-2-9	312				Ⅳ-6-1-16
121				Ⅱ-1-2-10	313			Ⅳ-6-2 北巴彦喀拉地球化学亚区	Ⅳ-6-2-1
122				Ⅱ-1-2-11	314				Ⅳ-6-2-2
123				Ⅱ-1-2-12	315				Ⅳ-6-2-3
124				Ⅱ-1-2-13	316				Ⅳ-6-2-4
125				Ⅱ-1-2-14	317				Ⅳ-6-2-5
126				Ⅱ-1-2-15	318				Ⅳ-6-2-6
127				Ⅱ-1-2-16	319				Ⅳ-6-2-7
128				Ⅱ-1-2-17	320				Ⅳ-6-2-8
129				Ⅱ-1-2-18	321				Ⅳ-6-2-9
130				Ⅱ-1-2-19	322				Ⅳ-6-2-10
131				Ⅱ-1-2-20	323				Ⅳ-6-2-11
132		Ⅱ-2 阿尔金－敦煌地块及周缘构造地球化学区	Ⅱ-2-1 敦煌（地块）地球化学亚区	Ⅱ-2-1-1	324				Ⅳ-6-2-12
133				Ⅱ-2-1-2	325				Ⅳ-6-2-13
134				Ⅱ-2-1-3	326				Ⅳ-6-2-14
135				Ⅱ-2-1-4	327				Ⅳ-6-2-15
136				Ⅱ-2-1-5	328				Ⅳ-6-2-16
137				Ⅱ-2-1-6	329				Ⅳ-6-2-17
138				Ⅱ-2-1-7	330				Ⅳ-6-2-18

续表 6-1

序号	域	区	亚区	异常带	序号	域	区	亚区	异常带
139	Ⅱ 塔里木构造地球化学域	Ⅱ-2 敦煌地块及周缘构造地球化学区	Ⅱ-2-1 敦煌（地块）地球化学亚区	Ⅱ-2-1-8	331	Ⅳ 华南（泛扬子）板块地球化学域	Ⅳ-6 木孜塔格-巴颜喀拉构造地球化学区	Ⅳ-6-3 南巴彦喀拉地球化学亚区	Ⅳ-6-3-1
140				Ⅱ-2-1-9	332				Ⅳ-6-3-2
141				Ⅱ-2-1-10	333				Ⅳ-6-3-3
142				Ⅱ-2-1-11	334				Ⅳ-6-3-4
143				Ⅱ-2-1-12	335				Ⅳ-6-3-5
144				Ⅱ-2-1-13	336		Ⅳ-7 西昆仑构造地球化学区	Ⅳ-7-1 塔什库尔干地球化学亚区	Ⅳ-7-1-1
145				Ⅱ-2-1-14	337				Ⅳ-7-1-2
146				Ⅱ-2-1-15	338				Ⅳ-7-1-3
147				Ⅱ-2-1-16	339				Ⅳ-7-1-4
148				Ⅱ-2-1-17	340				Ⅳ-7-1-5
149			Ⅱ-2-2 阿尔金（陆缘地块）地球化学亚区	Ⅱ-2-2-1	341				Ⅳ-7-1-6
150				Ⅱ-2-2-2	342				Ⅳ-7-1-7
151				Ⅱ-2-2-3	343				Ⅳ-7-1-8
152				Ⅱ-2-2-4	344				Ⅳ-7-1-9
153				Ⅱ-2-2-5	345			Ⅳ-7-2 铁克里克地球化学亚区	Ⅳ-7-2-1
154				Ⅱ-2-2-6	346				Ⅳ-7-2-2
155				Ⅱ-2-2-7	347				Ⅳ-7-2-3
156				Ⅱ-2-2-8	348				Ⅳ-7-2-4
157				Ⅱ-2-2-9	349			Ⅳ-7-3 西昆仑东段地球化学亚区	Ⅳ-7-3-1
158				Ⅱ-2-2-10	350				Ⅳ-7-3-2
159				Ⅱ-2-2-11	351				Ⅳ-7-3-3
160				Ⅱ-2-2-12	352		Ⅳ-8 麻扎达坂-甜水海构造地球化学区	Ⅳ-8-1 麻扎达坂地球化学亚区	Ⅳ-8-1-1
161				Ⅱ-2-2-13	353				Ⅳ-8-1-2
162				Ⅱ-2-2-14	354				Ⅳ-8-1-3
163				Ⅱ-2-2-15	355				Ⅳ-8-1-4
164				Ⅱ-2-2-16	356				Ⅳ-8-1-5
165				Ⅱ-2-2-17	357			Ⅳ-8-2 甜水海地球化学亚区	Ⅳ-8-2-1
166				Ⅱ-2-2-18	358				Ⅳ-8-2-2
167				Ⅱ-2-2-19	359				Ⅳ-8-2-3
168				Ⅱ-2-2-20	360				Ⅳ-8-2-4
169				Ⅱ-2-2-21	361				Ⅳ-8-2-5

续表 6-1

序号	域	区	亚区	异常带	序号	域	区	亚区	异常带
170	Ⅲ 华北板块构造地球化学域	Ⅲ-1 阿拉善陆块及其南缘构造地球化学区		Ⅲ-1-1	362	Ⅳ 华南（泛扬子）板块地球化学域	Ⅳ-9 青南三江构造地球化学区	Ⅳ-8-2 甜水海地球化学亚区	Ⅳ-8-2-6
171				Ⅲ-1-2	363			Ⅳ-8-3 玉龙喀什河地球化学亚区	Ⅳ-8-3-1
172				Ⅲ-1-3	364				Ⅳ-8-3-2
173				Ⅲ-1-4	365			Ⅳ-9-1 西金乌兰-玉树地球化学亚区	Ⅳ-9-1-1
174			Ⅲ-2-1 河西走廊北带地球化学亚区	Ⅲ-2-1-1	366				Ⅳ-9-1-2
175				Ⅲ-2-1-2	367				Ⅳ-9-1-3
176				Ⅲ-2-1-3	368				Ⅳ-9-1-4
177				Ⅲ-2-2-1	369			Ⅳ-9-2 唐古拉-囊谦地球化学亚区	Ⅳ-9-2-1
178				Ⅲ-2-2-2	370				Ⅳ-9-2-2
179				Ⅲ-2-2-3	371				Ⅳ-9-2-3
180		Ⅲ-2 河西走廊构造地球化学区		Ⅲ-2-2-4	372				Ⅳ-9-2-4
181				Ⅲ-2-2-5	373				Ⅳ-9-2-5
182			Ⅲ-2-2 河西走廊南带地球化学亚区	Ⅲ-2-2-6	374				Ⅳ-9-2-6
183				Ⅲ-2-2-7	375				Ⅳ-9-2-7
184				Ⅲ-2-2-8	376				Ⅳ-9-2-8
185				Ⅲ-2-2-9	377				Ⅳ-9-2-9
186				Ⅲ-2-2-10	378				Ⅳ-9-2-10
187				Ⅲ-2-2-11	379				Ⅳ-9-2-11
188				Ⅲ-2-2-12	380			Ⅳ-9-3 赤布张错-格拉丹东地球化学亚区	Ⅳ-9-3-1
189				Ⅳ-1-1-1	381				Ⅳ-9-3-2
190				Ⅳ-1-1-2	382				Ⅳ-9-3-3
191				Ⅳ-1-1-3	383				Ⅳ-9-3-4
192				Ⅳ-1-1-4	384				Ⅳ-9-3-5

第二节 地球化学异常特征分析概述

在地球化学谱系的基础上，我们以地球化学区为基本研究单元，选择了 Ag、AS、Au、Co、Cr、Cu、Mo、Ni、Pb、Sn、W、Zn 十二种元素，进行了地球化学显著度分析。分析过程中，我们以 GIS 空间分析技术为支持，采用 C♯＋Arcgis Engine 开发了数据处理软件，为异常分析提供了良好的统计工具。

完成各分区各元素的异常显著度计算后，我们将每个区所有元素异常显著度进行相加，分析出该分区的综合异常显著度，综合异常显著度可有效地反映各地球化学分区的异常特征，综合异常显著度更大的区有着更好的地球化学特征,对找矿更有利。表6-2为以地球化学区为统计单位的西北地区地球化学异常显著度。图6-2为西北地区各地球化学分区异常显著度。

表6-2 西北地区地球化学异常显著度

序号	域	区	元素	异常数/个	异常规模	异常显著度
1	Ⅰ西伯利亚构造地球化学域	Ⅰ-1 准噶尔-阿尔泰构造地球化学区	Ag	127	34 017.61	0.110 428
2			As	113	41 967.3	0.136 234
3			Au	129	70 347.53	0.228 363
4			Co	95	33 656.09	0.109 255
5			Cr	87	40 580.21	0.131 732
6			Cu	99	37 922.31	0.123 104
7			Mo	131	39 022.74	0.126 676
8			Ni	81	49 802.52	0.161 669
9			Pb	89	35 212.84	0.114 308
10			Sn	96	31 709.21	0.102 935
11			W	97	37 728.37	0.122 474
12			Zn	78	35 142.45	0.114 08
13			合计	1222	487 109.2	1.581 256
14		Ⅰ-2 天山-北山构造地球化学区	Ag	120	32 201.69	0.183 571
15			As	93	42 344.92	0.241 394
16			Au	137	48 747.73	0.277 895
17			Co	92	29 819.78	0.169 993
18			Cr	90	26 706.78	0.152 246
19			Cu	115	23 371.78	0.133 235
20			Mo	114	30 762.53	0.175 367
21			Ni	68	20 420.96	0.116 413
22			Pb	123	29 396.99	0.167 582
23			Sn	126	31 149.68	0.177 574
24			W	109	43 945.26	0.250 517
25			Zn	97	33 613.39	0.191 619
26			合计	1284	39 2481.5	2.237 406
27	Ⅱ塔里木构造地球化学域		Ag	18	1 869.917	0.004 025
28			As	1	59.438 33	0.000 128
29			Au	10	1 248.505	0.002 687
30			Co	5	310.158 2	0.000 668
31			Cr	1	3.204 871	0.000 006 9
32			Cu	2	147.063 4	0.000 317

续表 6-2

序号	域	区	元素	异常数/个	异常规模	异常显著度
33	Ⅱ 塔里木构造地球化学域		Mo	12	4 532.267	0.009 755
34			Ni	2	60.855 91	0.000 131
35			Pb	1	35.158 11	0.000 075 7
36			Sn	2	202.079 3	0.000 435
37			W	1	65.445 5	0.000 141
38			Zn	0	0	0
39			合计	55	8 534.093	0.018 368
40		Ⅱ-1 塔里木克拉通北缘构造地球化学区	Ag	76	10 755.84	0.094 963
41			As	54	15 804.33	0.139 536
42			Au	71	28 394.38	0.250 693
43			Co	46	18 448.41	0.162 881
44			Cr	51	30 639.67	0.270 517
45			Cu	60	17 427.86	0.153 87
46			Mo	61	17 316.13	0.152 884
47			Ni	50	31 049.21	0.274 133
48			Pb	66	21 040.29	0.185 764
49			Sn	56	18 511.89	0.163 441
50			W	47	17 885.07	0.157 907
51			Zn	50	12 461.43	0.110 022
52			合计	688	239 734.5	2.116 611
53		Ⅱ-2 阿尔金-敦煌地块及其周缘构造地球化学区	Ag	206	26 326.6	0.181 004
54			As	133	20 077.85	0.138 042
55			Au	206	35 513.27	0.244 166
56			Co	128	32 218.41	0.221 513
57			Cr	136	43 793.68	0.301 097
58			Cu	133	30 843.95	0.212 063
59			Mo	141	25 730.44	0.176 906
60			Ni	114	34 596.25	0.237 861
61			Pb	146	26 390.24	0.181 442
62			Sn	158	29 889.27	0.205 499
63			W	160	29 842.39	0.205 177
64			Zn	119	20 816.66	0.143 122
65			合计	1780	356 039	2.447 891

续表 6-2

序号	域	区	元素	异常数/个	异常规模	异常显著度
66	Ⅲ 华北板块构造地球化学域	Ⅲ-1 阿拉善陆块及其南缘构造地球化学区	Ag	26	1 059.027	0.074 152
67			As	25	1 617.093	0.113 227
68			Au	29	1 156.016	0.080 943
69			Co	26	1 466.564	0.102 687
70			Cr	28	1 886.682	0.132 103
71			Cu	32	1 456.197	0.101 961
72			Mo	19	1 806.807	0.126 511
73			Ni	28	2 423.151	0.169 666
74			Pb	32	1 152.659	0.080 708
75			Sn	22	778.861 9	0.054 535
76			W	30	2 978.419	0.208 546
77			Zn	31	1 595.593	0.111 722
78			合计	328	19 377.07	1.356 761
79		Ⅲ-2 河西走廊构造地球化学区	Ag	189	10 653.52	0.139 745
80			As	121	8 909.04	0.116 862
81			Au	230	16 433.58	0.215 564
82			Co	142	7 953.125	0.104 323
83			Cr	97	9 822.882	0.128 849
84			Cu	136	8 715.755	0.114 327
85			Mo	145	14 298.15	0.187 553
86			Ni	114	8 462.873	0.111 01
87			Pb	169	10 715.17	0.140 554
88			Sn	171	10 572.27	0.138 679
89			W	111	9 335.876	0.122 461
90			Zn	154	9 983.807	0.130 96
91			合计	1779	125 856.1	1.650 888
92	Ⅳ 华南（泛扬子）板块地球化学域	Ⅳ-1 祁连构造地球化学区	Ag	427	21 641.74	0.097 961
93			As	331	32 510.59	0.147 159
94			Au	472	45 431.41	0.205 645
95			Co	267	29 671.27	0.134 307
96			Cr	277	37 592.74	0.170 163
97			Cu	329	44 804.26	0.202 806
98			Mo	378	30 341.32	0.137 34
99			Ni	276	36 062.65	0.163 237
100			Pb	300	18 232.33	0.082 528

续表 6-2

序号	域	区	元素	异常数/个	异常规模	异常显著度
101		Ⅳ-1 祁连构造地球化学区	Sn	369	27 429.85	0.124 161
102			W	330	28 199.15	0.127 643
103			Zn	308	24 486.24	0.110 837
104			合计	4064	376 403.5	1.703 788
105		Ⅳ-2 秦岭构造地球化学区	Ag	208	48 333.66	0.366 839
106			As	166	20 862.29	0.158 339
107			Au	282	72 478.57	0.550 093
108			Co	168	15 582.8	0.118 269
109			Cr	114	47 928.39	0.363 764
110			Cu	206	21 444.49	0.162 758
111			Mo	131	290 638.1	2.205 865
112			Ni	47	3 464.939	0.026 298
113			Pb	194	21 375.33	0.162 233
114			Sn	208	14 179.84	0.107 621
115			W	168	35 162.85	0.266 876
116			Zn	188	24 031.96	0.182 396
117	Ⅳ 华南（泛扬子）板块地球化学域		合计	2080	615 483.2	4.671 351
118		Ⅳ-3 碧口地块构造地球化学区	Ag	23	5 766.484	0.334 709
119			As	21	3 156.506	0.183 216
120			Au	57	15 944.63	0.925 487
121			Co	42	2 895.116	0.168 044
122			Cr	25	15 931.26	0.924 711
123			Cu	37	4 817.587	0.279 631
124			Mo	15	11 180.06	0.648 933
125			Ni	16	1 120.112	0.065 016
126			Pb	29	1 319.582	0.076 594
127			Sn	44	1 564.249	0.090 795
128			W	34	2 443.391	0.141 824
129			Zn	44	3 058.02	0.177 499
130			合计	387	69 197	4.016 456
131		Ⅳ-4 汉南构造地球化学区	Ag	24	5 251.964	0.317 479
132			As	17	2 690.002	0.162 61
133			Au	30	13 604.27	0.822 373
134			Co	25	5 573.594	0.336 922

续表 6-2

序号	域	区	元素	异常数/个	异常规模	异常显著度
135	Ⅳ 华南（泛扬子）板块地球化学域	Ⅳ-4 汉南构造地球化学区	Cr	22	6 490.685	0.392 359
136			Cu	39	7 107.192	0.429 627
137			Mo	21	22 971.18	1.388 599
138			Ni	0	0	0
139			Pb	25	3 498.492	0.211 482
140			Sn	35	2 729.774	0.165 014
141			W	26	7 723.979	0.466 911
142			Zn	31	2 581.489	0.156 05
143			合计	295	80 222.63	4.849 426
144		Ⅳ-5 柴达木地块及其周缘构造地球化学区	Ag	119	16 072.42	0.087 681
145			As	84	10 364.77	0.056 544
146			Au	140	15 471.19	0.084 401
147			Co	87	6 027.528	0.032 882
148			Cr	96	11 609.94	0.063 337
149			Cu	99	16 338.17	0.089 131
150			Mo	95	19 398.85	0.105 828
151			Ni	78	8 389.624	0.045 769
152			Pb	91	13 258.15	0.072 328
153			Sn	94	16 866.57	0.092 013
154			W	126	20 418.61	0.111 391
155			Zn	64	5 935.974	0.032 383
156			合计	1173	160 151.8	0.873 688
157		Ⅳ-6 木孜塔格—巴颜喀拉构造地球化学区	Ag	184	16 035.7	0.081 087
158			As	166	35 258.45	0.178 289
159			Au	195	30 286.35	0.153 147
160			Co	96	10 417.04	0.052 675
161			Cr	55	8 384.213	0.042 396
162			Cu	147	26 960.88	0.136 331
163			Mo	123	11 877.87	0.060 062
164			Ni	68	14 326.71	0.072 445
165			Pb	127	17 721.3	0.089 61
166			Sn	137	15 925.83	0.080 531
167			W	123	30 090.29	0.152 156
168			Zn	95	22 747.69	0.115 027
169			合计	1516	240 032.3	1.213 757

续表 6-2

序号	域	区	元素	异常数/个	异常规模	异常显著度
170		Ⅳ-7 西昆仑构造地球化学区	Ag	47	11 576.4	0.181 784
171			As	30	10 594.74	0.166 369
172			Au	50	18 209.29	0.285 94
173			Co	28	17 150.38	0.269 312
174			Cr	36	20 104.64	0.315 703
175			Cu	26	11 761.55	0.184 692
176			Mo	41	15 706.87	0.246 645
177			Ni	30	14 051.3	0.220 648
178			Pb	18	4 846.78	0.076 109
179			Sn	31	16 754.22	0.263 091
180			W	24	21 925.64	0.344 298
181			Zn	28	43 78.936	0.068 762
182			合计	389	167 060.8	2.623 354
183	Ⅳ 华南（泛扬子）板块地球化学域	Ⅳ-8 麻扎达坂—甜水海构造地球化学区	Ag	119	16 072.42	0.087 681
184			As	84	10 364.77	0.056 544
185			Au	140	15 471.19	0.084 401
186			Co	87	6 027.528	0.032 882
187			Cr	96	11 609.94	0.063 337
188			Cu	99	16 338.17	0.089 131
189			Mo	95	19 398.85	0.105 828
190			Ni	78	8 389.624	0.045 769
191			Pb	91	13 258.15	0.072 328
192			Sn	94	16 866.57	0.092 013
193			W	126	20 418.61	0.111 391
194			Zn	64	5 935.974	0.032 383
195			合计	1173	160 151.8	0.873 688
196		Ⅳ-9 青南三江构造地球化学区	Ag	144	18 308.68	0.153 463
197			As	150	18 016.07	0.151 011
198			Au	119	10 882.66	0.091 218
199			Co	119	8 876.784	0.074 405
200			Cr	91	10 506.02	0.08 8061
201			Cu	143	19 062.68	0.159 783
202			Mo	120	14 530.93	0.121 798
203			Ni	95	11 110.17	0.093 125
204			Pb	131	22 550.49	0.189 018
205			Sn	111	10 527.43	0.088 241
206			W	78	19 783.24	0.165 823
207			Zn	119	16 270.45	0.136 379
208			合计	1420	180 425.6	1.512 327

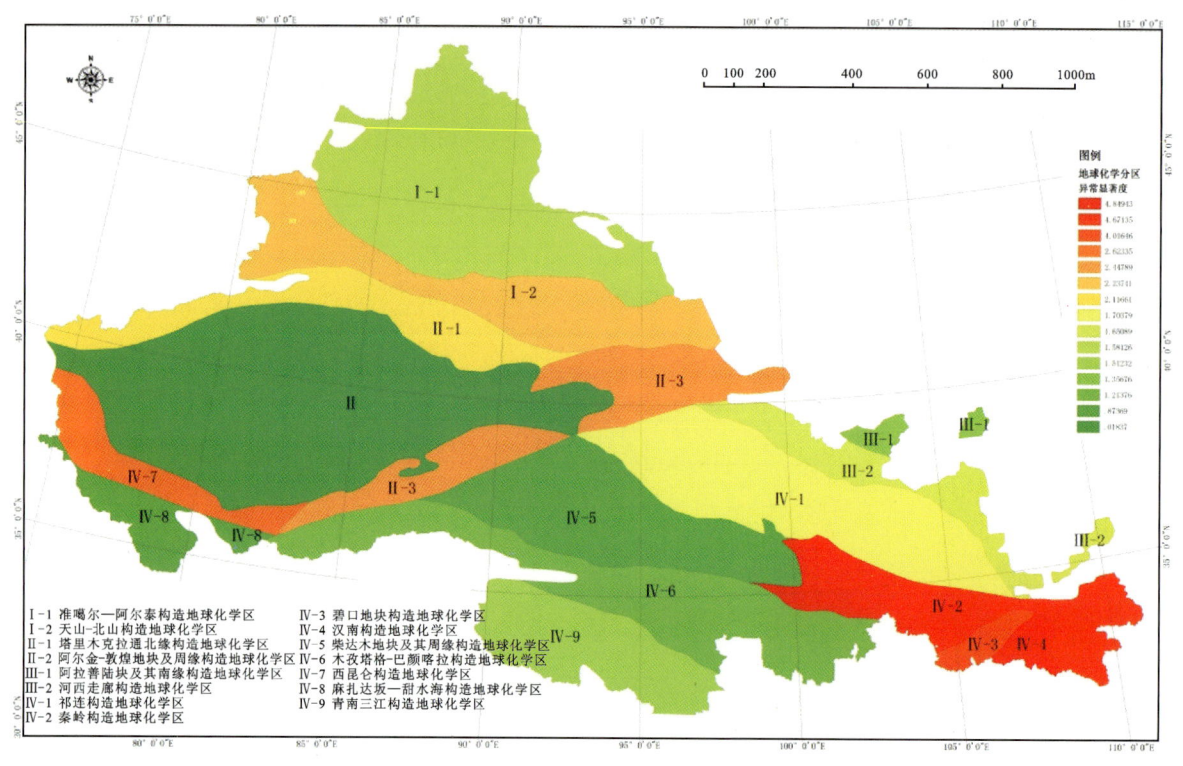

图6-2 西北地区地球化学分区异常显著度图

通过该地球化学异常显著度可以看出，Ⅳ-2秦岭构造地球化学区、Ⅳ-3碧口地块构造地球化学区、Ⅳ-4汉南构造地球化学区、Ⅳ-7西昆仑构造地球化学区、Ⅱ-2阿尔金-敦煌地块及周缘构造地球化学区、Ⅰ-2天山-北山构造地球化学区、Ⅱ-1塔里木克拉通北缘构造地球化学区等具有更好的地球化学异常显著度。

在计算地球化学区异常显著度的过程中，还存在一些问题。主要问题如下：一些小的地球化学区，如Ⅳ-2秦岭构造地球化学区、Ⅳ-3碧口地块构造地球化学区等，面积较小，异常相对集中，所以显著度较高；一些大的地球化学区，如Ⅰ-1准噶尔-阿尔泰构造地球化学区，由于其中包含了准噶尔盆地，而计算异常显著度又需要除以地球化学区面积，这使得计算的异常显著度小于实际值，影响了其可靠性。各省上交的数据格式不统一，给计算带来了一定的困难，影响了分析结果的准确性。例如，在本次分析过程中，由于一些省上交的文件中一、二、三级异常采用叠加方式表示，还有一些省上交的文件中一、二、三级异常采用拼接方式表示，给统计过程带来了一定的困难，影响了分析结果的准确性。

在本次统计中，我们采用了各元素异常显著度之和来表示综合异常显著度，然而，这种累加方法并没有考虑到不同元素之间的价值差异，因此影响了分析结果的实用价值。在以后的研究中，可以通过加权累加的方式替代直接累加，来消除这类影响。

除了对地球化学区进行分析外，本研究过程中，还对异常带进行了异常规模分析，异常带划分详见图6-3。我们通过计算各异常带各元素的异常规模和异常个数，分析各异常带中元素异常的分布情况。针对每一个异常带，我们选择了Ag、As、Au、Co、Cr、Cu、Mo、Ni、Pb、Sn、W、Zn十二种元素，计算了异常带内各元素的异常个数和异常规模，并形成统计表，分析结果如表6-3所示。其中，在成矿有利元素异常及排序一栏，元素后面括号中的数字表示某元素的异常数，如Cr(2)表示该异常带内有2个Cr元素异常，元素的先后顺序是按异常带内各元素异常规模由大到小进行排序的。

第六章 区域地球化学异常分布规律及其意义

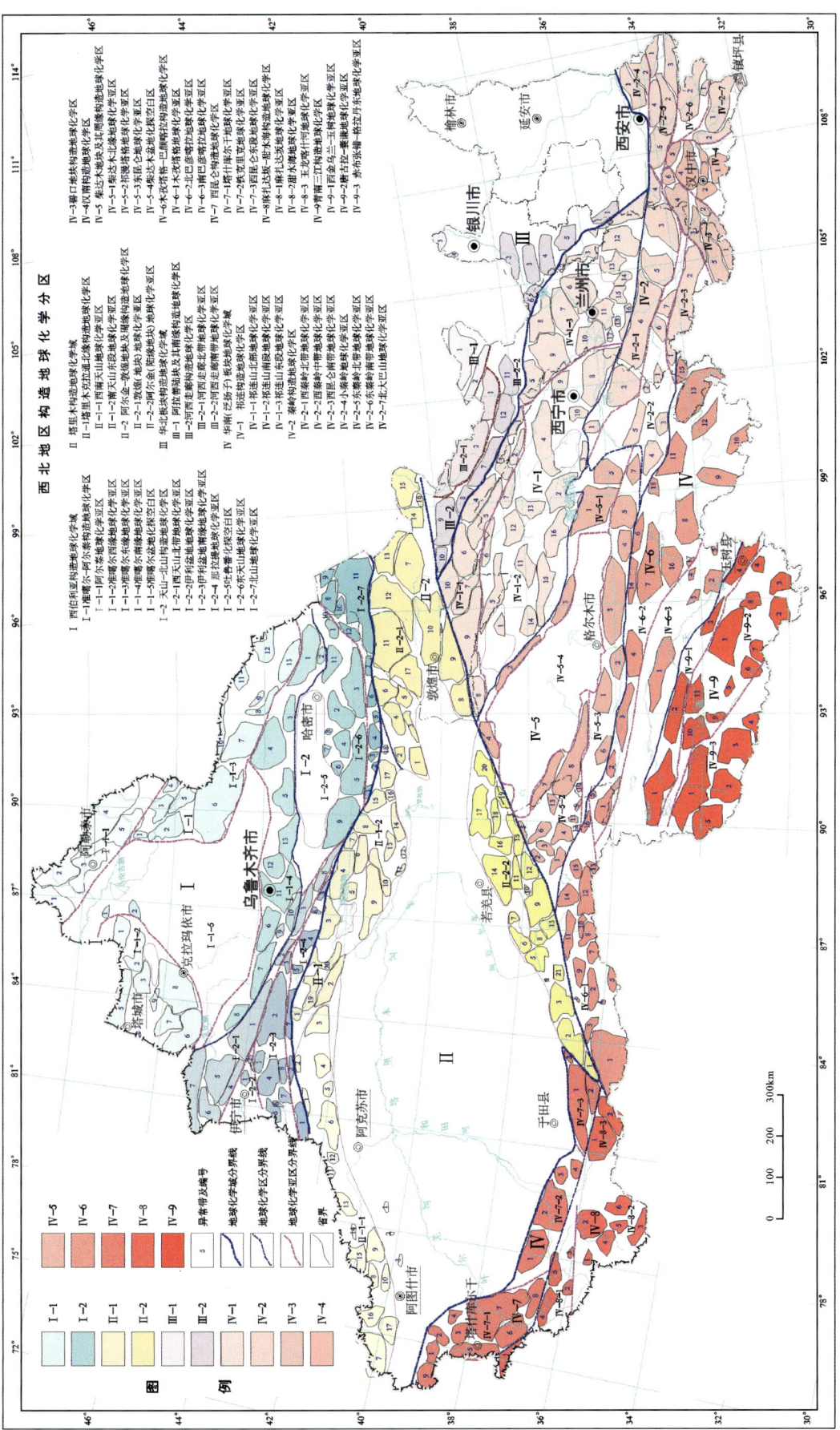

图6-3 西北地区异常带划分

表 6-3 地球化学异常带元素异常特征

序号	域	区	亚区	异常带	成矿有利元素异常（数量/个）及排序
1	Ⅰ 西伯利亚构造地球化学域	Ⅰ-1 准噶尔-阿尔泰构造地球化学区	Ⅰ-1-1 阿尔泰地球化学亚区	Ⅰ-1-1-1	Cr(2)、Ni(2)、Au(3)、Zn(3)、Cu(6)、Pb(7)、Co(1)、Ag(3)、As(3)、Mo(2)、W(2)、Sn(1)
2				Ⅰ-1-1-2	Au(4)、Ni(3)、Cr(4)、W(7)、Cu(4)、Ag(4)、Co(1)、Pb(5)、Zn(3)、Mo(3)、As(3)
3				Ⅰ-1-1-3	Mo(4)、W(2)、As(2)、Zn(2)、Pb(3)、Sn(1)、Ag(4)、Cu(3)、Ni(3)、Co(1)、Cr(1)
4				Ⅰ-1-1-4	W(7)、Au(6)、Ag(4)、Sn(6)、Mo(4)、As(3)、Pb(6)、Zn(7)、Co(6)、Ni(6)、Cr(6)、Cu(8)
5				Ⅰ-1-1-5	Pb(4)、Co(2)、Cr(3)、Zn(4)、Au(3)、Cu(2)、Ni(2)、Mo(3)、As(3)、Sn(3)、Ag(3)、W(1)
6			Ⅰ-1-2 准噶尔西缘地球化学亚区	Ⅰ-1-2-1	Co(3)、As(1)、Cu(2)、Au(4)、Mo(2)、Ag(3)、Ni(2)、Cr(2)、Sn(1)、W(1)、Zn(3)
7				Ⅰ-1-2-2	Mo(3)、Ag(4)、Sn(2)、W(2)、Au(3)、Pb(3)、Cr(2)、Zn(4)、Ni(1)、Co(2)、Cu(1)、As(1)
8				Ⅰ-1-2-3	Co(3)、Cu(2)、Sn(2)、Zn(3)、Ag(3)、Mo(2)、Ni(3)、Au(2)、Pb(1)、W(2)
9				Ⅰ-1-2-4	Pb(1)、Ag(1)
10				Ⅰ-1-2-5	As(1)、Co(2)、Zn(2)、Au(5)、Mo(4)、Ag(4)、Cu(1)、Cr(2)、Ni(1)
11				Ⅰ-1-2-6	Zn(1)、Ni(2)、As(1)、Cr(2)、Cu(2)、Co(5)、Au(5)、W(3)、Mo(5)、Pb(3)、Ag(1)
12				Ⅰ-1-2-7	Cu(3)、Co(1)、W(3)、Sn(2)、Au(2)、Mo(1)、Pb(1)、Ag(2)、As(1)、Ni(1)
13				Ⅰ-1-2-8	Au(3)、W(4)、Ag(3)、Mo(5)、Ni(2)、Pb(2)、Sn(3)、Cr(5)、As(11)、Cu(2)、Co(5)、Zn(3)
14				Ⅰ-1-2-9	Co(1)、As(1)、Mo(2)、Cu(2)、Zn(1)、Au(1)、Ni(1)
15			Ⅰ-1-3 准噶尔东缘地球化学亚区	Ⅰ-1-3-1	Pb(1)、Au(1)
16				Ⅰ-1-3-2	Sn(2)、Au(3)、Ag(4)、Co(4)、Cu(4)、Ni(1)、Cr(2)、As(2)、Mo(3)、Pb(2)、W(2)
17				Ⅰ-1-3-3	Cu(1)、Co(3)、Au(3)、Zn(1)、Cr(1)、Ag(3)、Sn(1)、As(2)、Mo(2)、Pb(1)、W(2)、Ni(1)
18				Ⅰ-1-3-4	Cu(1)、Co(2)、As(1)、Zn(1)、Ag(4)、Mo(1)、Cr(1)
19				Ⅰ-1-3-5	Ni(1)、Cr(3)、Au(3)、Sn(1)、As(4)、Mo(3)、Co(3)、Cu(2)、Zn(1)、W(1)、Ag(1)
20				Ⅰ-1-3-6	Sn(13)、Au(9)、Ni(6)、Ag(8)、Cr(5)、Mo(13)、As(13)、Cu(9)、W(10)、Co(4)、Pb(7)、Zn(5)
21				Ⅰ-1-3-7	Mo(4)、As(6)、Cr(4)、Ag(4)、Au(5)、W(2)、Cu(3)、Ni(3)、Sn(4)、Pb(1)、Co(1)、Zn(3)
22				Ⅰ-1-3-8	Ag(1)、Au(6)、W(2)、Cu(2)、As(3)、Mo(2)、Cr(2)、Co(1)、Sn(1)
23				Ⅰ-1-3-9	W(2)、Mo(2)、Au(1)、Cu(1)、As(2)

续表 6-3

序号	域	区	亚区	异常带	成矿有利元素异常（数量/个）及排序
24	Ⅰ 西伯利亚构造地球化学域	Ⅰ-1 准噶尔-阿尔泰构造地球化学区	Ⅰ-1-3 准噶尔东缘地球化学亚区	Ⅰ-1-3-10	Co(2)、Cu(2)、Zn(3)、Cr(2)、As(3)、Ni(1)、Mo(2)、W(1)
25				Ⅰ-1-3-11	Au(5)、Mo(3)、W(2)、Ag(1)
26				Ⅰ-1-3-12	Au(1)、Mo(2)、Ag(4)、As(3)、Cu(4)、Pb(1)
27				Ⅰ-1-3-13	Au(1)、Cr(1)、Ni(1)、As(3)、Ag(4)、W(4)、Pb(1)、Cu(1)、Mo(1)
28			Ⅰ-1-4 准噶尔南缘地球化学亚区	Ⅰ-1-4-1	W(4)、Pb(5)、Cr(3)、Sn(4)、Ni(2)、Cu(1)、Co(2)、Au(2)、Mo(2)、As(2)、Ag(2)、Zn(2)
29				Ⅰ-1-4-2	Mo(1)、Cu(1)、Ag(1)、Zn(1)、Co(1)
30				Ⅰ-1-4-3	Cr(3)、Ag(3)、Ni(4)、Sn(3)、W(2)、Co(3)、As(2)、Pb(2)、Zn(2)、Au(1)、Cu(1)
31				Ⅰ-1-4-4	Ni(4)、Cr(7)、Co(5)、Sn(8)、Mo(6)、Pb(8)、W(6)、Zn(7)、As(4)、Au(4)、Ag(3)、Cu(1)
32				Ⅰ-1-4-5	Cr(3)、W(1)、Ni(2)、Ag(2)、Cu(3)、Mo(1)、Au(2)、Sn(1)、Pb(1)、As(1)、Co(1)
33				Ⅰ-1-4-6	Pb(4)、Sn(2)、Mo(3)、Au(2)、Ag(2)、W(3)、Ni(2)、Cr(1)、As(2)
34				Ⅰ-1-4-7	Ni(2)、Au(5)、Cr(3)、Cu(4)、Co(3)、Ag(2)、Sn(2)、W(2)、Pb(3)、Mo(2)、Zn(1)、As(1)
35				Ⅰ-1-4-8	Mo(1)、Au(2)、Cu(1)、Ni(1)、Cr(1)、Ag(2)、Co(4)、Zn(2)、Pb(1)
36				Ⅰ-1-4-9	Ni(1)、Au(1)、Cr(1)、Co(1)、Cu(2)、Mo(1)
37				Ⅰ-1-4-10	Au(2)、Mo(1)、Ag(1)、Zn(2)、As(3)、W(1)、Co(1)、Sn(1)
38				Ⅰ-1-4-11	Ag(6)、Mo(4)、Zn(2)、Au(6)、Pb(4)、W(3)、Ni(4)、Sn(2)、As(1)、Co(2)
39				Ⅰ-1-4-12	Co(1)、Ni(1)、Cr(1)、Ag(2)、Mo(3)
40				Ⅰ-1-4-13	Pb(1)、Zn(1)、Cu(1)、Mo(1)、As(1)、Ag(7)、Ni(3)、Cr(2)、Co(2)、Sn(1)
41			Ⅰ-1-5 准噶尔盆地化探空白区	Ⅰ-1-5-1	Cu(2)、Co(1)、As(1)、Zn(1)
42				Ⅰ-1-5-2	Co(1)、Cu(1)、Cr(1)、Ni(2)、Sn(2)、As(2)、Au(2)、Zn(1)、Pb(1)
43		Ⅰ-2 天山-北山构造地球化学区	Ⅰ-2-1 西天山北带地球化学亚区	Ⅰ-2-1-1	W(3)、Sn(6)、Au(5)、Ni(5)、Cr(4)、As(5)、Co(4)、Mo(3)、Pb(6)、Cu(2)、Zn(2)、Ag(1)
44				Ⅰ-2-1-2	Sn(1)、As(3)、W(2)、Pb(2)、Au(2)、Ag(1)、Mo(1)、Cr(1)
45				Ⅰ-2-1-3	Cr(3)、Pb(2)、Co(2)、Sn(4)、Cu(2)、Ni(2)、Zn(2)、W(3)、Ag(2)、As(2)、Au(2)
46				Ⅰ-2-1-4	W(2)、Pb(2)、Sn(1)、Cu(3)、Ni(1)

续表 6-3

序号	域	区	亚区	异常带	成矿有利元素异常(数量/个)及排序
47	Ⅰ西伯利亚构造地球化学域	Ⅰ-2 天山-北山构造地球化学区	Ⅰ-2-1 西天山北带地球化学亚区	Ⅰ-2-1-5	As(3)、Zn(1)、Ag(2)、Mo(3)、Au(4)、Sn(2)、W(2)、Co(4)、Pb(6)、Cu(7)、Ni(3)、Cr(1)
48				Ⅰ-2-1-6	Pb(3)、Mo(2)、Sn(3)、Au(4)、As(2)、Ag(1)、Cu(2)、Ni(1)、Cr(1)、Co(2)、Zn(1)
49				Ⅰ-2-1-7	W(2)、Sn(4)、Co(3)、Mo(4)、Ag(3)、Cr(1)、Cu(5)、As(3)、Zn(5)、Au(7)、Pb(3)、Ni(3)
50				Ⅰ-2-1-8	Ni(1)、W(2)、Co(5)、Cr(3)、Pb(4)、Cu(3)、Au(2)、Zn(1)、Sn(2)、Ag(1)、Mo(1)、As(1)
51			Ⅰ-2-2 伊犁盆地地球化学亚区	Ⅰ-2-2-1	Au(1)、Sn(1)、Zn(1)
52				Ⅰ-2-2-2	Au(1)
53			Ⅰ-2-3 伊犁盆地南缘地球化学亚区	Ⅰ-2-3-1	Zn(1)、Cu(1)、Ag(1)、Co(1)、Pb(1)、Mo(1)、As(1)
54				Ⅰ-2-3-2	Co(4)、Au(8)、Pb(6)、Zn(7)、Ag(10)、Cu(7)、Sn(2)、Mo(6)、As(3)、Cr(6)、Ni(5)、W(5)
55				Ⅰ-2-3-3	Ni(1)、Cr(1)、Au(2)、Ag(1)、Mo(1)、Zn(1)
56				Ⅰ-2-3-4	Au(4)、Pb(3)、Mo(2)、Co(7)、Zn(5)、Ag(3)、Cu(5)、W(4)、As(2)、Ni(1)、Cr(3)
57				Ⅰ-2-3-5	Zn(1)、Au(3)、Cr(3)、Pb(1)、Cu(2)、Ni(2)、Co(3)、Mo(3)、Ag(1)
58				Ⅰ-2-3-6	W(1)、Ag(2)、Co(1)、Pb(1)
59				Ⅰ-2-3-7	Pb(1)、Cr(1)、Ni(1)、Sn(1)、As(1)、Co(2)、W(1)、Cu(1)、Ag(1)
60				Ⅰ-2-3-8	Au(2)、Sn(1)、W(3)、Pb(2)、Ag(2)、As(1)
61			Ⅰ-2-4 那拉提地球化学亚区	Ⅰ-2-4-1	Cr(1)、Ni(3)、Co(1)、Au(7)、W(1)、As(3)、Cu(4)、Pb(2)、Mo(2)、Zn(3)、Ag(1)、Sn(2)
62				Ⅰ-2-4-2	Pb(2)、Au(1)、W(1)、Cr(1)、Ni(1)
63				Ⅰ-2-4-3	Cu(3)、Ag(1)、Mo(1)、Zn(2)、Cr(1)
64				Ⅰ-2-4-4	Pb(2)、W(1)、Ag(2)、Cu(1)、Sn(1)、Au(1)、Zn(2)、Mo(1)、Co(1)
65				Ⅰ-2-4-5	W(1)、Pb(1)、Cr(1)
66				Ⅰ-2-4-6	Sn(1)、Cr(1)、Zn(1)、W(1)、Ag(1)
67				Ⅰ-2-4-7	Au(1)、Cr(2)、Ni(2)、Cu(3)、Sn(1)、Mo(2)、As(2)、W(1)、Ag(2)、Pb(2)、Zn(1)
68			Ⅰ-2-5 吐鲁番化探空白区		

续表6-3

序号	域	区	亚区	异常带	成矿有利元素异常(数量/个)及排序
69	Ⅰ西伯利亚构造地球化学域	Ⅰ-2天山-北山构造地球化学区	Ⅰ-2-6东天山地球化学亚区	Ⅰ-2-6-1	Ag(1)、Pb(1)、W(1)、Au(3)、Cr(2)、Cu(1)
70				Ⅰ-2-6-2	Au(4)、Cu(5)、As(3)、Co(2)、Sn(2)、Zn(2)、Cr(2)、Mo(5)、Ni(1)、Ag(1)、W(1)
71				Ⅰ-2-6-3	As(3)、Au(2)、Ag(4)、Co(7)、Cu(8)、Pb(3)、Zn(5)、W(6)、Sn(5)、Cr(3)、Ni(4)、Mo(3)
72				Ⅰ-2-6-4	Cu(1)、Zn(1)、Co(2)、Ni(1)、Cr(2)、Au(2)、Ag(1)
73				Ⅰ-2-6-5	Au(5)、As(5)、Zn(6)、Pb(6)、Mo(8)、Ag(7)、Cu(7)、W(5)、Sn(2)、Ni(3)、Co(2)、Cr(1)
74				Ⅰ-2-6-6	Ag(1)、Pb(1)、Cu(1)、Co(1)、Cr(1)
75				Ⅰ-2-6-7	Cu(1)、Co(1)、Zn(1)、Cr(2)、Au(1)、Ag(1)
76				Ⅰ-2-6-8	Cr(1)、Ni(1)、Sn(1)、Zn(1)、Co(1)、Cu(1)、Pb(1)
77				Ⅰ-2-6-9	As(5)、W(3)、Sn(4)、Mo(5)、Zn(4)、Ag(5)、Cu(3)、Pb(3)、Au(5)、Co(4)、Cr(4)、Ni(1)
78				Ⅰ-2-6-10	Mo(1)、W(1)、Cr(1)
79				Ⅰ-2-6-11	Sn(1)、W(1)、Mo(2)、Cr(3)、As(5)、Ni(1)、Ag(3)、Au(2)、Cu(2)、Co(2)、Pb(1)
80			Ⅰ-2-7北山地球化学亚区	Ⅰ-2-7-1	Sn(1)、Pb(1)、W(1)、Cu(1)、As(1)、Au(1)
81				Ⅰ-2-7-2	W(1)
82				Ⅰ-2-7-3	Cr(1)、Ni(1)、Co(1)
83				Ⅰ-2-7-4	Au(2)、W(3)、Sn(3)、Mo(1)、Cr(2)、As(2)、Co(1)、Pb(1)、Cu(1)
84				Ⅰ-2-7-5	W(1)、Mo(2)、As(2)、Pb(1)、Sn(1)
85				Ⅰ-2-7-6	W(1)、Au(2)、Co(1)、Mo(1)
86				Ⅰ-2-7-7	Pb(1)、Mo(1)
87				Ⅰ-2-7-8	Co(4)、Zn(6)、Cu(1)、Cr(2)、Au(5)、Ni(3)、Mo(6)、W(7)、Sn(12)、Ag(8)、Pb(3)、As(1)
88				Ⅰ-2-7-9	As(1)、Cu(3)、Ni(1)、Ag(3)、Mo(3)、Cr(2)、Au(5)、Zn(2)、Co(2)、Sn(2)、W(2)、Pb(1)
89				Ⅰ-2-7-10	W(2)、Pb(3)、Ag(4)、Zn(2)、Au(1)、As(1)、Sn(3)、Mo(2)、Ni(1)、Co(1)
90				Ⅰ-2-7-11	Co(14)、Cr(18)、Cu(19)、Au(27)、Zn(19)、Ni(15)、Mo(23)、Ag(28)、As(27)、Pb(33)、W(30)、Sn(42)
91				Ⅰ-2-7-12	W(1)、As(1)、Sn(2)、Ag(1)、Cr(1)、Pb(1)、Mo(1)

续表 6-3

序号	域	区	亚区	异常带	成矿有利元素异常(数量/个)及排序
92		Ⅰ-2 天山-北山构造地球化学区		Ⅱ-1	Mo(1)、Sn(1)、Ag(1)
93				Ⅱ-2	Au(1)、Ag(1)
94				Ⅱ-3	Cu(1)、Au(1)、Ag(1)
95			Ⅱ-1-1 西南天山地球化学亚区	Ⅱ-1-1-1	As(1)、Cu(1)、Au(3)、Ni(1)、Zn(2)
96				Ⅱ-1-1-2	Au(1)、Ni(1)、Cr(1)、Co(1)、As(1)、Zn(1)、Cu(1)
97				Ⅱ-1-1-3	Ni(1)、Cr(1)、Co(1)、As(3)、Cu(3)、Mo(1)、Au(2)、Pb(1)、Sn(1)
98				Ⅱ-1-1-4	As(2)、Sn(1)、Ni(2)、Cr(3)、Mo(1)、Pb(1)、Zn(1)、Au(2)、W(1)、Cu(1)
99	Ⅱ 塔里木构造地球化学域	Ⅱ-1 塔里木克拉通北缘构造地球化学区		Ⅱ-1-1-5	Sn(1)、W(2)、Mo(1)、Zn(2)、Pb(1)、Ag(1)
100				Ⅱ-1-1-6	Sn(5)、W(4)、Pb(5)、As(7)、Au(5)、Mo(5)、Ag(5)、Zn(4)、Cr(3)、Ni(2)、Co(3)、Cu(2)
101				Ⅱ-1-1-7	Co(3)、Cr(4)、Zn(3)、Ni(2)、Au(4)、Sn(6)、As(3)、Ag(3)、Cu(4)、Pb(3)、Mo(3)、W(2)
102				Ⅱ-1-1-8	Ni(1)、W(2)、Cr(1)、Zn(1)、Co(1)、Sn(1)、Pb(2)
103				Ⅱ-1-1-9	Cu(1)、Pb(1)、Zn(2)、Mo(2)、Sn(4)、Ag(2)、As(2)、W(2)、Co(2)、Ni(1)
104				Ⅱ-1-1-10	Ag(3)、Au(1)、Mo(1)、Sn(1)
105				Ⅱ-1-1-11	Mo(3)、Ni(1)、Au(1)、Ag(1)、Pb(1)、Sn(1)
106				Ⅱ-1-1-12	Mo(1)、Co(1)、Cu(1)、Au(1)、Sn(1)、Cr(1)、Ag(1)
107				Ⅱ-1-1-13	As(2)、Cr(1)、Au(2)、Zn(1)、W(1)、Co(1)、Ni(2)、Cu(2)、Sn(1)、Ag(2)、Pb(2)
108				Ⅱ-1-1-14	Cu(1)、Co(1)、Zn(1)、W(1)、Au(1)、Ni(1)、Cr(1)
109				Ⅱ-1-1-15	Au(2)、Cr(3)、Co(3)、Ni(2)、Mo(2)、Ag(1)、Zn(2)、Pb(1)、Sn(2)、As(1)、W(1)
110				Ⅱ-1-1-16	Ni(2)、Cu(2)、Ag(1)、Mo(2)、Co(2)、Au(1)、Pb(1)、As(1)、Cr(1)
111				Ⅱ-1-1-17	Pb(1)、W(1)、Ag(3)、Au(3)、Sn(2)、As(1)、Cu(3)、Zn(1)、Mo(1)
112			Ⅱ-1-2 南天山东段地球化学亚区	Ⅱ-1-2-1	Sn(1)、Mo(1)、W(1)、Pb(1)
113				Ⅱ-1-2-2	As(3)、W(2)、Mo(5)、Pb(2)、Ni(1)、Cu(3)、Co(3)、Ag(5)、Cr(2)、Sn(4)、Zn(1)、Au(3)
114				Ⅱ-1-2-3	Sn(1)、Cr(1)、Co(1)、Ni(1)、Au(2)、W(4)、Cu(1)、Pb(3)、Mo(2)、Ag(1)、As(2)、Zn(2)

续表 6-3

序号	域	区	亚区	异常带	成矿有利元素异常（数量/个）及排序
115	Ⅱ塔里木构造地球化学域	Ⅱ-1 塔里木克拉通北缘构造地球化学区	Ⅱ-1-2 南天山东段地球化学亚区	Ⅱ-1-2-4	Cr(1)、Ni(1)、Ag(5)、Pb(6)、Sn(1)、Co(2)、Mo(2)、W(2)、Zn(1)、As(1)、Au(2)、Cu(1)
116				Ⅱ-1-2-5	Pb(1)、Ag(2)、Sn(1)
117				Ⅱ-1-2-6	Pb(1)、W(2)、Mo(3)、Sn(2)、As(3)、Au(1)、Ag(1)、Cr(1)、Cu(2)
118				Ⅱ-1-2-7	Cu(2)、Zn(1)、Sn(1)、Mo(1)、Ag(1)、Co(1)、Ni(1)
119				Ⅱ-1-2-8	Au(1)、Mo(1)、Pb(2)、Ag(6)、Cu(2)、Zn(3)、As(1)、W(1)、Sn(1)、Co(1)
120				Ⅱ-1-2-9	Cr(4)、Ni(6)、Cu(3)、Co(4)、Zn(4)、Au(5)、Mo(3)、Pb(4)、Ag(4)、Sn(1)、W(1)
121				Ⅱ-1-2-10	Co(3)、Sn(2)、Cu(3)、W(3)、Zn(2)、Mo(1)、Ag(1)、Cr(1)
122				Ⅱ-1-2-11	Cu(1)、Mo(1)、Zn(1)、As(1)、Ag(1)、Sn(1)、Ni(2)、W(1)、Co(1)
123				Ⅱ-1-2-12	Mo(1)、Ag(1)、Zn(2)、Cu(1)、Co(1)
124				Ⅱ-1-2-13	Cu(2)、Au(1)、Pb(1)、Mo(1)、W(1)
125				Ⅱ-1-2-14	Mo(1)、Ni(2)、Co(2)、Zn(2)、Cr(2)、Cu(4)、Ag(2)、Sn(1)、As(2)、Pb(3)
126				Ⅱ-1-2-15	Au(3)、Pb(1)、Cu(2)、Mo(4)、W(1)、Ag(1)、As(1)
127				Ⅱ-1-2-16	Mo(1)、Ag(1)、Cu(1)、Zn(1)、Ni(1)、Cr(1)
128				Ⅱ-1-2-17	Mo(2)、Sn(1)、Pb(3)、Au(1)、Zn(3)、Ag(4)、Cr(1)、Ni(1)
129				Ⅱ-1-2-18	Au(1)、Mo(1)、Sn(1)、Pb(1)
130				Ⅱ-1-2-19	Au(2)、As(2)、Pb(1)、Cr(2)、Co(2)、Ni(3)、Zn(3)、Sn(1)、Cu(2)
131				Ⅱ-1-2-20	Pb(2)、Sn(3)、Cr(3)、Ni(1)、Au(5)、W(1)、Ag(1)、As(2)、Co(1)
132		Ⅱ-2 阿尔金-敦煌地块及周缘构造地球化学区	Ⅱ-2-1 敦煌（地块）地球化学亚区	Ⅱ-2-1-1	Cu(1)、Ni(1)、Co(1)、Au(1)、Cr(3)、As(1)、Zn(1)、W(1)、Mo(1)、Ag(1)
133				Ⅱ-2-1-2	Mo(1)、Sn(1)、Ni(3)、Cr(2)、Pb(1)、Cu(1)、Co(1)
134				Ⅱ-2-1-3	Zn(2)、Ni(3)、Au(1)、W(2)、Cr(1)
135				Ⅱ-2-1-4	Ni(1)、Au(1)、Zn(2)、Cr(2)、Ag(3)、W(2)、Cu(2)、Sn(5)、As(2)、Pb(2)、Mo(1)、Co(1)
136				Ⅱ-2-1-5	Co(1)、Cu(1)、Sn(3)、Zn(1)、Au(2)、As(2)
137				Ⅱ-2-1-6	Sn(3)、Au(1)、Pb(1)、Mo(2)、Cu(1)、Co(1)、As(2)、Ag(1)

续表6-3

序号	域	区	亚区	异常带	成矿有利元素异常(数量/个)及排序
138	Ⅱ塔里木构造地球化学域	Ⅱ-2 阿尔金-敦煌地块及周缘构造地球化学区	Ⅱ-2-1 敦煌(地块)地球化学亚区	Ⅱ-2-1-7	Pb(12)、Au(16)、W(15)、Cu(17)、Cr(11)、Ag(19)、As(10)、Co(15)、Sn(7)、Ni(10)、Zn(14)、Mo(6)
139				Ⅱ-2-1-8	Cu(5)、Cr(2)、Ag(13)、Au(11)、Sn(10)、W(4)、As(5)、Pb(11)、Ni(3)、Mo(4)、Zn(4)、Co(5)
140				Ⅱ-2-1-9	Pb(16)、Sn(12)、Au(11)、Co(8)、Ni(6)、Cu(6)、Cr(9)、W(9)、Zn(4)、Ag(18)、Mo(7)、As(6)
141				Ⅱ-2-1-10	Pb(10)、Au(17)、Cu(8)、Co(12)、As(9)、Ni(9)、Mo(10)、Ag(20)、W(11)、Cr(7)、Zn(10)、Sn(13)
142				Ⅱ-2-1-11	Ag(27)、Ni(13)、Cu(16)、Cr(13)、Zn(16)、Co(9)、As(16)、Sn(24)、Pb(15)、Au(21)、W(22)、Mo(13)
143				Ⅱ-2-1-12	Sn(11)、W(5)、Zn(5)、Pb(10)、Co(11)、Ag(20)、Cr(11)、Au(18)、Ni(10)、As(16)、Cu(7)、Mo(5)
144				Ⅱ-2-1-13	W(12)、Sn(5)、As(11)、Ag(10)、Mo(6)、Zn(8)、Cr(6)、Pb(4)、Co(9)、Ni(6)、Au(6)、Cu(5)
145				Ⅱ-2-1-14	W(4)、As(6)、Ag(6)、Au(12)、Ni(5)、Zn(7)、Mo(5)、Co(5)、Cr(5)、Sn(6)、Pb(5)、Cu(8)
146				Ⅱ-2-1-15	W(10)、Ag(15)、Sn(13)、Mo(13)、Pb(13)、Au(20)、Cu(9)、As(12)、Zn(8)、Co(9)、Ni(10)、Cr(18)
147				Ⅱ-2-1-16	Mo(1)、Au(5)、Cu(1)、Sn(1)、Ag(1)、Cr(1)、Co(2)、Ni(1)、Pb(3)、As(1)、Zn(1)、W(2)
148				Ⅱ-2-1-17	Cr(4)、Ni(3)、Co(3)、Sn(7)、Pb(7)、Zn(2)、W(5)、Ag(22)、As(3)、Cu(4)、Au(3)、Mo(6)
149			Ⅱ-2-2 阿尔金(陆缘地块)地球化学亚区	Ⅱ-2-2-1	Ag(1)、As(1)、Sn(1)、Cr(1)、Zn(2)、Cu(2)、Co(1)
150				Ⅱ-2-2-2	Co(2)、Cr(2)、Zn(2)、Cu(3)、Ni(1)、Mo(2)、Au(3)、As(4)、Pb(2)、W(4)、Ag(3)、Sn(2)
151				Ⅱ-2-2-3	Ag(3)、As(2)、Au(3)、Mo(2)、Sn(3)、Cu(4)、Zn(3)、W(2)、Cr(4)、Pb(2)、Co(1)、Ni(1)
152				Ⅱ-2-2-4	Co(1)、Cr(1)、Au(1)、Ni(1)、Ag(1)
153				Ⅱ-2-2-5	Ni(1)、Cr(1)、Co(1)、Mo(4)、Cu(1)、Au(2)、W(2)、Pb(2)、Ag(1)、Zn(2)、As(1)、Sn(1)
154				Ⅱ-2-2-6	W(2)、Sn(2)、Mo(2)、Cr(2)、Cu(1)、Pb(3)、Ni(1)、Ag(1)、Co(3)、Zn(2)
155				Ⅱ-2-2-7	As(2)、Mo(1)、Sn(1)、Cr(2)、W(4)、Pb(1)、Ni(1)、Cu(1)、Co(2)、Zn(2)、Ag(1)
156				Ⅱ-2-2-8	Cu(1)、Cr(1)、Pb(3)、Zn(1)、Co(1)、Ni(1)、W(1)、As(1)
157				Ⅱ-2-2-9	Pb(2)、Au(3)、Sn(2)、Cr(4)、Co(4)、Mo(5)、As(4)、Ni(5)、Cu(4)、Zn(4)、Ag(3)、W(4)
158				Ⅱ-2-2-10	Mo(1)、W(1)、Au(1)、Cr(1)
159				Ⅱ-2-2-11	Cr(1)、Ni(2)、Co(1)、Mo(2)、Au(1)、Cu(2)、Zn(1)
160				Ⅱ-2-2-12	W(2)、Sn(3)、Mo(1)、Ag(1)、Cr(1)、Co(2)、Ni(1)、Au(1)

续表 6-3

序号	域	区	亚区	异常带	成矿有利元素异常(数量/个)及排序
161	Ⅱ塔里木构造地球化学域	Ⅱ-2阿尔金-敦煌地块及周缘构造地球化学区	Ⅱ-2-2阿尔金(陆缘地块)地球化学亚区	Ⅱ-2-2-13	Ag(1)、Cu(1)、Mo(1)、Zn(1)、Ni(2)、Cr(1)、Au(3)、Co(2)、W(2)
162				Ⅱ-2-2-14	Sn(2)、Pb(2)、W(8)、Mo(5)、Au(1)、As(2)、Cr(1)
163				Ⅱ-2-2-15	Cr(2)、Au(4)、Ni(2)、Mo(3)、Co(2)、Cu(2)、Zn(1)、Sn(1)、W(2)
164				Ⅱ-2-2-16	W(2)、Au(3)、Cr(1)、Zn(1)、Sn(1)
165				Ⅱ-2-2-17	Cr(2)、Au(8)、Ni(1)、W(4)、Mo(8)、Co(1)、Cu(2)、Zn(4)、Pb(2)、As(2)、Ag(3)、Sn(2)
166				Ⅱ-2-2-18	Au(5)、Ag(1)、Co(1)、Mo(2)、Cu(1)、Sn(1)、Cr(1)、Ni(1)、As(1)
167				Ⅱ-2-2-19	Cr(1)、Cu(3)、Ni(3)、Co(3)、As(3)、W(2)、Sn(2)、Zn(2)、Mo(4)、Pb(1)、Au(2)
168				Ⅱ-2-2-20	Au(2)、Mo(2)、Cr(3)、Zn(4)、Cu(3)、Sn(2)、As(3)、Ag(2)、Co(3)、Ni(1)、Pb(3)、W(1)
169				Ⅱ-2-2-21	Cu(1)、Ag(2)、Mo(1)、Au(1)、As(1)、Cr(1)、Ni(1)
170	Ⅲ华北板块构造地球化学域	Ⅲ-1阿拉善陆块及其南缘构造地球化学区		Ⅲ-1-1	W(19)、Ni(13)、Mo(9)、Cr(13)、As(10)、Cu(15)、Co(12)、Ag(13)、Zn(13)、Pb(14)、Sn(14)、Au(7)
171				Ⅲ-1-2	W(4)、Ni(6)、Zn(7)、Cr(3)、As(7)、Mo(5)、Au(3)、Pb(9)、Co(5)、Sn(7)、Cu(8)、Ag(5)
172				Ⅲ-1-3	Au(7)、Co(4)、Mo(3)、W(4)、Ni(6)、Cu(6)、As(4)、Zn(4)、Cr(7)、Ag(5)、Pb(6)
173				Ⅲ-1-4	Co(4)、Au(2)、Cr(4)、W(2)、Pb(3)、Cu(3)、Ni(3)、Zn(4)、As(2)、Mo(1)、Ag(1)
174		Ⅲ-2河西走廊构造地球化学区	Ⅲ-2-1河西走廊北带地球化学亚区	Ⅲ-2-1-1	Zn(7)、Mo(6)、Ni(5)、Cu(5)、Pb(7)、Sn(7)、Cr(7)、W(6)、Co(11)、Ag(9)、Au(9)、As(5)
175				Ⅲ-2-1-2	Cr(3)、Zn(14)、Ni(10)、Mo(14)、Co(13)、W(13)、Sn(26)、Cu(12)、Pb(26)、Au(16)、Ag(24)、As(14)
176				Ⅲ-2-1-3	Cu(5)、Au(6)、Ag(6)、Cr(7)、Zn(5)、Mo(5)、Co(7)、Pb(3)、W(3)、Ni(6)、Sn(4)、As(4)
177			Ⅲ-2-2河西走廊南带地球化学亚区	Ⅲ-2-2-1	Au(5)、Sn(7)、Mo(5)、W(4)、As(2)、Pb(2)、Cu(3)、Ag(5)、Cr(2)、Ni(1)、Co(1)、Zn(1)
178				Ⅲ-2-2-2	Au(12)、Zn(15)、Mo(10)、Co(11)、Ni(12)、Pb(11)、Sn(14)、Cr(8)、Cu(9)、As(9)、Ag(17)、W(5)
179				Ⅲ-2-2-3	As(7)、Pb(8)、Mo(10)、Sn(8)、Au(16)、Zn(15)、Cu(9)、Co(9)、Ni(5)、Cr(7)、Ag(10)、W(13)
180				Ⅲ-2-2-4	Au(13)、Mo(11)、Cu(11)、Ag(10)、Cr(11)、Ni(10)、Co(11)、Zn(12)、Pb(19)、Sn(15)、W(6)、As(6)
181				Ⅲ-2-2-5	Mo(8)、Ag(9)、W(2)、Sn(6)、Co(11)、As(5)、Cu(8)、Zn(8)、Cr(8)、Ni(11)、Pb(5)、Au(14)
182				Ⅲ-2-2-6	Zn(11)、Sn(7)、Ni(7)、Pb(5)、Ag(11)、Mo(6)、Cr(3)、As(7)、Co(8)、W(6)、Au(7)、Cu(7)
183				Ⅲ-2-2-7	W(7)、Pb(6)、Sn(13)、Au(11)、Mo(8)、Ag(9)、As(9)、Co(4)、Zn(4)、Cr(3)、Cu(8)

续表 6-3

序号	域	区	亚区	异常带	成矿有利元素异常(数量/个)及排序
184	Ⅲ华北板块构造地球化学域	Ⅲ-2河西走廊构造地球化学区	Ⅲ-2-2河西走廊南带地球化学亚区	Ⅲ-2-2-8	W(4)、Au(6)、Co(3)、Sn(3)、As(2)、Ag(3)、Cu(3)、Mo(1)、Ni(1)、Pb(1)
185				Ⅲ-2-2-9	Mo(2)、Au(20)、Cr(8)、Ag(15)、Ni(7)、Pb(14)、Zn(9)、Cu(9)、Co(12)、As(6)、W(10)、Sn(5)
186				Ⅲ-2-2-10	Au(2)、Mo(1)、W(2)、Ag(1)、Sn(3)、As(2)、Pb(3)、Cr(1)、Co(1)、Zn(1)、Cu(1)
187				Ⅲ-2-2-11	W(5)、Cr(5)、Pb(6)、Zn(6)、Mo(5)、Ag(4)、Co(5)、Au(7)、Cu(7)、Sn(4)、Ni(8)、As(6)
188				Ⅲ-2-2-12	Sn(5)、Ag(9)、As(6)、W(5)、Cu(4)、Pb(7)、Mo(7)、Au(8)、Cr(3)、Co(3)、Ni(1)、Zn(2)
189	Ⅳ华南(泛扬子)板块地球化学域	Ⅳ-1祁连构造地球化学区	Ⅳ-1-1祁连山北部地球化学亚区	Ⅳ-1-1-1	As(4)、Cu(5)、Au(5)、Sn(3)、Mo(3)、Zn(4)、Co(4)、Ag(5)、W(3)、Ni(3)、Cr(1)、Pb(1)
190				Ⅳ-1-1-2	Ni(8)、Mo(4)、Cr(6)、Cu(2)、As(3)、Au(7)、Co(4)、W(3)、Zn(3)、Pb(3)、Sn(3)、Ag(4)
191				Ⅳ-1-1-3	Cr(3)、Ni(3)、Au(7)、Cu(3)、Zn(8)、As(5)、Pb(10)、Mo(13)、Co(5)、Ag(8)、Sn(6)、W(6)
192				Ⅳ-1-1-4	Ni(8)、Cu(4)、Au(10)、Sn(12)、Pb(6)、Co(4)、W(10)、Zn(7)、As(11)、Ag(9)、Mo(13)、Cr(4)
193				Ⅳ-1-1-5	Cr(7)、Cu(2)、Co(7)、As(7)、Mo(10)、Au(18)、Ni(3)、Zn(12)、Ag(9)、Pb(7)、Sn(10)、W(8)
194				Ⅳ-1-1-6	Sn(11)、Cr(9)、Ni(10)、Co(13)、Cu(9)、As(18)、Mo(17)、Zn(12)、Ag(21)、W(8)、Pb(11)、Au(8)
195				Ⅳ-1-1-7	Sn(9)、Mo(6)、Co(6)、Zn(10)、Pb(4)、Cu(7)、As(6)、Ni(6)、W(3)、Ag(16)、Cr(8)、Au(15)
196				Ⅳ-1-1-8	As(4)、W(11)、Zn(3)、Cu(7)、Mo(6)、Co(8)、Cr(9)、Ni(7)、Pb(8)、Sn(6)、Ag(9)、Au(9)
197				Ⅳ-1-1-9	W(17)、Cr(18)、Sn(22)、Mo(19)、Pb(25)、As(12)、Ni(19)、Au(19)、Ag(30)、Cu(15)、Co(15)、Zn(18)
198				Ⅳ-1-1-10	Cr(10)、Ni(6)、Cu(6)、Co(5)、Zn(9)、Au(23)、Pb(11)、Mo(5)、Ag(10)、Sn(11)、As(13)、W(5)
199			Ⅳ-1-2祁连山南段地球化学亚区	Ⅳ-1-2-1	Cr(1)、Ni(1)、Cu(2)、Co(1)、As(1)、Au(2)、Zn(1)、Mo(2)、W(1)、Ag(2)、Pb(1)
200				Ⅳ-1-2-2	Cu(10)、As(6)、Co(4)、Mo(7)、Cr(5)、Ni(6)、Au(6)、Sn(4)、W(5)、Zn(5)、Ag(7)、Pb(4)
201				Ⅳ-1-2-3	W(2)、Cr(3)、As(1)、Sn(3)、Cu(1)、Co(3)、Ag(3)、Ni(1)、Mo(1)、Pb(1)、Zn(1)
202				Ⅳ-1-2-4	Au(6)、W(8)、Cu(10)、Mo(5)、As(9)、Cr(6)、Sn(5)、Ni(8)、Co(7)、Ag(9)、Pb(9)、Zn(7)
203				Ⅳ-1-2-5	Ni(5)、Cu(6)、Co(9)、As(16)、Cr(5)、Au(18)、Zn(8)、Sn(10)、W(12)、Ag(12)、Pb(11)、Mo(7)
204				Ⅳ-1-2-6	As(4)、Mo(6)、Sn(4)、Au(4)、W(4)、Cu(6)、Ni(2)、Ag(5)、Cr(2)、Pb(1)、Zn(1)
205				Ⅳ-1-2-7	Mo(5)、W(2)、Sn(3)、As(1)、Ag(2)、Cu(2)、Co(2)、Pb(1)、Au(3)、Zn(1)
206				Ⅳ-1-2-8	Cr(3)、Au(8)、Cu(7)、Ni(2)、Co(3)、As(5)、Sn(6)、Mo(11)、Ag(12)、Zn(10)、W(7)、Pb(4)

续表 6-3

序号	域	区	亚区	异常带	成矿有利元素异常（数量/个）及排序
207	Ⅳ 华南（泛扬子）板块地球化学域	Ⅳ-1 祁连构造地球化学区	Ⅳ-1-2 祁连山南段地球化学亚区	Ⅳ-1-2-9	Mo(6)、Au(6)、Cr(2)、Ag(4)、As(6)、Cu(3)、Ni(3)、Pb(2)、Zn(2)、Co(3)、Sn(2)、W(3)
208				Ⅳ-1-2-10	Mo(3)、Co(3)、W(1)、Cu(4)、Ni(2)、Ag(1)、Cr(1)、Zn(4)、Au(2)、As(3)、Sn(2)
209				Ⅳ-1-2-11	Cu(5)、Sn(1)、Cr(7)、Au(5)、As(4)、Ni(5)、Co(5)、Zn(4)、Mo(4)、W(4)、Pb(3)、Ag(2)
210				Ⅳ-1-2-12	Cu(6)、As(7)、Zn(5)、Pb(9)、Ag(5)、Co(4)、Cr(6)、W(5)、Mo(5)、Au(6)、Ni(3)、Sn(1)
211				Ⅳ-1-2-13	W(6)、Au(5)、Cu(5)、As(5)、Cr(5)、Mo(7)、Ni(9)、Sn(2)、Ag(7)、Pb(2)、Co(3)、Zn(2)
212				Ⅳ-1-2-14	W(1)、Sn(2)、Mo(2)、As(1)、Ag(2)、Pb(1)
213				Ⅳ-1-2-15	Cu(5)、Zn(4)、Ni(4)、Cr(7)、Au(11)、Co(6)、Mo(6)、As(6)、Pb(5)、W(9)、Ag(6)、Sn(2)
214				Ⅳ-1-2-16	Cu(9)、Mo(8)、W(8)、Ni(8)、As(6)、Cr(10)、Co(5)、Pb(10)、Au(8)、Ag(8)、Zn(9)、Sn(7)
215			Ⅳ-1-3 祁连山东段地球化学亚区	Ⅳ-1-3-1	Au(8)、Cr(5)、Cu(11)、Co(12)、Mo(8)、Ag(5)、Zn(8)、Ni(6)、W(6)、Pb(8)、Sn(15)、As(4)
216				Ⅳ-1-3-2	Au(1)、Cu(2)、Cr(2)、Co(2)、Ni(3)、Ag(3)、Pb(3)、As(4)、Zn(2)、W(2)、Sn(3)、Mo(5)
217				Ⅳ-1-3-3	W(10)、As(6)、Mo(7)、Zn(8)、Ag(10)、Sn(9)、Au(10)、Cr(10)、Ni(5)、Co(7)、Pb(12)、Cu(6)
218				Ⅳ-1-3-4	Mo(4)、Ni(3)、W(2)、Cr(2)、Ag(1)、Co(2)、Zn(3)、Sn(3)、Cu(3)、Pb(2)、As(4)、Au(2)
219				Ⅳ-1-3-5	Au(17)、Cu(17)、Mo(8)、Pb(2)、W(13)、Sn(11)、As(10)、Ag(12)、Ni(14)、Cr(8)、Zn(16)、Co(9)
220				Ⅳ-1-3-6	Ni(9)、Sn(11)、Ag(17)、As(5)、W(12)、Mo(9)、Pb(6)、Cr(8)、Au(11)、Co(10)、Zn(11)、Cu(8)
221				Ⅳ-1-3-7	As(8)、Au(13)、Cu(10)、Zn(7)、Ag(12)、Pb(8)、Mo(9)、Co(8)、W(15)、Sn(16)、Ni(11)、Cr(9)
222				Ⅳ-1-3-8	Ni(6)、Cr(4)、Co(8)、As(11)、Sn(13)、W(12)、Mo(10)、Au(12)、Cu(8)、Ag(13)、Zn(5)
223				Ⅳ-1-3-9	Ag(19)、Ni(7)、Co(12)、W(11)、Cr(15)、Cu(13)、Mo(18)、Sn(21)、Au(24)、As(15)、Zn(15)、Pb(6)
224				Ⅳ-1-3-10	Zn(6)、Cu(7)、Ag(10)、Co(3)、As(4)、Mo(9)、Cr(8)、Sn(4)、Au(12)、Ni(8)、Pb(4)、W(7)
225				Ⅳ-1-3-11	Cr(5)、Ni(7)、Mo(4)、Cu(5)、Zn(9)、Co(4)、W(6)、Sn(12)、Au(11)、As(8)、Pb(9)、Ag(4)
226				Ⅳ-1-3-12	Mo(20)、As(12)、Au(23)、Ag(19)、Zn(13)、Cu(14)、Ni(9)、Sn(13)、Co(7)、Pb(14)、W(7)、Cr(10)
227				Ⅳ-1-3-13	Ag(6)、Mo(8)、Au(13)、W(6)、Pb(5)、Cr(7)、As(7)、Zn(8)、Co(5)、Cu(7)、Sn(12)、Ni(5)
228				Ⅳ-1-3-14	Zn(5)、Sn(6)、W(5)、Mo(4)、Co(2)、Ni(5)、Pb(3)、As(4)、Cu(4)、Cr(4)、Au(4)、Ag(4)
229				Ⅳ-1-3-15	Ag(2)、Pb(1)、W(3)、Sn(8)、Au(4)、Mo(3)、As(2)、Zn(3)、Ni(3)、Cr(1)、Co(1)、Cu(1)

续表 6-3

序号	域	区	亚区	异常带	成矿有利元素异常(数量/个)及排序
230	Ⅳ 华南（泛扬子）板块地球化学域	Ⅳ-1 祁连构造地球化学区	Ⅳ-1-3 祁连山东段地球化学亚区	Ⅳ-1-3-16	Ag(4)、Pb(3)、Sn(4)、Au(6)、W(4)、Cu(3)、Zn(3)、Mo(1)、As(1)
231				Ⅳ-1-3-17	Au(1)、Mo(3)、Ni(1)、W(1)、As(1)、Zn(1)
232				Ⅳ-1-3-18	
233		Ⅳ-2 秦岭构造地球化学区	Ⅳ-2-1 西秦岭北带地球化学亚区	Ⅳ-2-1-1	W(1)、As(1)、Sn(1)、Au(1)、Cu(2)、Pb(2)、Ag(1)、Ni(1)、Cr(1)、Co(1)、Zn(1)、Mo(1)
234				Ⅳ-2-1-2	As(11)、Au(8)、W(10)、Ag(9)、Sn(8)、Cu(14)、Pb(10)、Mo(8)、Cr(3)、Ni(2)、Co(3)、Zn(5)
235				Ⅳ-2-1-3	Au(19)、Ag(9)、Pb(13)、W(20)、Zn(5)、Sn(24)、Cu(8)、As(10)、Cr(9)、Mo(12)、Co(11)、Ni(6)
236				Ⅳ-2-1-4	Mo(4)、Zn(5)、Ag(8)、W(6)、Pb(4)、Sn(9)、Cr(6)、Cu(6)、Co(6)、As(3)、Au(1)、Ni(1)
237				Ⅳ-2-1-5	W(6)、Ag(8)、Au(23)、Sn(7)、As(9)、Pb(15)、Zn(13)、Mo(7)、Cu(8)、Co(12)、Cr(5)、Ni(6)
238				Ⅳ-2-1-6	As(20)、Au(27)、Pb(22)、Zn(18)、Mo(19)、Cr(16)、Sn(24)、Cu(27)、W(13)、Ag(41)、Ni(12)、Co(12)
239			Ⅳ-2-2 西秦岭中带地球化学亚区	Ⅳ-2-2-1	Ag(4)、Co(1)、Pb(2)、Au(3)、Sn(1)、Mo(2)、W(1)、Ni(1)
240				Ⅳ-2-2-2	Mo(1)、Au(1)、W(1)
241				Ⅳ-2-2-3	Au(2)、W(3)、As(3)、Ag(4)、Cu(2)、Pb(1)、Cr(1)
242				Ⅳ-2-2-4	As(6)、Au(8)、Ag(6)、Pb(1)、Mo(1)、W(1)、Cu(1)
243				Ⅳ-2-2-5	W(2)、As(3)、Au(6)、Ag(8)、Mo(3)、Sn(3)、Cu(2)、Pb(1)
244				Ⅳ-2-2-6	Sn(2)、Zn(4)、Ag(1)、Pb(8)、Au(4)、Ni(2)、Co(3)、As(1)、Cu(1)
245				Ⅳ-2-2-7	Sn(3)、Zn(5)、Au(3)、Ag(6)、Pb(5)、As(4)、W(1)、Mo(2)、Co(1)、Cu(1)
246			Ⅳ-2-3 西昆仑南带地球化学亚区	Ⅳ-2-3-1	As(3)、Au(4)、Sn(6)、Pb(3)、W(2)、Ag(3)、Zn(2)、Co(3)、Mo(1)、Ni(2)、Cu(2)
247				Ⅳ-2-3-2	Mo(4)、Ag(12)、As(17)、Au(35)、Cu(6)、Zn(11)、Ni(9)、Pb(22)、Sn(24)、W(18)、Co(12)、Cr(19)
248			Ⅳ-2-4 小秦岭地球化学亚区	Ⅳ-2-4-1	Mo(6)、Au(7)、W(6)、Pb(7)、Ag(10)、Cr(7)、Sn(3)、Zn(6)、Co(10)、Cu(6)、As(2)
249				Ⅳ-2-4-2	Zn(8)、Ag(5)、Au(2)、Cu(9)、Co(6)、As(5)、Pb(5)、Cr(4)、Sn(7)、W(3)
250			Ⅳ-2-5 东秦岭北带地球化学亚区	Ⅳ-2-5-1	Cr(4)、W(3)、Mo(3)、Co(5)、Zn(2)、Au(5)、Cu(8)、Ag(1)、Pb(4)、Sn(3)
251				Ⅳ-2-5-2	Au(14)、Mo(4)、W(8)、Cu(2)、Ag(8)、Cr(2)、Co(8)、Pb(8)、Sn(13)、Zn(12)、As(5)
252				Ⅳ-2-5-3	Mo(6)、Ag(4)、Zn(8)、Pb(6)、Au(9)、Co(5)、W(9)、Cu(11)、As(5)、Sn(5)、Cr(2)

续表 6-3

序号	域	区	亚区	异常带	成矿有利元素异常（数量/个）及排序
253	Ⅳ 华南（泛扬子）板块地球化学域	Ⅳ-2 秦岭构造地球化学区	Ⅳ-2-5 东秦岭北带地球化学亚区	Ⅳ-2-5-4	Au(8),W(3),Cr(4),Mo(1),Zn(7),Co(8),Cu(9),Pb(5),Ag(3),As(1),Sn(1)
254				Ⅳ-2-5-5	Au(4),Mo(2),W(9),Cu(14),Cr(6),Ag(7),Co(7),Sn(14),As(4),Pb(8),Zn(7)
255			Ⅳ-2-6 东秦岭南带地球化学亚区	Ⅳ-2-6-1	Mo(1),Ag(2),Cu(4),Zn(5),Au(2),Cr(1),Co(1),W(1),Sn(1)
256				Ⅳ-2-6-2	Mo(10),Au(11),Cr(6),Ag(11),Co(8),Zn(23),Sn(8),Cu(12),Pb(8),W(8),As(8)
257			Ⅳ-2-7 北大巴山地球化学亚区	Ⅳ-2-7-1	Mo(4),Ag(4),Au(17),Zn(14),Cu(12),Cr(5),Co(22),W(4),Pb(8),As(4),Sn(12)
258				Ⅳ-2-7-2	Ag(4),W(4),Zn(10),Pb(3),Au(6),Cr(5),Cu(12),As(7),Sn(4),Co(3),Mo(1)
259				Ⅳ-2-7-3	Ag(1),Zn(2),Cu(2),Au(1),As(3),Co(3),Cr(1),Sn(2),Mo(1),Pb(1)
260		Ⅳ-3 碧口地块构造地球化学区		Ⅳ-3-1	Au(22),Cu(8),Co(8),Ag(4),Pb(5),Mo(2),Zn(5),W(10),Sn(11),Cr(6),Ni(5),As(3)
261				Ⅳ-3-2	Cr(3),Au(1),Mo(2),Co(1),Zn(3),As(2),Cu(2),Ag(1),W(2)
262				Ⅳ-3-3	Mo(4),Cu(6),Au(5),Ag(3),Sn(5),Zn(6),Cr(1),As(2),Co(4),W(5),Ni(3),Pb(1)
263				Ⅳ-3-4	Mo(3),Ag(4),As(5),Au(10),W(7),Zn(14),Cr(5),Cu(8),Pb(12),Sn(14),Co(13),Ni(3)
264				Ⅳ-3-5	Cu(11),Au(17),Zn(12),As(7),Mo(6),Ni(5),Cr(8),W(6),Pb(12),Co(12),Sn(12),Ag(8)
265				Ⅳ-3-6	Au(2),Cr(1),Ag(1),Co(4),As(2),Mo(1),Sn(2),W(3),Cu(2),Zn(1)
266		Ⅳ-4 汉南构造地球化学区		Ⅳ-4-1	Mo(3),Cr(8),Cu(10),Co(7),As(3),W(6),Pb(5),Sn(3),Au(4),Ag(4),Zn(5)
267				Ⅳ-4-2	Mo(1),Au(4),Ag(4),W(3),As(3),Sn(3),Co(2),Pb(4),Zn(3),Cr(1),Cu(2)
268				Ⅳ-4-3	Au(2),Co(3),Zn(3),Cu(5),Ag(1),W(1),As(2),Cr(1)
269				Ⅳ-4-4	Mo(6),W(8),Cu(10),Cr(7),Ag(10),Au(13),Co(6),Sn(17),Pb(8),Zn(10),As(5)
270				Ⅳ-4-5	Mo(5),Ag(4),Cr(4),Zn(6),Cu(7),Co(4),W(4),Pb(1),Sn(4),As(1)
271		Ⅳ-5 柴达木地块及其周缘构造地球化学区	Ⅳ-5-1 柴达木北缘地球化学亚区	Ⅳ-5-1-1	Au(12),Cr(12),W(16),Cu(11),As(13),Sn(9),Mo(11),Ni(12),Pb(12),Ag(16),Co(12),Zn(8)
272				Ⅳ-5-1-2	Cr(4),Cu(6),Ni(4),Mo(6),Co(4),Au(11),W(5),Zn(3),As(4),Pb(6),Sn(3),Ag(4)
273				Ⅳ-5-1-3	Pb(3),Zn(5),Mo(6),Cu(4),As(2),Cr(5),W(6),Ni(6),Au(8),Ag(2),Sn(4),Co(3)
274				Ⅳ-5-1-4	W(6),Sn(4),Cu(4),Mo(3),Cr(6),Pb(5),Au(2),Ag(3),Zn(1),Ni(3),Co(4),As(2)
275				Ⅳ-5-1-5	As(4),Ag(7),Mo(5),Pb(7),Au(6),Sn(5),W(4),Cu(7),Zn(5),Co(3),Ni(1),Cr(1)

续表 6-3

序号	域	区	亚区	异常带	成矿有利元素异常(数量/个)及排序
276	Ⅳ 华南(泛扬子)板块地球化学域	Ⅳ-5 柴达木地块及其周缘构造地球化学区	Ⅳ-5-2 祁漫塔格地球化学亚区	Ⅳ-5-2-1	Mo(3)、As(2)、Ag(3)、Zn(2)、W(1)、Au(1)
277				Ⅳ-5-2-2	W(3)、Pb(1)、Au(1)
278				Ⅳ-5-2-3	Mo(2)、W(1)、Ag(1)、Au(2)、Sn(2)、Cr(1)、Ni(1)、Co(1)
279				Ⅳ-5-2-4	Ag(1)、W(4)、Sn(2)、Mo(1)、Au(2)、Cu(1)、As(1)
280				Ⅳ-5-2-5	W(1)、Sn(1)、Ag(1)
281				Ⅳ-5-2-6	W(2)、Mo(1)、Cu(1)、Sn(1)、Au(2)、Ag(1)、Pb(1)
282				Ⅳ-5-2-7	Cu(3)、Cr(4)、Sn(4)、Ni(5)、Pb(5)、Au(5)、W(8)、As(2)、Co(3)、Ag(3)、Mo(3)、Zn(1)
283				Ⅳ-5-2-8	Ag(10)、Sn(12)、Mo(11)、Pb(8)、W(15)、Cu(13)、Zn(15)、As(12)、Co(13)、Cr(13)、Au(11)、Ni(8)
284				Ⅳ-5-2-9	Pb(1)、Au(1)
285				Ⅳ-5-2-10	Cu(1)、Mo(2)、Sn(1)、Ag(1)、Co(1)、W(1)
286				Ⅳ-5-2-11	Ag(1)、W(1)、Mo(1)、Au(1)
287				Ⅳ-5-2-12	Au(1)
288				Ⅳ-5-2-13	W(1)、Pb(2)、As(1)
289			Ⅳ-5-3 东昆仑地球化学亚区	Ⅳ-5-3-1	Mo(6)、W(7)、As(2)、Sn(4)、Ag(3)、Au(2)、Pb(2)、Cu(1)
290				Ⅳ-5-3-2	Cu(4)、Mo(2)、Sn(2)、Au(5)、Cr(3)、As(2)、Ni(4)、Ag(3)、Co(2)、Pb(3)、W(1)
291				Ⅳ-5-3-3	Sn(5)、Mo(10)、Cu(12)、Au(11)、As(10)、Pb(9)、W(12)、Cr(11)、Ni(9)、Co(9)、Ag(13)、Zn(8)
292				Ⅳ-5-3-4	Sn(4)、W(2)、Cu(5)、Mo(6)、Pb(3)、Co(3)、Zn(2)、Cr(5)、Ag(4)、Ni(3)、As(3)、Au(4)
293				Ⅳ-5-3-5	W(9)、Au(8)、Cu(4)、Cr(8)、Ni(6)、Sn(6)、Mo(8)、Ag(8)、Co(10)、Zn(6)、Pb(7)、As(2)
294				Ⅳ-5-3-6	Cu(1)、W(1)、Co(4)、Au(4)、Sn(2)、Cr(5)、As(2)、Ni(6)、Ag(2)、Mo(1)、Pb(1)
295				Ⅳ-5-3-7	Ag(8)、Au(7)、Cu(6)、As(5)、Sn(2)、Mo(2)、W(2)、Pb(2)、Cr(3)、Zn(1)、Co(3)、Ni(1)
296			Ⅳ-5-4 柴达木盆地化探空白区		

续表 6-3

序号	域	区	亚区	异常带	成矿有利元素异常（数量/个）及排序
297	Ⅳ 华南（泛扬子）板块地球化学域	Ⅳ-6 木孜塔格-巴颜喀拉构造地球化学区	Ⅳ-6-1 木孜塔格地球化学亚区	Ⅳ-6-1-1	Pb(5)、Ag(10)、As(7)、Zn(7)、Mo(7)、Sn(3)、W(2)、Co(3)、Cu(3)、Ni(3)
298				Ⅳ-6-1-2	Zn(1)、Cu(3)、As(2)、Mo(2)、Cr(1)、Co(3)、Ag(2)、Ni(1)
299				Ⅳ-6-1-3	Pb(2)、Co(1)、Ag(1)、Au(1)
300				Ⅳ-6-1-4	Sn(1)、Cu(1)、Zn(1)
301				Ⅳ-6-1-5	As(1)、Mo(2)、Au(1)、Sn(1)、W(2)、Zn(2)、Co(1)、Cu(1)
302				Ⅳ-6-1-6	Cu(1)、Ni(1)
303				Ⅳ-6-1-7	Co(2)、As(1)、W(1)、Sn(1)、Cr(1)
304				Ⅳ-6-1-8	Zn(1)、Cu(2)、Pb(1)、Co(1)、Ni(1)、Au(1)、Ag(1)、Mo(1)、W(1)、Sn(1)
305				Ⅳ-6-1-9	Ag(3)、Zn(1)、Pb(1)、As(1)、Mo(1)、Cu(2)、Au(1)
306				Ⅳ-6-1-10	Ag(2)、Pb(1)、Cr(1)、Mo(1)
307				Ⅳ-6-1-11	Mo(3)、W(1)、Au(2)、Ni(1)、Cu(1)、Cr(1)、Zn(3)、As(2)、Ag(2)、Co(1)、Sn(1)
308				Ⅳ-6-1-12	As(1)、Au(3)、Zn(2)、Ni(1)、Cu(1)、Pb(2)、Sn(3)、Cr(2)、Co(2)、Ag(3)、Mo(2)、W(1)
309				Ⅳ-6-1-13	As(1)、Mo(1)、Au(1)、Ag(1)、Cu(1)、Pb(1)、Co(1)、Sn(1)、Ni(1)
310				Ⅳ-6-1-14	W(1)、Sn(2)、Ag(1)、Pb(1)
311				Ⅳ-6-1-15	W(1)、As(2)、Au(1)
312				Ⅳ-6-1-16	Cr(1)、Ni(1)、Co(1)、Sn(1)、Cu(1)、Zn(1)、Pb(1)、Au(2)、As(1)
313			Ⅳ-6-2 北巴彦喀拉地球化学亚区	Ⅳ-6-2-1	Sn(3)、Cu(3)、W(5)、Zn(2)、Pb(1)、As(4)、Ni(1)、Au(3)、Co(1)、Ag(6)、Cr(1)
314				Ⅳ-6-2-2	Cu(1)、Au(2)、Ag(3)、Sn(1)、Cr(2)、As(2)、Zn(2)、Pb(2)、Mo(1)
315				Ⅳ-6-2-3	Cu(2)、Au(5)、As(5)、W(2)、Sn(5)、Zn(5)、Pb(3)、Ag(3)、Co(3)、Mo(3)、Ni(1)、Cr(1)
316				Ⅳ-6-2-4	Cu(2)、Zn(1)、W(6)、Ag(4)、Ni(1)、Au(9)、Co(1)、As(3)、Cr(4)、Sn(5)、Pb(5)、Mo(1)
317				Ⅳ-6-2-5	Cr(1)、Cu(1)、Co(2)、Ni(1)、Ag(1)、Pb(1)、W(1)
318				Ⅳ-6-2-6	Cr(2)、Ni(1)、Cu(1)、W(2)、Au(1)、Co(4)、Ag(2)、As(2)、Zn(2)、Mo(6)、Sn(1)
319				Ⅳ-6-2-7	Cu(9)、As(7)、Au(9)、Zn(8)、W(7)、Sn(6)、Mo(6)、Co(8)、Pb(10)、Ni(8)、Cr(6)、Ag(4)

续表6-3

序号	域	区	亚区	异常带	成矿有利元素异常（数量/个）及排序
320	Ⅳ 华南（泛扬子）板块地球化学域	Ⅳ-6 木孜塔格-巴颜喀拉构造地球化学区	Ⅳ-6-2 北巴彦喀拉地球化学亚区	Ⅳ-6-2-8	Cu(7)、W(8)、Zn(6)、As(9)、Au(11)、Co(8)、Sn(8)、Ag(8)、Ni(6)、Mo(6)、Pb(9)、Cr(2)
321				Ⅳ-6-2-9	As(4)、Au(9)、W(4)、Sn(6)、Cu(7)、Mo(4)、Ag(6)、Pb(3)、Cr(2)、Ni(3)、Zn(2)、Co(2)
322				Ⅳ-6-2-10	Au(4)、As(2)、Cu(3)、W(2)、Pb(3)、Sn(3)、Co(1)、Ag(1)、Zn(2)、Mo(1)
323				Ⅳ-6-2-11	Au(6)、Ni(5)、As(10)、Cr(7)、Mo(10)、Cu(6)、W(8)、Sn(3)、Ag(7)、Co(7)、Pb(1)
324				Ⅳ-6-2-12	As(4)、Sn(4)、W(3)、Au(4)、Mo(5)、Ag(4)、Pb(2)、Zn(2)、Cu(3)
325				Ⅳ-6-2-13	Au(21)、W(14)、As(15)、Mo(14)、Ag(26)、Pb(22)、Zn(13)、Cu(13)、Sn(21)、Co(14)、Ni(4)、Cr(2)
326				Ⅳ-6-2-14	Cu(5)、Cr(2)、Ni(2)、Co(4)、Zn(4)、Au(3)、Mo(2)、Pb(2)、Ag(3)、As(2)
327				Ⅳ-6-2-15	As(4)、Ag(6)、Mo(2)、Pb(2)、Au(1)、Sn(3)、Co(3)、Cu(2)、Ni(2)、W(2)、Zn(2)
328				Ⅳ-6-2-16	Cu(6)、W(4)、Mo(3)、As(5)、Pb(5)、Zn(1)、Ag(2)、Au(4)、Co(2)、Ni(1)
329				Ⅳ-6-2-17	Ag(1)、Au(2)、Zn(1)、W(1)、Pb(1)、Cr(1)
330				Ⅳ-6-2-18	Cu(1)、Zn(1)、As(2)、Au(2)、Co(1)、Mo(2)、W(2)、Ag(2)、Ni(1)、Cr(1)、Pb(1)
331			Ⅳ-6-3 南巴彦喀拉地球化学亚区	Ⅳ-6-3-1	Pb(8)、W(4)、Zn(7)、Mo(6)、Cu(6)、Sn(11)、As(6)、Co(5)、Ag(6)、Ni(3)、Au(2)、Cr(1)
332				Ⅳ-6-3-2	Au(5)、As(5)、W(5)、Pb(2)、Ag(5)、Sn(4)、Cu(1)
333				Ⅳ-6-3-3	Au(4)、Sn(1)
334				Ⅳ-6-3-4	Au(1)、Cu(1)、W(1)、As(1)
335				Ⅳ-6-3-5	W(2)、Sn(1)
336		Ⅳ-7 西昆仑构造地球化学区	Ⅳ-7-1 塔什库尔干地球化学亚区	Ⅳ-7-1-1	Au(2)、Cu(1)、As(2)、Sn(2)、Ag(2)、Mo(1)
337				Ⅳ-7-1-2	Au(2)、Cu(1)、Sn(1)、Cr(1)、As(1)、Co(1)
338				Ⅳ-7-1-3	W(1)、Ag(2)、Sn(1)、Zn(1)、As(2)、Au(2)、Pb(1)、Mo(1)、Cr(1)
339				Ⅳ-7-1-4	Cu(1)、Cr(1)、As(2)、Au(1)、Mo(1)、Zn(2)
340				Ⅳ-7-1-5	W(2)、Pb(2)、Mo(5)、Sn(5)、As(1)、Ag(4)、Cr(4)、Zn(1)、Ni(1)、Au(3)、Co(2)、Cu(2)
341				Ⅳ-7-1-6	Mo(1)、W(1)、As(2)、Sn(2)、Cr(2)、Au(2)、Co(2)、Ag(4)、Cu(2)、Pb(3)、Ni(2)
342				Ⅳ-7-1-7	Sn(3)、W(7)、Au(9)、Cr(5)、Mo(7)、Ag(10)、Co(8)、Pb(3)、As(5)、Ni(6)、Cu(5)、Zn(6)

续表 6-3

序号	域	区	亚区	异常带	成矿有利元素异常（数量/个）及排序
343			Ⅳ-7-1 塔什库尔干地球化学亚区	Ⅳ-7-1-8	Zn(2)、W(1)、Sn(2)、Au(1)、Ag(1)、Co(2)、Pb(2)、Ni(3)、As(2)、Cr(2)、Mo(1)、Cu(1)
344				Ⅳ-7-1-9	Co(1)、As(3)、Zn(2)、Cu(3)、Cr(2)、Mo(1)、Ni(3)、Au(1)、Ag(1)、Pb(1)、W(1)
345		Ⅳ-7 西昆仑构造地球化学区	Ⅳ-7-2 铁克里克地球化学亚区	Ⅳ-7-2-1	Cr(1)、Au(4)、Sn(3)、Co(4)、Ni(1)、W(1)、Cu(1)、Mo(3)、Zn(4)、Ag(4)、Pb(1)
346				Ⅳ-7-2-2	Co(2)、Ni(2)、Cu(2)、Mo(6)、Ag(3)、Au(7)、As(1)、Sn(2)、W(2)、Zn(2)、Cr(3)、Pb(3)
347				Ⅳ-7-2-3	Cr(3)、Ni(2)、W(1)、Mo(1)、Zn(1)、Ag(1)
348				Ⅳ-7-2-4	Cr(1)、Ni(3)、Au(1)、Co(1)、Ag(1)
349			Ⅳ-7-3 西昆仑东段地球化学亚区	Ⅳ-7-3-1	Cr(6)、Au(10)、Co(3)、Ni(7)、Cu(9)、Ag(5)、Mo(10)、Sn(3)、As(3)、Pb(2)、Zn(7)、W(4)
350				Ⅳ-7-3-2	Co(1)、Ag(3)、Au(2)、Cu(1)、As(2)、Ni(1)、Cr(2)、Mo(1)、Pb(1)
351				Ⅳ-7-3-3	Ag(1)
352	Ⅳ 华南（泛扬子）板块地球化学域		Ⅳ-8-1 麻扎达坂地球化学亚区	Ⅳ-8-1-1	Sn(2)、Au(3)、Zn(3)、Ag(1)、As(2)、Mo(2)、Co(1)、Cu(2)、Cr(1)、Pb(1)
353				Ⅳ-8-1-2	
354				Ⅳ-8-1-3	Cu(1)、Mo(1)、Co(1)、As(1)、Zn(1)
355				Ⅳ-8-1-4	As(1)、Ag(1)、Cu(1)、Mo(2)、Au(4)、Co(2)、W(3)、Pb(2)、Cr(2)、Sn(2)、Ni(3)
356				Ⅳ-8-1-5	Zn(2)、Pb(1)、W(2)、Sn(4)、Au(2)、Mo(3)、Co(3)
357		Ⅳ-8 麻扎达坂-甜水海构造地球化学区	Ⅳ-8-2 甜水海地球化学亚区	Ⅳ-8-2-1	Cr(1)、As(1)、Ag(1)
358				Ⅳ-8-2-2	Ni(2)、Cu(1)、Au(2)、As(4)、Co(2)、Ag(3)、Pb(1)、Mo(2)、Sn(3)、Zn(2)、W(2)
359				Ⅳ-8-2-3	Pb(1)、Zn(1)、Ni(1)、Co(1)、Au(3)、As(3)、Cu(1)、Cr(1)、Ag(1)
360				Ⅳ-8-2-4	Pb(1)、Cr(1)、Ag(1)、Zn(1)、Sn(1)、As(2)、Co(1)、W(1)、Cu(1)
361				Ⅳ-8-2-5	Zn(1)、Ag(1)、As(3)
362				Ⅳ-8-2-6	Mo(2)、As(2)、Ni(3)、Ag(2)、Pb(1)、Cu(2)、Zn(1)、Cr(2)、Co(1)
363			Ⅳ-8-3 玉龙喀什河地球化学亚区	Ⅳ-8-3-1	Ni(2)、Cr(1)、Co(4)、Au(5)、W(5)、As(4)、Pb(2)、Ag(6)、Zn(1)、Cu(6)、Mo(3)、Sn(1)
364				Ⅳ-8-3-2	Sn(1)、Zn(3)、As(1)、W(3)、Cu(5)、Pb(1)、Ag(2)、Co(2)、Au(3)、Ni(1)、Cr(1)

续表 6-3

序号	域	区	亚区	异常带	成矿有利元素异常(数量/个)及排序
365	Ⅳ华南(泛扬子)板块地球化学域	Ⅳ-9青南三江构造地球化学区	Ⅳ-9-1西金乌兰-玉树地球化学亚区	Ⅳ-9-1-1	Co(15)、Zn(6)、Cu(14)、Ni(12)、As(5)、Cr(9)、Sn(9)、Pb(7)、Ag(7)、Mo(8)、Au(7)、W(6)
366				Ⅳ-9-1-2	Pb(11)、Ni(5)、As(8)、Cu(10)、Cr(5)、Ag(9)、Co(5)、Zn(10)、Au(4)、Sn(6)、W(3)、Mo(4)
367				Ⅳ-9-1-3	Pb(3)、Cu(4)、Zn(4)、Ni(4)、Cr(4)、Ag(2)、Au(4)、W(2)、As(6)、Sn(4)、Co(3)、Mo(2)
368				Ⅳ-9-1-4	Ni(6)、Cr(8)、Cu(4)、Au(6)、Co(8)、Mo(5)、Ag(9)、Pb(5)、As(7)、Zn(8)、Sn(1)
369			Ⅳ-9-2唐古拉-囊谦地球化学亚区	Ⅳ-9-2-1	Cu(4)、Ag(3)、Mo(8)、Zn(4)、W(4)、Pb(8)、Au(12)、As(12)、Cr(5)、Ni(5)、Co(5)、Sn(10)
370				Ⅳ-9-2-2	Pb(2)、W(3)、As(6)、Cu(6)、Ag(6)、Zn(5)、Sn(4)、Au(6)、Mo(6)、Co(7)、Ni(5)、Cr(3)
371				Ⅳ-9-2-3	Mo(2)、Cu(4)、As(3)、Pb(2)、Ni(1)、Cr(2)、Sn(3)、Co(3)、Ag(4)、W(2)、Au(2)、Zn(3)
372				Ⅳ-9-2-4	W(1)、Au(1)、Mo(1)、Pb(3)、As(1)、Sn(4)、Cu(3)、Zn(2)、Ag(1)、Co(1)
373				Ⅳ-9-2-5	Zn(2)、Pb(2)、Cu(2)、Au(2)、Mo(2)、Ag(2)、As(2)、W(1)、Co(1)
374				Ⅳ-9-2-6	Au(4)、Sn(1)、As(4)、W(4)、Ag(1)、Pb(4)、Cr(2)、Cu(1)、Ni(2)、Co(1)、Zn(1)
375				Ⅳ-9-2-7	Pb(2)、Ni(2)、W(2)、Cr(2)、Mo(2)、Cu(3)、Co(3)、Zn(3)、Ag(3)、Sn(5)、Au(3)、As(1)
376				Ⅳ-9-2-8	Cu(2)、Pb(4)、Mo(5)、Co(4)、Zn(6)、Ag(2)、W(4)、Sn(2)、Ni(2)、Cr(2)、Au(1)、As(1)
377				Ⅳ-9-2-9	Ag(1)、Au(2)、Mo(1)、As(1)、Cu(2)
378				Ⅳ-9-2-10	As(3)、Pb(8)、Ag(6)、Mo(6)、Zn(4)、Cu(8)、Co(5)、W(3)、Cr(6)、Ni(5)、Sn(5)、Au(2)
379				Ⅳ-9-2-11	Cu(1)、Ag(7)、Co(2)、Mo(6)、Zn(7)、Sn(3)、As(5)、Ni(2)、Pb(3)、Cr(3)、W(4)、Au(3)
380			Ⅳ-9-3赤布张错-格拉丹东地球化学亚区	Ⅳ-9-3-1	As(17)、Pb(9)、Zn(11)、Ag(14)、Mo(10)、Cr(10)、Ni(10)、W(5)、Sn(15)、Co(17)、Cu(18)、Au(7)
381				Ⅳ-9-3-2	W(8)、Ag(7)、Pb(7)、Sn(5)、Zn(5)、Au(4)、Mo(5)、Cu(7)、As(6)、Cr(7)、Ni(4)、Co(6)
382				Ⅳ-9-3-3	W(6)、Au(11)、Pb(6)、Sn(5)、Mo(3)、Cu(5)、Ag(6)、As(11)、Zn(7)、Ni(4)、Co(4)、Cr(3)
383				Ⅳ-9-3-4	W(2)、Sn(2)、Pb(5)、Mo(5)、Zn(4)、Cu(2)、Ag(2)、Au(3)、As(3)、Co(3)、Ni(2)、Cr(2)
384				Ⅳ-9-3-5	As(9)、Zn(6)、Pb(9)、Ag(8)、Mo(5)、Sn(4)、Co(9)、Cr(7)、Cu(6)、Ni(9)、W(5)、Au(3)

第七章　地球化学预测区圈定方法及综合评价

第一节　地球化学预测区圈定方法

一、地球化学信息提取与预测方法

结合地质矿产信息、异常特征，我们对圈定的综合异常进行分类、筛选，作为圈定找矿预测区的主要依据。采用的方法主要有经验分析法、模型类比法、异常逐步分级方法等。

第一步，采用经验分析法。依据异常强度、规模、元素组合等地球化学异常特征，结合异常所在区域的成矿地质背景，凭借工作者的认识和经验，直观地优选异常。

第二步，采用模型类比法。依据所建立的矿床不同成矿类型、不同产出条件的矿田和矿床的区域地球化学找矿模式，遵循利用相似地质条件和相似异常特征有可能找到类似矿床的经验和规律，通过模型类比优选出与矿床有关的且最具有找矿前景的异常。所建的区域地球化学找矿模式，不仅能对区域化探资料中最具特征的信息进行提取，而且能在研究已知矿田、矿床成矿地质背景、成因类型、控矿因素、找矿标志、地球化学异常、物探和遥感异常的基础上，对所有最具特征的信息进行提取和组合。

第三步，采用异常逐步分级方法。我们在研究区域地球化学特征和区域异常分布特征的基础上，确定矿种的重点区域或地球化学省。在深入研究区域地球化学分布和区域地质特征的情况下，逐步将筛选异常的目标从地球化学省向异常带乃至矿致异常转移，最终依据综合异常的特征对矿致局部异常做出评价，充分体现出区域→成矿区带→矿田→局部异常的综合筛选思路。

第四步，将通过以上经验分析法、模型类比法、异常逐步分级方法分别筛选出的异常进行对比和综合分析，筛选出具有找矿潜力的异常，圈定成矿预测区和找矿靶区。具体方法如下。

（1）系统总结研究区已知矿床区域化探系列找矿模型，利用已知的找矿标志类比未知的异常，向区域化探异常扩展。

（2）在综合研究区域元素分布特征和区域地球化学场的基础上，结合研究区的区域地质特征，进行异常筛选并划定远景区域。

（3）进一步研究远景区域中的区域地球化学和区域异常分布特征，控矿的地质、地球化学因素，划分区域地球化学异常远景带，将筛选异常目标从远景区缩小至远景带。

（4）依据已知矿床或矿田的区域地球化学特征、区域异常特征及与形成异常密切相关的区域地质、区域构造和侵入岩体，对异常远景区带内的异常一一进行评序，从中筛选出具有找矿前景的局部异常。

（5）将异常的区域地球化学特征、分布特征与典型矿田、矿床地球化学找矿模式的相似性及异常区内的地质特征等进行赋值、量化、排序、计算，并以总分值的高低作为异常筛选的依据。

二、地球化学找矿预测区圈定

在综合研究、筛选异常的基础上,结合地质、矿产、地球化学、矿床模型、物探、遥感等资料,圈定预测区(Ⅳ)。预测区按 A、B、C 三级划分,地球化学找矿预测区主要依据地球化学异常分类评价结果、地球化学异常组合与空间分布(分带)规律、地球化学找矿标志等综合因素进行划分。

(1)以《化探资料应用技术要求》为依据,以制作的全区各类地球化学系列图(地球化学图、单元素异常图、组合异常图等)、矿种典型矿床剖析图、矿种全区矿产分布图等为基础,通过元素地球化学区的划分,参考矿种综合异常(参考主成矿单元素异常)的平面分布(分区)、成因类型等因素,参考成矿区带、地质构造区带的划分结果和以地球化学为依据推断的地质构造成果,圈定找矿预测区。

(2)以同类异常的数量和找矿意义分类结果为依据对找矿预测区进行分级。

(3)将找矿预测区统一按《化探资料应用技术要求》分为 A、B、C 三级。

(4)同一预测区:①应处于同一成矿区带内;②元素组合基本一致;③综合异常空间分布相近;④面积一般为几百至上千平方千米。

(5)预测区编号:预测矿种元素符号-序号,如金矿种编号为 Au-1、Au-2……

三、地球化学找矿靶区圈定

地球化学预测靶区是在预测区基础上划分出来的,与同成矿区(带)内或相似地质背景下的典型矿床(模型)十分相似的,或通过三级查证发现有利找矿线索的,或与其他预测方法高度吻合的,具有明确找矿方向和目标、主成矿元素异常突出、找矿潜力大且值得进一步开展工作的多元素异常分布区。在地球化学预测靶区可直接部署二级查证或普查以上精度的找矿评价工作。

在圈定具体靶区时,将找矿潜力大且值得进一步开展工作的多元素异常分布区作为基本出发点,换言之,圈定地球化学预测靶区时所依据的基础资料与找矿预测区一样,是地球化学资料,已知矿产资料不能作为靶区圈定的主要依据,预测靶区的资料精度不得低于 1:5 万,这就大大限制了预测靶区的圈定。

例如,东天山土屋、延东铜矿的 1:5 万化探异常属典型斑岩铜矿 Cu-Mo-Au 组合,元素含量高、浓集中心明显,并与已知斑岩体对应,如果不考虑已发现的铜矿,是很好的斑岩铜矿(地球化学)预测靶区。但现实是就已发现的土屋、延东两个大型铜矿而言,远未控制住土屋铜矿 800m 以下、延东铜矿西部矿体边界,从地质找矿角度很有必要将它们作为评价靶区进行延伸评价,而地球化学资料难以对这必要性做出评价,因而不能将它们作为地球化学预测靶区。

地处延东铜矿西面约 12km 处的大草滩,有 1:5 万化探圈定的 Cu-Mo-Sb 组合异常,浓集中心明显,伴有 Au、Pb、Bi、W、Ni 弱异常,面积为 9.5km^2。其中 Cu 峰值为 3661×10^{-6},Mo 峰值为 39.08×10^{-6},Sb 峰值为 46.63×10^{-6}。该异常处于土屋-延东斑岩铜矿西延伸带,成矿地质背景极为相似,且在异常对应的斑岩体中已发现宽 20~100m、长 2500m 的铜矿化带,矿化类型、蚀变特征都与土屋、延东铜矿类似。因此,大草滩 Cu-Mo-Sb 组合异常区是重要的地球化学预测靶区,其范围由异常区和斑岩体分布区共同构成。

其他矿种的靶区也可按类似的方式圈定,但要注意以下几点。

(1)必须是 1:5 万化探异常区,没有开展 1:5 万化探的地区,无法圈定地球化学预测靶区。

(2)必须是典型异常区,这种典型性表现在:①元素组合有规律;②有明显的主元素;③主元素强度高或组合元素对应的地质体明确,如 Cu-Mo-(X)组合异常对应斑岩体,Cu-Pb-Zn 组合异常对应矽卡岩带;④元素组合指示的找矿目标明确;⑤有开展进一步工作的意义。

(3)没有通过野外验证或概略验证而被发现的矿化异常区异常不在靶区之列。

(4)对进行过详细查证或多次查证后无实质性发现,认为找矿前景不明朗的典型异常,也不圈定地球化学预测靶区。

第二节 预测区(靶区)特征及综合评价

一、预测区(靶区)划分

西北地区对铜、铅、锌、金、锑、锡、钨、钼、镍、铬、银、锂、锰、磷、硼、稀土、重晶石、萤石、菱镁矿12种矿种进行了地球化学预测区圈定。各矿种预测区共计779个,找矿靶区553个。其中铜矿预测区140个,找矿靶区139个;铅矿预测区65个,找矿靶区45个;锌矿预测区74个,找矿靶区41个;钨矿预测区64个,找矿靶区52个;金矿预测区87个,找矿靶区101个;锑矿预测区43个,找矿靶区47个;锡矿预测区52个,找矿靶区9个;钼矿找矿预测区54个,找矿靶区17个;镍矿预测区44个,找矿靶区15个;铬矿预测区52个,找矿靶区16个;银矿预测区87个,找矿靶区65个;稀土预测区17个,找矿靶区6个(表7-1)。

表7-1 西北地区矿种地球化学找矿预测区圈定情况一览表 (单位:个)

序号	级别	铜矿	铅矿	锌矿	钨矿	金矿	锑矿	锡矿	钼矿	镍矿	铬矿	银矿	稀土
陕西	A	5	5	6	2	9	4	0	1	2	2	4	1
	B	6	5	4	1	8	0	0	2	3	3	6	2
	C	11	6	11	2	4	3	0	5	3	2	12	1
	靶区	16	16	16	4	36	4	0	13	13	12	10	3
甘肃	A	4	3	4	2	10	1	0	1	1	0	0	0
	B	8	6	4	7	7	3	0	1	2	1	1	1
	C	8	4	5	3	1	3	6	9	6	13	7	3
	靶区	24	11	9	17	34	9	0					1
青海	A	12	1	2	1	2	0	1	3	1	0	3	1
	B	12	5	9	5	3	6	9	6	3	3	10	3
	C	224	2	0	10	8	5	15	10	9	10	19	1
	靶区	99	18	16	31	31	34	9	4	2	4	55	2
宁夏	A	2	1	0	0	1	0	0	0	0	0	0	0
	B	6	5	6	2	2	0	0	0	3	3	5	2
	C	0	0	1	1	1	3	2	1	1	2	0	2
新疆	A	8	4	2	1	3	3	1	2	2	5	1	
	B	16	6	10	9	18	6	8	4	4	4	12	
	C	18	12	11	16	10	8	9	11	2	7	7	
预测区总计		140	65	74	64	87	43	52	54	44	52	87	17
靶区总计		139	45	41	52	101	47	9	17	15	16	65	6

二、圈定结果及简要特征

将圈定的地球化学找矿预测区进行了分级,其中 A 级预测区 141 个、B 级预测区 334 个、C 级预测区 669 个(表 7-2)。

表 7-2 12 个矿种地球化学找矿预测区级别情况一览表 (单位:个)

预测区级别	铜矿	铅矿	锌矿	钨矿	金矿	锑矿	锡矿	钼矿	镍矿	铬矿	银矿	稀土	合计
A	31	14	13	8	25	6	3	5	8	4	8	2	127
B	48	27	33	24	38	15	17	13	15	14	34	8	286
C	261	24	28	32	24	22	32	36	21	34	45	7	566
合计	340	65	74	64	87	43	52	54	44	52	87	17	

12 个矿种地球化学找矿预测区简要特征一览表如表 7-3～表 7-14 所示,12 个矿种地球化学预测区分布规律如图 7-1～图 7-12 所示。

表 7-3 铜地球化学找矿预测区一览表

编号	名称	级别	规模/km²	地球化学特征	已知矿产	潜力评价
61CuY01	陇县西南预测区	C		Cu-Pb-Zn	有 5 个铜矿化点分布	推测有希望找到工业矿体或具有小型以上储量规模的矿床
61CuY02	拓石镇预测区	B		Cu-Pb-Zn	小河口铜矿床	有希望新增具一定储量规模的矿床
61CuY03	黄牛铺镇预测区	C		Pb-Zn-Au-Cu-Mo-W	异常由已知的铅锌矿床点引起	推测有希望找到工业矿体或具有小型以上储量规模的矿床
61CuY04	眉县铜峪矿区预测区	A	38.91	Cu-Zn、Cu-Pb-Zn	铜峪沟铜矿床	有希望找到或新增储量达大型以上规模的矿床
61CuY05	周至县楼观镇预测区	B		Pb-Zn-Au-Cu-Mo-W	无矿产信息	有希望新增具有一定储量规模的矿床
61CuY06	户县草堂镇预测区	C		Cu-Ag-Mo-W-Cu-Pb-Sb	无矿产信息	推测有希望找到工业矿体或具有小型以上储量规模的矿床
61CuY07	商州市高多山-蟒岭预测区	B	58.42	Cu-Pb-Zn、Cu-Au	无矿产信息	有希望新增具有一定储量规模的矿床
61CuY08	凤县九子沟预测区	B		Cu-Pb-Zn-Au-Ag	八方山铅锌铜大型矿床分布	有希望新增具有一定储量规模的矿床
61CuY09	镇安县东川预测区	A		Fe-Ag-Cu-Pb-Zn	二台子金铜矿床及铜金矿点	有希望找到或新增储量达大型以上规模的矿床
61CuY10	柞水穆家庄预测区	B	24.44	Cu-Co-Ni、Cu-Co-Ni	区内有银硐子多金属矿床分布	有希望新增具有一定储量规模的矿床

续表 7-3

编号	名称	级别	规模/km²	地球化学特征	已知矿产	潜力评价
61CuY11	山阳县小河口-桐木沟预测区	A	119.38	Cu-Pb-Zn-Au、Cu-Zn-Au-Mo-Pb、Cu-Zn-Au-Mo-Pb、Cu-Pb-Zn-Au	阳县小河口铜矿床	有希望找到或新增储量达大型以上规模的矿床
61CuY12	山阳县龙山预测区	C		Pb-Zn-Ag-Cu	凤楼铜矿点	推测有希望找到工业矿体或具有小型以上储量规模的矿床
61CuY13	白水江镇-赛金坝梁预测区	C		Au-Ag-Pb-Zn-Hg-Sb-Cu-Fe-Mo-W	异常内有金、锑矿产分布	推测有希望找到工业矿体或具有小型以上储量规模的矿床
61CuY14	略阳铜厂矿集区预测区	A	70.64	Cu-Au-Zn	区内有铜厂铜矿及铁、金、铅锌大型—超大型矿床	有希望找到或新增储量达大型以上规模的矿床
61CuY15	勉县褒城镇预测区	C		Cu-Fe-Pb-Zn-P	无矿产信息	推测有希望找到工业矿体或具有小型以上储量规模的矿床
61CuY16	洋县-佛坪县小罐子预测区	C		Au-Ag-Pb-Zn-Hg-Sb-Cu-Fe-Mo-W	无矿产信息	推测有希望找到工业矿体或具有小型以上储量规模的矿床
61CuY17	宁强县干镇预测区	B	782.28	Cu-Zn-Au-Pb	略阳铜厂铜矿床	有希望找到或新增具有一定储量规模的矿床
61CuY18	紫阳县向阳镇-黄洋河上游预测区	A	220.3	Cu-Ni-Co-Cr、Cu-Ni-Co、Cu-Ni-Co、Cu-Ni-Co-Cr	岚皋县小镇铜矿	有希望新增储量达大型以上规模的矿床
61CuY19	平利县-牛头店预测区	C		Fe-Cu-Pb-Zn	无矿产信息	推测有希望找到工业矿体或具有小型以上储量规模的矿床
61CuY20	镇平县预测区	C		Fe-Cu-Pb-Zn	无矿产信息	推测有希望找到工业矿体或具有小型以上储量规模的矿床
61CuY21	碑坝镇-马元预测区	C		Pb-Zn-Cu	异常位于马元铅锌矿区内且有多个热液型铜矿点	推测有希望找到工业矿体或具有小型以上储量规模的矿床
61CuY22	大荆镇预测区	C		Mo-Fe-Cu-Pb	有1处矿化点分布,南部有铁炉子铅锌矿床	推测有希望找到工业矿体或具有小型以上储量规模的矿床
62CuY01	四顶黑山-黑山梁预测区	C	2038	Cu-Pb-Zn-Mo-Au	野马泉北铜矿化点、霍勒扎德盖北东铜矿化点	有一定的找矿潜力
62CuY02	马鬃山预测区	B	2515	Cu-Pb-Zn-Mo-Au	铜矿点2处,铜矿化点5处	有一定的找矿潜力

续表 7-3

编号	名称	级别	规模/km²	地球化学特征	已知矿产	潜力评价
62CuY03	独红山-长流水预测区	B	2171	Cu-Zn-Mo-Au	铜矿点2处,铜矿化点1处	建议开展综合研究工作
62CuY04	老金厂-峡口预测区	B	3203	Cu-Pb-Zn-Mo-Au	铜矿点3处,铜矿化点3处	有一定的找矿潜力
62CuY05	玉石山-卧虎山预测区	B	4194	Cu-Pb-Zn-Mo-Au	铜矿点6处,铜矿化点2处	有一定的找矿潜力
62CuY06	阿尔金山-金山湾预测区	C	3905	Cu-Pb-Zn-Mo-Au	矿床2处,矿点4处,矿化点5处	有一定的找矿潜力
62CuY07	扣克乌送达坂-乌兰达坂预测区	C	1192	Cu-Pb-Zn-Mo-Au	矿化点4处	有一定的找矿潜力
62CuY08	大道尔基-红石门子预测区	B	3660	Cu-Pb-Zn-Mo-Au	矿床1处,矿点1处,矿化点6处	注意规模较大异常的综合研究
62CuY09	香毛山-祁青预测区	A	6072	Cu-Pb-Zn-Mo-Au	矿床2处,矿点4处,矿化点5处	注意高强度异常的综合研究
62CuY10	黑山-大青山预测区	C	1397	Cu-Pb-Zn-Mo-Au	矿床1处,矿点1处,矿化点2处	注意高强度异常的综合研究
62CuY11	铧尖山-扎柯山预测区	B	3989	Cu-Pb-Zn-Mo-Au	矿床2处,矿点4处,矿化点7处	找矿潜力大
62CuY12	康隆寺-老君山预测区	C	1243	Cu-Pb-Zn-Mo-Au	矿床2处,矿点6处,矿化点2处	有一定的找矿潜力
62CuY13	山丹-金昌预测区	A	2720	Cu-Pb-Zn-Mo-Au	矿床2处,矿点6处,矿化点4处	找矿潜力大
62CuY14	石墩山-白银预测区	A	4665	Cu-Pb-Zn-Au	矿床2处,矿点2处	找矿潜力大
62CuY15	盐锅峡镇-大梁头预测区	C	1572	Cu-Pb-Zn-Mo	矿床1处,矿点1处,矿化点6处	有一定的找矿潜力
62CuY17	张家川东预测区	A	1067	Cu-Pb-Zn-Mo-Au	矿床2处,矿点3处,矿化点1处	有一定的找矿潜力
62CuY16	阿尼黄日-冬泉湾预测区	B	7803	Cu-Pb-Zn-Mo-Au	矿床3处,矿点4处,矿化点4处	注意异常的综合研究
62CuY18	岔岔石预测区	C	2605	Cu-Pb-Zn-Mo-Au	矿点3处	注意异常的综合研究
62CuY19	南阳镇-北崖山预测区	C	4042	Cu-Pb-Zn-Mo-Au	矿床1处,矿点3处	注意异常的综合研究

续表 7-3

编号	名称	级别	规模/km²	地球化学特征	已知矿产	潜力评价
62CuY20	碧口镇-阳坝镇预测区	B	1598	Cu-Au-Cu-Pb	矿床3处,矿点3处,矿化点5处	注意异常的综合研究
63CuY01	北祁连龙孔沟-野牛沟预测区	A		Cu-Pb-Zn-Ag-Cr-Fe	矿床7处,矿点12处,矿化点18处	区内包含矿田级异常,蛇绿岩套与亲硫元素异常呼应,有利于Ni、Co富集
63CuY02	克腾高勒预测区	C		Cu-Au	矿化点4处	建议进行查证
63CuY03	茫崖镇预测区	C		Cu-Au-Ag	矿点2,矿化点2处	有一定规模
63CuY04	大柴旦镇预测区	B		Cu-Au-Ag-Ni-Pb-Zn	矿床4处,矿点14处,矿化点22处	深部存在与火山岩关联的矿种Cu、Mo的可能性大,建议查找斑岩型矿
63CuY05	哈拉湖预测区	C		Cu-Cr-Ni-Co-Zn-Au	矿化点1处	元素组合好、异常强度高,暗示局部钾化明显
63CuY06	哈拉湖东-其荷扎铜矿预测区	C		Cu-Pb-Zn-Au-Mo	矿点1处,矿化点7处	异常有一定规模,建议查证
63CuY07	北祁连查汗河-赛尔图预测区	A		无矿点等矿产	无矿点等矿产	具成矿潜力
63CuY08	大柴旦镇双口山预测区	C		Cu-Cr-Ni-Co-Pb-Zn-Au-Mo	矿床3处,矿点7处,矿化点3处	元素套合良好,并有成矿事实
63CuY09	哈尔科铜矿预测区	C		Cu-Pb-Zn-Mo-Au-Cr-Ni-Co	无矿点等矿产	元素套合好
63CuY10	茫崖镇公路沟预测区	C		Cu-Au-Ni-Co	矿点2处,矿化点3处	多元素套合良好
63CuY11	乌兰乌珠尔预测区	B		Cu-Au	茫崖镇乌兰乌珠尔铜矿床	元素套合好
63CuY12	塔塔棱河-灶火沟上游预测区	A		Cu-Pb-Zn-Au	矿床1处,矿点3处,矿化点11处	红柳沟地区应呈现突破口
63CuY13	硫磺沟-察汉河村东预测区	B		Cu-Pb-Zn-Au-W-Fe	矿床2处,矿点13处,矿化点26处	有成矿事实
63CuY14	天峻县哲合隆区预测区	C		Cu-Pb-Zn-Au-W-Fe	矿床1处,矿点3处,矿化点4处	区内综合异常套较好
63CuY15	门源县松树南沟预测区	A		Cu-Pb-Zn-Au	矿床3处,矿点7处,矿化点16处	有成矿事实,建议扩大远景
63CuY16	些河东岔-曲麻沟脑预测区	A		Cu-Zn-Pb-Fe-S	矿床3处,矿点7处,矿化点25处	查证部位应放在岩体与地层接触带

续表 7-3

编号	名称	级别	规模/km²	地球化学特征	已知矿产	潜力评价
63CuY17	门源县朱固寺预测区	C		Cu-Cu	矿点2处,矿化点3处	异常各元素套合较好
63CuY18	冰沟南-野马泉预测区	A		Cu-Zn-Pb-Fe	矿床5处,矿点10处,矿化点3处	多元素套合较紧密,强度高
63CuY19	锡铁山-牛首山预测区	B		Cu-Zn-Pb-Cu	矿床2处,矿点5处,矿化点16处	落位环境有利于成矿
63CuY20	天峻县下环仓预测区	C		Cu-Fe	矿点2处,矿化点7处	各元素异常套合较好
63CuY21	索拉吉尔-别里赛北预测区	B		Cu-Fe	矿床1处,矿点2处	落位环境有利于成矿
63CuY22	球路噢窝头-拉陵灶河预测区	B		Cu-Zn-Pb-Au-S	矿床3处,矿点5处,矿化点14处	各元素异常套合好,属矿田级异常
63CuY23	乌兰县嘎顺-哇洪山预测区	A		Cu-Zn-Pb-Fe	矿床3处,矿点14处,矿化点14处	异常为矿田级异常,成矿事实充分
63CuY24	阿勒坦郭勒预测区	C		Cu-Au-Cr-Ni-Co	矿点2处,矿化点9处	规模较好,强度较高
63CuY25	道班沟-沙丘沟预测区	C		Cu-Zn-Pb-Au	矿床4处,矿点8处,矿化点14处	落位成矿有利部位
63CuY26	夏日哈-什多龙预测区	B		Cu-Zn-Pb-Fe-Ag	矿床2处,矿点8处,矿化点7处	矿产丰富,建议查证
63CuY27	湟中县北门峡-古郡预测区	A		Cu-Zn-Pb-Au-Cr-Ni-Co	矿床3处,矿点17处,矿化点29处	落位地质条件有利于成矿
63CuY28	红石山-雪水河预测区	B		Cu-Au-Fe	矿点21处,矿化点46处	元素异常套合好
63CuY29	都兰县巴四买预测区	C		Cu-Zn-Pb-Ni	矿点11处,矿化点14处	有矿产支持
63CuY30	特里喝姿-德龙预测区	B		Cu-Co-Cr-Fe	矿床3处,矿点9处,矿化点12处	各元素异常套合好且有矿床(点)支持
63CuY31	好汉沟-亚门乌拉何东预测区	C		Cu-Au-Fe	矿床3处,矿点2处,矿化点3处	各元素异常套合好,地质成矿条件好
63CuY32	兴海县在日沟北-塔龙预测区	A		Cu-Ag-Pb-Zn	无矿产信息	扩大找矿范围

续表 7-3

编号	名称	级别	规模/km²	地球化学特征	已知矿产	潜力评价
63CuY33	同仁县策多隆瓦-泽库县加仓预测区	A		Cu-Au-Ag-Pb-Zn-As	矿床5处,矿点7处,矿化点5处	异常区内有矿床、矿点支持
63CuY34	哥日卓托-牧羊山预测区	A		Cu-Au-Co-Cr-Fe	矿床3处,矿点4处,矿化点5处	区内综合异常各元素含量并不高,但互相套合较好
63CuY35	哥琼尼洼-扎陵湖预测区	C		Cu-Au	矿床1处,矿点1处,矿化点1处	元素套合好,结构有序
63CuY36	多索岗日北-扎西尕日预测区	C		Cu-Ag-Zn-Fe	矿床1处,矿点1处,矿化点1处	主元素异常套合好
63CuY37	达春加族预测区	C		Cu-Ni	已知矿产情况	区内包含多个综合异常,异常呈长圆状,近东西向,Ni等含量均高
63CuY38	查查玛哲岗西预测区	C		Cu-Zn-Au-Mo	无矿点等矿产	建议查证
63CuY39	玛沁县德尔尼预测区	B		Cu-Co-Au	矿床1处,矿点8处,矿化点13处	建议查证
63CuY40	纳保扎龙-扎保碎纳保预测区	C			无矿点等矿产	异常呈不规则团块状,套合好
63CuY41	琼扎-柔白加琼预测区	C		Cu-Ag-Pb-Zn	矿床1处,矿点5处	建议查证
63CuY42	玛渠-雁石坪扎西达尔预测区	C		Cu-Ag-Pb-Zn	矿床1处,矿点1处,矿化点12处	找矿前景可观
63CuY43	纳日贡玛-朴忽卡预测区	A		Cu-Mo-Pb-Zn	矿床3处,矿点20处,矿化点42处	具备成矿条件
63CuY44	结隆-那忠托益玛预测区	C		Cu-Au-Mn-P-Cr-Ni-Co	矿点1处,矿化点5处	具备成矿条件
63CuY45	波希日玛-昂普玛预测区	C		Cu-Pb-Zn-Mo-Au	矿点3处,矿化点5处	具备成矿条件
63CuY46	当郎赛赛-昂滑结预测区	B		Cu-Pb	矿床1处,矿点1处,矿化点1处	具备成矿条件
63CuY47	杂多县扎吉-昂赛预测区	B		Cu-Pb-Zn-Fe	矿点2处,矿化点6处	异常落位地质条件较好
63CuY48	囊谦县昂吉山预测区	C		Cu-Ag-Pb-Zn	矿床1处,矿点5处,矿化点9处	找矿潜力较大

续表 7-3

编号	名称	级别	规模/km²	地球化学特征	已知矿产	潜力评价
64CuY01	贺兰山北段杂岩段预测区	B		Cu-Au	无矿产信息	找矿潜力较大
64CuY02	贺兰山北段基性岩带预测区	B		Cu-Cr-Ni-Ti	发现多处王全口铁矿点	推断认为有较大的与基性—超基性岩体有关的铜矿
64CuY03	卫宁北山预测区	A		Cu-Au-Pb-Zn	区内西部发现金场子金铜矿和较多铁矿点，另除上述矿种外发现有银铅矿、锌矿等	推断认为钴、砂岩型铜等找矿潜力巨大
64CuY04	牛首山预测区	B		Cu-Fe-Mn	目前仅发现铜、铁、锰矿化	有一定的找矿潜力
64CuY05	香山预测区	B		Cu-Pb-Zn	发现较多铜、铅锌矿化点	推断有较大的找矿潜力
64CuY06	烟洞山预测区	B		Cu-Pb-Zn-As-Sb-Bi	发现铜、铁矿化	有一定的找矿潜力
64CuY07	南西华山预测区	A		Cu-Pb-Zn-Au-Ag	白银铜矿，在黄家洼山西部（甘肃省内）发现铜矿	推断有较大的找矿潜力
64CuY08	西吉盆地预测区	C		Cu-Fe-Ti	高家峡钒钛磁铁矿	推测能找到工业矿体，划定为C级预测区
64CuY09	六盘山预测区	B		Cu-Pb-Zn-Cr-Co-Ni	发现较多铜矿化点	推断认为找矿潜力较大
65CuY01	白哈巴预测区	C	2043	Cu-Zn-Cr-Ni-Co	铜矿点2处	有望找到小型铜矿
65CuY02	诺尔特预测区	C	4605	Cu-Pb-Zn-Au-Ag-W-Sn-Li-Sb	铜矿点7处	有望找到小型铜矿
65CuY03	阿尔泰预测区	B	2060	Cu-Pb-Zn-Cd-W-Bi-Sn-La	小型铜矿3处	有望找到中型铜矿
65CuY04	孟布拉克预测区	C	1972	Cu-Zn-Cr-Ni-Co	铜矿点2处	有望找到小型铜矿
65CuY05	哈腊苏预测区	A	2831	Cu-Zn-Cd-Cr-Co-P-V	小型铜矿2处	有望找到大型铜矿
65CuY06	玛依勒预测区	B	4919	Cu-Zn-Cr-Ni-Co	小型铜矿1处	有望找到中型铜矿

续表 7-3

编号	名称	级别	规模/km²	地球化学特征	已知矿产	潜力评价
65CuY07	哈图预测区	B	3248	Cu-Au-Ag-Cr-Mo-W-Zn	铜矿化点1处	有望找到中型铜矿
65CuY08	北塔山预测区	C	3306	Cu-Zn-Ni-Co-Mo	小型铜矿1处	有望找到小型铜矿
65CuY09	阿拉套预测区	C	1560	Cu-Pb-Zn-W-Sn-Mo-Au	小型铜矿2处	有望找到小型铜矿
65CuY10	唐巴勒预测区	B	3144	Cu-Pb-Zn-Ag-W-Mo-Au	铜矿点6处	有望找到中型铜矿
65CuY11	卡拉麦里预测区	C	3533	Cu-Zn-Ag-Au-Ni-Co	铜矿点1处	有望找到小型铜矿
65CuY12	赛里木预测区	A	3928	Cu-Mo-Au-Pb-Zn-Ag-Sb-W-Sn	小型铜矿2处	有望找到大型铜矿
65CuY13	图拉苏预测区	A	3121	Cu-Pb-Zn-Ag-W-Mo-Au	小型铜矿1处	有望找到大型铜矿
65CuY14	依连哈比尔尕北坡预测区	B	5736	Cu-Mo-Au-Cr-Ni-Co	铜矿点5处	有望找到中型铜矿
65CuY15	乌孙山-阿吾拉勒山预测区	A	9396	Cu-Pb-Zn-Ag-W-Mo-Au	小型铜矿2处	有望找到大型铜矿
65CuY16	博格达预测区	C	8399	Cu-Pb-Zn-Ag-Cr-Ni-Co	小型铜矿2处	有望找到小型铜矿
65CuY17	土墩预测区	A	2857	Cu-Cr-Ni-Co	中型铜矿2处	有望找到大型铜矿
65CuY18	大草滩预测区	B	4572	Cu-Zn-Cr-Ni-Co	中型铜矿2处	有望找到中型铜矿
65CuY19	夏尔嘎预测区	B	4361	Cu-Pb-Zn-Ag-Cr-Ni-Co	铜矿点6处	有望找到中型铜矿
65CuY20	土屋-延东预测区	A	5085	Cu-Zn-Ag-Cr-Ni-Co	大型铜矿2处,中型铜矿1处	有望找到大型铜矿
65CuY21	突出山-沙泉子预测区	B	4767	Cu-Pb-Zn-Ag	小型铜矿2处	有望找到中型铜矿
65CuY22	斯木塔斯预测区	C	3977	Cu-Pb-Zn-Ag-Cr-Ni-Co	铜矿点1处	有望找到小型铜矿
65CuY23	小热泉子预测区	B	1377	Cu-Zn-Ni-Co	中型铜矿1处	有望找到中型铜矿
65CuY24	百灵山预测区	B	3998	Cu-Pb-Zn-Ag-Mo-Au	小型铜矿1处	有望找到中型铜矿
65CuY25	羊布拉克-霍拉山预测区	C	6829	Cu-Mo-Au-W-Cr-Ni-Co	铜矿点5处	有望找到小型铜矿

续表 7-3

编号	名称	级别	规模/km²	地球化学特征	已知矿产	潜力评价
65CuY26	梧桐沟预测区	B	3519	Cu-Pb-Zn-Ag-Mo-Au-W	小型铜矿2处	有望找到中型铜矿
65CuY27	笔架山预测区	C	1911	Cu-Zn-Ag-Cr-Ni-Co	小型铜矿1处	有望找到小型铜矿
65CuY28	辛格尔预测区	C	3338	Cu-Zn-Cr-Ni-Co	铜矿点3处	有望找到小型铜矿
65CuY29	红十井-白山预测区	B	4854	Cu-Pb-Zn-Cr-Ni-Co	铜矿点5处	有望找到中型铜矿
65CuY30	兴地预测区	C	1946	Cu-Pb-Zn-Cr-Ni-Co	小型铜矿1处	有望找到小型铜矿
65CuY31	川乌鲁预测区	C	1292	Cu-Zn-Au-Mo-Cr-Ni-Co	铜矿点2处	有望找到小型铜矿
65CuY32	霍什布拉克预测区	C	1697	Cu-Pb-Zn-Mo-Au-W-Ni-Co	铜矿点2处	有望找到小型铜矿
65CuY33	乌依塔克-恰尔隆预测区	B	3627	Cu-Mo-Au-W-Ni-Co	小型铜矿1处	有望找到中型铜矿
65CuY34	吐拉预测区	C	3916	Cu-Mo-Zn-Ag-Cr-Ni-Co	铜矿点1处	有望找到小型铜矿
65CuY35	库木巴彦预测区	B	3682	Cu-Pb-Zn-Cr-Ni-Co	铜矿点2处	有望找到中型铜矿
65CuY36	托满预测区	C	5818	Cu-Mo-Zn-Pb-Cr-Ni-Co	铜矿点2处	有望找到小型铜矿
65CuY37	木孜塔格预测区	B	6648	Cu-Pb-Zn-Ag-Cr-Ni-Co	矿化点2处	有望找到中型铜矿
65CuY38	柯西预测区	A	6168	Cu-Mo-Au-Ag-Zn-Sb-Ni-Co	铜矿点1处	有望找到大型铜矿
65CuY39	喀什塔什预测区	C	1831	Cu-Zn-Cr-Ni-Co	铜矿点4处	有望找到小型铜矿
65CuY40	麻扎预测区	B	3915	Cu-Pb-Zn-Ag-Mo-Au	铜矿点2处	有望找到中型铜矿
65CuY41	黄羊岭东预测区	C	2288	Cu-Zn	尚未铜矿化	有望找到小型铜矿
65CuY42	岔路口预测区	A	4567	Cu-Mo-Pb-Zn-Ag-Ni-Co	铜矿点1处	有望找到大型铜矿

表7-4 铅地球化学找矿预测区一览表

编号	名称	级别	规模/km²	地球化学特征	已知矿产/类型	潜力评价
61PbY01	陇县西南预测区	C		Cu-Pb-Zn	有4个铜矿化点分布	推测有希望找到工业矿体或具有小型以上储量规模的矿床
61PbY02	金堆镇-桃下镇预测区	C		Au-Pb-U-Nb-Th-W Mo-Cu-W-Au-Pb-Ag-Fe	有金堆城钼矿和华阳川铀铌铅矿超大型矿床分布	推测有希望找到工业矿体或具有小型以上储量规模的矿床
61PbY03	洛南县羊山岭预测区	C		Au-Ag-Pb	无矿产信息	推测有希望找到工业矿体或具有小型以上储量规模的矿床
61PbY04	凤县黄牛铺镇西南预测区	C		Pb-Zn-Au-Cu-Mo-W	无矿产信息	推测有希望找到工业矿体或具有小型以上储量规模的矿床
61PbY05	凤县河口镇-三岔预测区	A	103.51	Pb-Zn-Au-Ag	有已知矿点、矿化点分布	有希望找到或新增储量规模达大型以上的矿床
61PbY06	太白县西北预测区	C		Au-Ag-Mo-W-Cu-Pb-Sb	泗人沟铅锌矿集区	推测有希望找到工业矿体或具有小型以上储量规模的矿床
61PbY07	眉县以南预测区	B		Pb-Zn-Au-Cu-Mo-W	位于铜峪铜锌矿东、西两侧	有希望新增有一定储量规模的矿床
61PbY08	户县纸房预测区	B		Au-Ag-Mo-W-Cu-Pb-Sb	区内有东流水铜矿床分布	有希望新增有一定储量规模的矿床
61PbY09	终南山-云台山预测区	C		Au-Ag-Mo-W-Cu-Pb-Sb	无矿产信息	推测有希望找到工业矿体或具有小型以上储量规模的矿床
61PbY10	商州龙庙南沟预测区	A	32.69	Pb-Zn-Ag	商州龙庙南沟铅锌矿床	有希望找到或新增达大型以上储量规模的矿床
61PbY11	商州市多高山-蟒岭预测区	B	65.07	Mo-Cu-Pb-Zn-Sb	与铁炉子铅锌矿床位于同一预测区	有希望新增有一定储量规模的矿床
61PbY12	镇安县锡铜沟-东川预测区	A	100.24	Fe-Ag-Cu-Pb-Zn Pb-Zn-Au-Hg-Sb	区内有锡硐沟中型铅锌矿床	有希望找到或新增达大型以上储量规模的矿床
61PbY13	柞水县-凤凰寨预测区	B	111.84	Fe-Ag-Cu-Pb-Zn-金红石	有山阳黑沟铜铅多金属矿床分布	有希望新增有一定储量规模的矿床
61PbY14	宁强干镇预测区	B		Fe-Pb-Zn-P	区内有宁强大茅坪铜矿床分布	有希望新增有一定储量规模的矿床
61PbY15	南郑县马元-西河口预测区	A	78.43	Fe-Pb-Zn-P	有大型、超大型矿床分布	有希望找到或新增达大型以上储量规模的矿床
61PbY16	旬阳县-蜀河镇预测区	A	63.38	Au-Hg-Sb	无矿产信息	有希望找到或新增大型以上储量规模的矿床

续表 7-4

编号	名称	级别	规模/km²	地球化学特征	已知矿产/类型	潜力评价
62PbY1	明水预测区	C	629	Pb-Zn-Ag-Cd	矿点 1 处	有一定的找矿潜力
62PbY2	小泉东-石板墩预测区	A	4322	Pb-Zn-Ag-Cd	矿床 1 处,矿点 2 处,矿化点 1 处	找矿潜力大
62PbY3	青山头-白山堂预测区	B	4640	Pb-Zn-Ag-Cd	矿点 1 处,矿化点 3 处	注意异常的综合研究
62PbY4	石门子-祁青预测区	B	3153	Pb-Zn-Ag-Cd	矿床 4 处,矿点 2 处,矿化点 3 处	注意异常的综合研究
62PbY5	金佛寺镇-康隆寺预测区	B	4607	Pb-Zn-Ag-Cd	矿点 3 处,矿化点 1 处	注意综合研究
62PbY6	石羊墩-响水顶预测区	B	2636	Pb-Zn-Ag-Cd	矿床 2 处,矿点 4 处	注意综合研究
62PbY7	白银市-荒草梁预测区	A	3979	Pb-Zn-Ag-Cd	矿床 1 处,矿点 2 处,矿化点 2 处	找矿潜力大
62PbY10	阿尼亚日-凤凰山预测区	A	2181	Pb-Zn-Ag-Cd	矿床 2 处,矿点 1 处,矿化点 3 处	找矿潜力大
62PbY11	房背后山-南阳镇预测区	B	2933	Pb-Zn-Ag-Cd	矿床 2 处,矿点 3 处	找矿潜力大
62PbY8	张家川东预测区	C	756	Pb-Zn-Ag-Cd	矿点 2 处	找矿潜力大
62PbY9	科才预测区	C	728	Pb-Zn-Ag-Cd	无已知矿点	找矿潜力大
62PbY12	云雾山预测区	B	2340	Pb-Zn-Ag-Cd	矿床 1 处,矿点 6 处	找矿潜力大
62PbY13	北崖山预测区	C	1954	Pb-Zn-Ag-Cd	矿床 5 处,矿点 4 处,矿化点 1 处	找矿潜力巨大
63PbY01	清水沟-小八宝预测区	B		Cu-Pb-Zn-Mo-Fe-S Pb-Zn-Ag-Cd-Sn	矿床 5 处,矿点 2 处,矿化点 3 处	异常由湾阳河铅铜锌矿床和牛心山铅矿点等矿产引起
63PbY02	冰沟-虎头崖预测区	B		Pb-Zn-Cu	矿床 1 处,矿点 3 处	推断经过进一步勘查会发现具中型以上储量规模的矿床
63PbY03	都兰-大河坝预测区	B		Pb-Zn-Ag-Cu	矿床 2 处,矿点 7 处,矿化点 3 处	推断该异常具有找到一定规模矿床的潜力
63PbY04	多龙滩-夏布楞预测区	C		Pb-Zn-Mo-Au-Ag-As	矿床 2 处,矿点 5 处	找矿潜力巨大

续表 7-4

编号	名称	级别	规模/km²	地球化学特征	已知矿产/类型	潜力评价
63PbY05	格拍塘-达哈贡玛预测区	A		Pb-Zn-Cu-Ag-Fe	矿床3处,矿点5处,矿化点1处	推断经过进一步勘查会找到具有一定规模的矿体
63PbY06	纳塘卡西-雁石坪预测区	B		Pb-Zn-Cu-Ag-Fe	矿点2处,矿化点4处	推断经过进一步勘查会找到具有一定规模的矿体
63PbY07	昂纳涌-昂赛火山岩型预测区	B		Pb-Zn-Cu-Mo	矿床1处,矿点1处,矿化点5处	推断经过进一步勘查会找到具有一定规模的铅锌矿体
63PbY08	杂热坎多-尕涌铅锌矿预测区	C		Pb-Zn-Cu-Ag-Fe	矿床1处,矿点1处,矿化点7处	推断经过进一步勘查会找到具有一定规模的矿体
64PbY01	贺兰山北段预测区	B		Pb-Zn-Cu-Au	发现铅、锌矿化	有一定的找矿潜力
64PbY02	牛首山预测区	B		Pb-Zn-Cu-Fe-Mn	发现锌矿化	有一定的找矿潜力
64PbY03	香山预测区	B		Pb-Zn-Cu	仅发现铜、铁、锰矿化	有较大的找矿潜力
64PbY04	烟洞山预测区	B		Pb-Zn-As-Sb-Bi	发现较多铜、铅锌矿化点	有一定的找矿潜力
64PbY05	南西华山预测区	A		Pb-Zn-Cu-Au	西延为白银铜矿	有较大的找矿潜力
64PbY06	六盘山预测区	B		Pb-Zn-Ag	发现较多铜矿化	有较大的找矿潜力
64PbY07	贺兰山北段预测区	B		Pb-Zn-Ag	无矿产信息	找矿潜力较大
65PbY01	诺尔特预测区	B	4336	Pb-Zn-Cd-Cu-Au-Ag-Sb	铅矿点3处	有望找到中型铅矿
65PbY02	阿勒泰预测区	A	5659	Pb-Zn-Cd-Ag-Cu-Au	大型铅矿1处,中型铅矿2处	有望找到大型铅矿
65PbY03	赛里木预测区	B	6979	Pb-Zn-Cd-Ag-Cu-As-Sb	小型铅矿4处	有望找到中型铅矿
65PbY04	东泉预测区	C	2322	Pb-Zn-Cd-Ag	尚无直接信息	有望找到小型铅矿
65PbY05	达坂城预测区	C	6535	Pb-Zn-Cd-Ag-Cu	铅矿点1处	有望找到小型铅矿
65PbY06	图拉苏预测区	B	4103	Pb-Zn-Cd-Ag-Cu-Au	铅矿点5处	有望找到中型铅矿

续表 7-4

编号	名称	级别	规模/km²	地球化学特征	已知矿产/类型	潜力评价
65PbY07	石窑房预测区	C	5107	Pb-Zn-Cd-Ag-W-Sn	铅矿点1处	有望找到小型铅矿
65PbY08	乌孙山-阿吾拉勒山预测区	C	12 185	Pb-Zn-Cd-Ag-Cu-Mo-Au	小型铅矿2处	有望找到小型铅矿
65PbY09	霍拉山预测区	C	3523	Pb-Zn-Cd-Ag	尚无直接信息	有望找到小型铅矿
65PbY10	马鞍桥预测区	B	9605	Pb-Zn-Cd-Ag-Cu-Au	小型铅矿1处	有望找到中型铅矿
65PbY11	黑山梁预测区	C	4536	Pb-Zn-Cd-Ag-Cu	小型铅矿1处	有望找到小型铅矿
65PbY12	百灵山预测区	B	3816	Pb-Cd-Ag-Cu-Au	铅矿点4处	有望找到中型铅矿
65PbY13	库米什预测区	C	6841	Pb-Zn-Cd-Ag	小型铅矿2处	有望找到小型铅矿
65PbY14	乌恰预测区	A	2111	Pb-Zn-Cd-Ag-Cu	大型铅矿1处,小型铅矿3处	有望找到大型铅矿
65PbY15	塔木-卡兰古预测区	B	2983	Pb-Zn-Cd-Ag-Cu	中型铅矿1处,小型铅矿4处	有望找到中型铅矿
65PbY16	石棉矿预测区	C	6636	Pb-Zn-Cd-W-Sn	尚无直接信息	有望找到小型铅矿
65PbY17	库木巴彦预测区	C	4612	Pb-Zn-Cd-Ag-W-Sn	尚无直接信息	有望找到小型铅矿
65PbY18	土窑洞预测区	A	4075	Pb-Zn-Cd-Ag-W-Sn	大型铅矿1处,小型铅矿1处	有望找到大型铅矿
65PbY19	麻扎预测区	C	3878	Pb-Zn-Cd-Ag-Cu	尚无直接信息	有望找到小型铅矿
65PbY20	木孜塔格预测区	C	7726	Pb-Zn-Cd-Ag-Cu-Au	尚无直接信息	有望找到小型铅矿
65PbY21	岔路口-甜水海预测区	A	17 521	Pb-Zn-Cd-Ag-Cu-Sb	铅矿点4处	有望找到大型铅矿
65PbY22	空喀山口预测区	C	2739	Pb-Zn-Cd-Ag-Cu	尚无直接信息	有望找到小型铅矿

表 7-5 锌地球化学找矿预测区一览表

编号	名称	级别	规模/km²	元素组合	已知矿产	潜力评价
61ZnY01	陇县西南热液型找矿预测区	B		Cu-Pb-Zn	有4个铜矿化点分布	具有寻找与岩浆热液有关的大型矿床的潜力
61ZnY02	潼关南岩浆热液型找矿预测区	C		Au-U-Pb-FeW	无矿产信息	具有寻找金铅小型规模矿床的潜力
61ZnY03	凤县黄牛铺镇西南层控型找矿预测区	B		Pb-Zn-Au-Cu-Mo-W	区内分布3个已知的铅锌矿点	推测有希望找到工业矿体或具有小型以上储量规模的矿床
61ZnY04	凤县河口镇-三岔层控型找矿预测区	A		Au-Ag-Pb-Zn-Hg-Sb-Cu-Fe-Mo-W	有已知银硐梁大中型矿床分布	有希望找到或新增达大型以上储量规模的矿床
61ZnY05	眉县以南海相火山岩型找矿预测区	B		Au-Ag-Mo-W-Cu-Pb-Sb	区内有铜峪铜矿床和拉塔沟铜矿点分布,并有铅锌和铁矿点分布	有希望新增具有一定储量规模的矿床
61ZnY06	户县纸房-蓝田县云台山层控型找矿预测区	C		Au-Ag-Mo-W-Cu-Pb-Sb	区内矿产显示不明朗	具有一定的找矿潜力
61ZnY07	商州龙庙南沟-蟒岭热液型找矿预测区	A		Mo-Cu-Pb-Zn-Sb	异常内有铜矿点和银厂沟铅银矿点分布	找矿条件极为有利
61ZnY08	丹凤县马鞍寨-玉皇尖热液型找矿预测区	C		Au-Ag-Mo-W-Cu-Pb-Sb	无矿产信息	推测有希望找到工业矿床或具有小型以上储量规模的矿床
61ZnY09	华阳镇-厚畛子层控型找矿预测区	C		Fe-Ag-Cu-Pb-Zn	区内有铅锌矿点分布,异常性质不明	推测有希望找到工业矿体或具有小型以上储量规模的矿床
61ZnY10	镇安县东川-石翁子层控型找矿预测区	A		Fe-Ag-Cu-Pb-Zn	附近有多处铜金、铅锌矿点分布	找矿条件极为有利
61ZnY11	山阳县凤凰寨-后台山层控型找矿预测区	A		Fe-Ag-Cu-Pb-Zn	区内有山阳小河口、圆子街铜矿点分布	有望找到中小型矿产地
61ZnY12	何家岩镇层控型找矿预测区	C		Fe-Au-Ag-Pb-Zn-Cu-S	区内有中型九道拐铅锌矿、铺沟铅锌金矿床和略阳铜厂铜矿、煎茶岭金矿床分布	推测有希望找到工业矿体或具有小型以上储量规模的矿床
61ZnY13	木耳山-松树沟口层控型找矿预测区	C		Pb-Zn-Au-Hg-Sb	外围有锡硐沟中型铅锌矿床	推测有希望找到工业矿体或具有小型以上储量规模的矿床

续表 7-5

编号	名称	级别	规模/km²	元素组合	已知矿产	潜力评价
61ZnY14	宁强县干镇海相火山岩型找矿预测区	B		Fe-Au-Ag-Pb-Zn-Cu-S	产有宁强大茅坪铜矿床	有希望新增储量或新发现具有一定规模的矿床
61ZnY15	旬阳县层控型找矿预测区	A		Pb-Zn-Au-Hg-Sb	有希望新增达大型以上储量规模的矿床	找矿前景广阔
61ZnY16	白河县西部热液型找矿预测区	C		Au-Ag-Pb-Zn-Hg-Sb-Cu-Fe-Mo-W	有已知矿床分布	推测有希望找到工业矿体或具有小型以上储量规模的矿床
61ZnY17	南郑县马元层控型找矿预测区	A		Fe-Pb-Zn-P	有马元、观音庵等大型、超大型矿床分布	有希望找到或新增达大型以上储量规模的矿床
61ZnY18	上高川-大巴塘层控型找矿预测区	C		Fe-Cu-Pb-Zn	有铁、铅锌矿点分布	有望寻找到中小型矿产地
61ZnY19	石泉嘴-大河镇层控型找矿预测区	C		Au-Mo-Fe-Ba-Cd-Ag-V-U-F-Cu-Zn	无矿产信息	有希望找到工业矿体或具有小型以上储量规模的矿床
61ZnY20	庞家院子-平利县层控型找矿预测区	C		Au-Mo-Fe-Ba-Cd-Ag-V-U-F-Cu-Zn	有铜铁矿点分布	推测有希望找到工业矿体或具有小型以上储量规模的矿床
61ZnY21	镇坪县层控型找矿预测区	C		Au-Mo-Fe-Ba-Cd-Ag-V-U-F-Cu-Zn	无矿产信息	具有寻找小型矿床的潜力
62ZnY01	明水预测区	C	1017	Zn-Pb-Cu-Cd	肃北县乎尔格里铜铅锌多金属矿床	有一定的找矿潜力
62ZnY02	马鬃山预测区	C	1698	Zn-Pb-Cu-Cd	无已知矿点	找矿潜力大
62ZnY03	花牛山预测区	A	2257	Zn-Pb-Cu-Cd	瓜州县花牛山铅锌矿床	找矿潜力大
62ZnY04	芦草湾-红石门子预测区	C	7291	Zn-Pb-Cu-Cd	肃北县红山子沟铅锌矿点	有一定的找矿潜力
62ZnY05	三岔口-祁青预测区	C	2749	Zn-Pb-Cu-Cd	肃北县大东沟、吊大坂、牛毛泉子铅锌矿床	异常强度高,但与已知矿(点)部分套合,注意异常的综合研究
62ZnY6	扎拉寺预测区	B	2084	Zn-Pb-Cu-Cd	铅锌矿点3处	异常强度高,但与已知矿点部分套合,注意异常的综合研究
62ZnY07	炭山岭镇预测区	C	2401	Zn-Pb-Cu-Cd	无已知矿点	有一定的找矿潜力
62ZnY08	白银市-荒草梁预测区	A	2877	Zn-Pb-Cu-Cd	矿床1处,矿点2处,矿化点2处	找矿潜力大

续表 7-5

编号	名称	级别	规模/km²	元素组合	已知矿产	潜力评价
62ZnY09	科才预测区	B	875	Zn-Pb-Cu-Cd	无已知矿点	找矿潜力大
62ZnY10	尼克江-岷县预测区	B	4682	Zn-Pb-Cu-Cd	矿床2处,矿点1处,矿化点3处	有一定的找矿潜力
62ZnY11	房背后山-南阳镇异常区预测区	B	3005	Zn-Pb-Cu-Cd	矿床1处,矿点4处	找矿潜力大
62ZnY12	云雾山预测区	A	3535	Zn-Pb-Cu-Cd	矿床1处,矿点6处	找矿潜力大
62ZnY13	北崖山预测区	A	1739	Zn-Pb-Cu-Cd	矿床5处,矿点5处	找矿潜力大
63ZnY01	北祁连预测区	B		Pb-Zn-Ag-Fe-Au	矿床3处,矿点1处,矿化点1处	是找铅、锌矿的有利地区
63ZnY02	锡铁山-绿梁山预测区	B		Pb-Zn-Mn-Cr-Au	矿床1处,矿点1处,矿化点3处	北部异常亦有众多矿点、矿化点支持
63ZnY03	虎头崖-狼牙山预测区	A		Pb-Zn-Mn-Cr-Au	只有矿点支持	推断经过进一步勘查会发现具中型以上规模的矿床
63ZnY04	都兰预测区	B		Pb-Zn-Ag-Fe-Au	矿床4处,矿点4处,矿化点5处	推断该异常具有找到一定规模矿床的潜力
63ZnY05	多龙滩-夏布楞预测区	C		Pb-Zn-Ag-Fe-Au	矿床2处,矿点5处,矿化点1处	推断该异常具有找到一定规模矿床的潜力
63ZnY06	巴音郭勒北西方向预测区	C		Pb-Zn-Mn-Cr-Au	预测区无矿产分布	有开展进一步工作的价值
63ZnY07	格拍塘-沱沱河沿-达哈贡玛预测区	A		Pb-Zn-Ag-Fe-Au	矿床6处,矿点2处	推断经过进一步勘查可能会找到铅锌矿体
63ZnY08	多彩-陇蒙达预测区	B		Pb-Zn-Ag-Fe-Au	矿床1处,矿点1处,矿化点3处	有开展进一步工作的价值
63ZnY09	纳塘卡西-雁石坪铅预测区	B		Pb-Zn-Ag-Fe-Au	矿床1处,矿点2处,矿化点4处	推断经过进一步勘查可能会找到铅锌矿体
63ZnY10	昂纳涌-昂赛预测区	A		Pb-Zn-Ag-Fe-Au	矿床1处,矿点1处,矿化点数十处	推断经过进一步勘查会找到具有一定规模的铅锌矿体
63ZnY11	杂热坎多-尕涌预测区	A		Pb-Zn-Ag-Fe-Au	矿床1处,矿点1处,矿化点7处	推断经过进一步勘查会找到具规模的矿体
64PbY01	贺兰山北段预测区	B		Pb-Zn-Cu-Au	铅、锌矿化点	有一定的找矿潜力

续表 7-5

编号	名称	级别	规模/km²	元素组合	已知矿产	潜力评价
64PbY02	牛首山预测区	B		Pb-Zn-Cu-Fe-Mn	发现锌矿化	有一定的找矿潜力
64PbY03	香山预测区	B		Pb-Zn-Cu	仅发现铜、铁、锰矿化	有较大的找矿潜力
64PbY04	烟洞山预测区	B		Pb-Zn-As-Sb-Bi	发现较多铜、铅锌矿化点	有一定的找矿潜力
64PbY05	南西华山预测区	A		Pb-Zn-Cu-Au	西延为白银铜矿	有较大的找矿潜力
64PbY06	六盘山预测区	B		Pb-Zn-Ag	发现较多铜矿化	有较大的找矿潜力
64PbY07	贺兰山北段预测区	B		Pb-Zn-Ag	无矿产信息	找矿潜力较大
65ZnY01	诺尔特预测区	B	4050	Pb-Zn-Cd-Cu-Au-Ag-Sb	锌矿点1处	有望找到中型锌矿
65ZnY02	阿勒泰预测区	B	5882	Pb-Zn-Cd-Ag-Cu-Au	大型铅锌矿1处，中型铅锌矿2处	有望找到中型锌矿
65ZnY03	巴尔鲁克预测区	C	3118	Cu-Zn-Ag-Cr-Ni-Co	尚无直接信息	有望找到小型锌矿
65ZnY04	庙儿沟预测区	C	6476	Zn-Pb-Ag-Cd-W-Sn	尚无直接信息	有望找到小型锌矿
65ZnY05	赛里木预测区	B	5829	Pb-Zn-Cd-Ag-Cu-As-Sb	小型锌矿1处	有望找到中型锌矿
65ZnY06	图拉苏预测区	C	3571	Pb-Zn-Cd-Ag-Cu-Au	锌矿点5处	有望找到小型锌矿
65ZnY07	达坂城预测区	C	8151	Pb-Zn-Cd-Ag-Cu	锌矿点3处	有望找到小型锌矿
65ZnY08	乌孙山-阿吾拉勒山预测区	B	10 208	Pb-Zn-Cd-Ag-Cu-Mo-Au	小型锌矿1处，锌矿点3处	有望找到中型锌矿
65ZnY09	小热泉子预测区	C	2392	Cu-Zn-Ni-Co	尚无直接信息	有望找到小型锌矿
65ZnY10	突出山-沙泉子预测区	B	3448	Cu-Zn-Ag-Cd	小型锌矿1处，锌矿点1处	有望找到中型锌矿
65ZnY11	多头山预测区	B	5167	Zn-Cd-Ag-Cu-As	小型锌矿1处，锌矿点3处	有望找到中型锌矿

续表 7-5

编号	名称	级别	规模/km²	元素组合	已知矿产	潜力评价
65ZnY12	辛格尔预测区	C	4581	Cu-Pb-Zn-Ag	尚无直接信息	有望找到小型锌矿
65ZnY13	红石井-白山预测区	C	7780	Cu-Pb-Zn-Cr-Ni-Co	尚无直接信息	有望找到小型锌矿
65ZnY14	赛马山预测区	C	4682	Cu-Zn-Cr-Ni-Co	尚无直接信息	有望找到小型锌矿
65ZnY15	喀拉峻预测区	B	2132	Cu-Pb-Zn-Ag-W-Sn	中型锌矿1处	有望找到中型锌矿
65ZnY16	乌恰预测区	B	2194	Pb-Zn-Cd-Ag-Cu	小型锌矿2处	有望找到中型锌矿
65ZnY17	土窑洞预测区	B	2218	Pb-Zn-Cd-Ag-W-Sn	大型锌矿1处	有望找到中型锌矿
65ZnY18	麻扎预测区	C	3260	Pb-Zn-Cd-Ag-Cu	尚无直接信息	有望找到小型锌矿
65ZnY19	木孜塔格预测区	B	8385	Pb-Zn-Cd-Ag-Cu-Au	尚无直接信息	有望找到中型锌矿
65ZnY20	柯西预测区	C	6351	Zn-Cd-Ag-Cu-Mo-Sb	尚无直接信息	有望找到小型锌矿
65ZnY21	岔路口-甜水海预测区	A	14 643	Pb-Zn-Cd-Ag-Cu-Sb	锌矿点4处	有望找到大型锌矿
65ZnY22	空喀山口预测区	C	2689	Pb-Zn-Cd-Ag-Cu	尚无直接信息	有望找到小型锌矿

表 7-6 钨地球化学找矿预测区一览表

编号	名称	级别	规模/km²	元素组合	已知矿产	潜力评价
61WY01	华山-蓝田县玉山镇预测区	A		Au-U-Pb-Fe-W	有一钨矿点分布其内	有一定的找矿前景
61WY03	商州市大蛇沟预测区	A		Au-Ag-Mo-W-Cu-Pb-Sb	发现区内无钨矿产	有希望找到新的矿床或新增达大型以上储量规模的矿床
61WY02	柞水县城以西预测区	B		Au-Ag-Mo-W-Cu-Pb-Sb	无矿产信息	具较好的找矿潜力

续表 7-6

编号	名称	级别	规模/km²	元素组合	已知矿产	潜力评价
61WY04	洋县窑坪街-宁陕西预测区	C		Au-Ag-Mo-W-Cu-Pb-Sb	目前没有矿点或矿化点对应	推测有希望找到具有小型以上储量规模的矿床
61WY05	上高川-石门垭子预测区	C		Au-Ag-Mo-W-Cu-Pb-Sb	尚未发现钨矿产	推测有希望找到具有小型以上储量规模的矿床
62WY01	白山-红石山预测区	B	2665	W-Sn-Bi	矿床1处,矿点3处	找矿潜力大
62WY02	长流水-大红山预测区	B	4007	W-Sn-Bi	钨矿点1处	找矿潜力大
62WY03	新场预测区	B	5676	W-Sn-Bi	肃北县红旗泉钨矿化点	找矿潜力大
62WY04	玉石山-卧虎山预测区	B	5699	W-Sn-Bi	金塔县玉山钨矿床	加强综合研究
62WY05	阿尔金山-野马南山预测区	B	14 806	W-Sn-Bi	矿床1处,矿点2处	找矿潜力大
62WY06	荒天地-祁青预测区	A	4876	W-Sn-Bi	矿床2处	找矿潜力大
62WY07	铧尖山预测区	B	3269	W-Sn-Bi	矿点6处	找矿潜力大
62WY08	华家岭新站预测区	C	2280	W-Sn-Bi	无已知矿点	加强综合研究
62WY09	阿尼亚日-红崖山预测区	A	3585	W-Sn-Bi	矿床2处,矿点4处	找矿潜力大
62WY10	乔木格日-哲合拉布肖预测区	C	2283	W-Sn-Bi	玛曲县鄂额钨矿点	找矿潜力大
62WY11	尖山-龙王山预测区	B	4348	W-Sn-Bi	矿床1处,矿点1处,矿化点1处	找矿潜力大
62WY12	贾家河-岔岔石预测区	C	4037	W-Sn-Bi	无已知矿点	找矿潜力大
63WY01	鱼卡河-拜兴沟预测区	C		W-Co-Ni-Pb-Zn	矿床1处,矿点3处	找矿潜力较好,建议进一步查证
63WY02	龙门-娘哲湟嘎预测区	C		W-Co-Ni-Pb-Zn	矿点2处,矿化点3处	有一定的找矿潜力

续表 7-6

编号	名称	级别	规模/km²	元素组合	已知矿产	潜力评价
63WY03	黑龙掌-大黑山预测区	B		W-Mo-Cu-Au	矿床 7 处,矿点 3 处	可以考虑找大黑山式钨矿
63WY04	伯喀里克-野马泉预测区	C		W-Co-Ni-Pb-Zn-Au-Cu	矿床 6 处,矿点 3 处	找矿潜力较好,建议进一步查证
63WY05	蓄集-乌兰预测区	C		W-Co-Ni-Pb-Zn-Au-Cu	矿床 1 处,矿点 6 处,矿化点 2 处	找矿潜力大,可扩大现有矿产规模
63WY06	英德尔-多哇预测区	B		W-Pb-Cu-Au-P	矿床 8 处,矿点 2 处,矿化点 1 处	具有一定的找矿前景
63WY07	查查香卡-尕日当预测区	B		W-Pb-Cu-Au-P	矿床 9 处,矿点 3 处	具有一定的找矿前景
63WY08	五龙沟-香日德预测区	C		W-Pb-Cu-Au-Fe	矿床 8 处,矿点 2 处,矿化点 2 处	具有找矿潜力
63WY09	兴军山-大雪峰预测区	C		W-Pb-Cu-Au-Fe	矿点 2 处,矿化点 3 处	强度高、找矿潜力巨大
63WY10	红石山-纳赤台预测区	B		W-Pb-Cu-Au-Fe	矿点 3 处,矿化点 4 处	找具规模以上钨锡矿床的潜力巨大
63WY11	仲哇扎陇-巴颜喀拉山预测区	C		W-Pb-Cu-Au-Fe	矿床 1 处,矿点 4 处,矿化点 3 处	建议进一步查证
63WY12	昌麻河-久治预测区	B		W-Pb-Cu-Au-Fe	矿床 1 处,矿点 4 处,矿化点 4 处	找矿潜力大
63WY13	沱沱河预测区	A		W-Pb-Cu-Au-Fe	矿床 1 处,矿点 5 处,矿化点 5 处	找矿前景广阔
63WY14	治曲-清水河预测区	C		W-Pb-Cu-Au-Fe	有多处矿床、矿点	具有较好的找矿前景
63WY15	当洛-上红科预测区	C		W-Pb-Cu-Au-Fe	矿床 1 处,矿点 5 处,矿化点 5 处	找矿潜力较大
63WY16	纳日贡玛-尕涌预测区	C		W-Pb-Cu-Au-Fe	矿床 4 处,矿点 7 处	找矿潜力大
64WY01	牛首山预测区	B		W-Cu-Mn-Fe	无矿产信息	有一定的找矿潜力
64WY02	南西华山预测区	C		W-Cu-Mn-Fe	无矿产信息	推断有希望找到工业矿体
64WY03	六盘山预测区	B		W-Cu-Mn-Fe	无矿产信息	找矿潜力较大
65WY01	阿尔泰预测区	B	3665	W-Sn-Bi-Pb-Zn-Cd	尚无直接信息	有望找到中型钨矿

续表 7-6

编号	名称	级别	规模/km²	元素组合	已知矿产	潜力评价
65WY02	诺尔特预测区	B	4217	W-Sn-Li-Bi-Cu-Pb-Zn	尚无直接信息	有望找到中型钨矿
65WY03	哈图预测区	C	5970	W-Sn-Mo-Bi-Au-Ag	尚无直接信息	有望找到小型钨矿
65WY04	阿拉套预测区	B	1527	W-Sn-Mo-Bi	钨矿点6处	有望找到中型钨矿
65WY05	库普预测区	C	3236	W-Sn-Bi	钨矿点1处	有望找到小型钨矿
65WY06	北山煤窑预测区	C	1903	W-Sn-Mo-Bi	尚无直接信息	有望找到小型钨矿
65WY07	博罗科努预测区	A	9159	W-Sn-Mo-Bi-Pb-Zn	钨矿点1处	有望找到大型钨矿
65WY08	三塘湖预测区	C	2877	W-Mo-Bi	尚无直接信息	有望找到小型钨矿
65WY09	石窑房预测区	C	3623	W-Sn-Mo-Bi	尚无直接信息	有望找到小型钨矿
65WY10	特克斯预测区	C	4327	W-Mo-Bi	小型钨矿1处	有望找到小型钨矿
65WY11	星星峡预测区	A	4375	W-Sn-Bi	小型钨矿2处	有望找到大型钨矿
65WY12	冰达坂预测区	C	3257	W-Sn-Bi	尚无直接信息	有望找到小型钨矿
65WY13	库米什预测区	A	5406	W-Sn-Bi	中型钨矿1处，小型钨矿1处	有望找到大型钨矿
65WY14	木扎尔特预测区	C	3755	W-Sn-Mo-Bi-Sb	尚无直接信息	有望找到小型钨矿
65WY15	色尔特能预测区	C	3138	W-Sn-Mo-Bi	尚无直接信息	有望找到小型钨矿
65WY16	黑山梁预测区	B	5575	W-Sn-Mo-Bi	尚无直接信息	有望找到中型钨矿
65WY17	向阳村预测区	B	4239	W-Sn-Mo-Bi	小型钨矿1处	有望找到中型钨矿
65WY18	乌恰预测区	C	3118	W-Sn-Bi-Pb-Zn	尚无直接信息	有望找到小型钨矿
65WY19	巴什库尔干预测区	C	2490	W-Mo-Bi-Cu-Au	尚无直接信息	有望找到小型钨矿
65WY20	阿然保泰预测区	C	1747	W-Sn-Mo-Bi	尚无直接信息	有望找到小型钨矿
65WY21	石棉矿预测区	C	5291	W-Sn-Mo-Bi	尚无直接信息	有望找到小型钨矿
65WY22	梅达阔西预测区	C	4010	W-Sn-Mo-Bi	尚无直接信息	有望找到小型钨矿
65WY23	库木巴彦预测区	A	5895	W-Sn-Mo-Bi	大型钨矿1处	有望找到大型钨矿
65WY24	土窑洞预测区	B	5249	W-Sn-Pb-Zn-Ag-Cu	尚无直接信息	有望找到中型钨矿

续表 7-6

编号	名称	级别	规模/km²	元素组合	已知矿产	潜力评价
65WY25	恰尔隆预测区	B	4154	W-Sn-Mo-Bi	尚无直接信息	有望找到中型钨矿
65WY26	明铁盖预测区	B	1596	W-Sn-Bi	钨矿点 1 处	有望找到中型钨矿
65WY27	达布达预测区	C	1440	W-Sn-Mo-Bi-Cu	尚无直接信息	有望找到小型钨矿
65WY28	月牙河预测区	B	7023	W-Sn-Bi-As-Sb	尚无直接信息	有望找到中型钨矿
65WY29	乌斯腾塔格预测区	C	4379	W-Sn-Mo-Bi-Li-Be	尚无直接信息	有望找到小型钨矿

表 7-7 金地球化学找矿预测区一览表

编号	名称	级别	规模/km²	元素组合	已知矿产	潜力评价
61AuY01	桐峪预测区	B		Au-Mo-Pb-Ag-W-Cu-Fe	有潼关潼峪、太峪等十余处金矿分布	有希望新增储量或新发现大型金矿床
61AuY02	湘子岔-架鹿葫芦沟预测区	A		Mo-Fe-Cu-Pb	区内有 1 处金矿点分布	有希望找到或新增达大型以上储量规模的矿床
61AuY03	临潼南预测区	B		Au-Mo-Pb-Ag-W-Cu-Fe	未发现金矿点	有希望新增具一定储量规模的矿床
61AuY04	宝鸡北西预测区	B		Mo-W-Cu-Pb-Ag	未发现金矿点	有希望新增具一定储量规模的矿床
61AuY05	凤县-双王预测区	A		Pb-Zn-Au-Ag	尚未发现金矿产分布	有希望找到或新增达大型以上储量规模的矿床
61AuY06	金赛梁预测区	B		Au-Hg-Sb-Mo-Ag[、]U	有 1 处金矿点分布	有希望新增具一定储量规模的矿床
61AuY07	马鞍桥-草堂南预测区	A		Fe-Ag-Cu-Pb-Zn	尚未发现金矿产分布	有希望找到或新增达大型以上储量规模的矿床
61AuY08	柞水东-秦王山预测区	B		Au-Ag-Mo-W-Cu-Pb-Sb	未见金矿产分布	有希望新增储量或新发现大型金矿床
61AuY09	山阳预测区	B		Fe-Ag-Cu-Pb-Zn	有山阳黑沟铅锌铜矿床和元子街铜矿点分布	有希望新增具一定储量规模的矿床
61AuY10	马鞍寨预测区	A		Au-Ag-Mo-W-Cu-Pb-Sb	未发现金矿点分布	有希望找到大型金矿床

续表 7-7

编号	名称	级别	规模/km²	元素组合	已知矿产	潜力评价
61AuY11	相公山-茶店预测区	A		Fe-Au-Ag-Pb-Zn-Cu-S	有勉县李家沟金矿床分布	有希望新增储量
61AuY12	红岩山-阴家山预测区	A		Fe-Au-Ag-Pb-Zn-Cu-S	无金矿点分布	有希望找到或新增达大型以上储量规模的金矿
61AuY13	勉县-高台镇预测区	A		Mn-P-Cr-Ni-Au	无金矿点分布	有希望找到或新增达大型以上储量规模的矿床
61AuY14	宁陕-黄龙-大河镇预测区	A		Au-Pb-Zn-Fe-Hg-Sb-REE-V	有汉阴黄龙金矿床分布	有希望找到或新增达大型以上储量规模的矿床
61AuY15	镇安县预测区	A		Fe-Ag-Cu-Pb-Zn	有镇安米粮金矿、西坡岭金锑矿床分布	有希望找到或新增达大型以上储量规模的矿床
61AuY16	夏家沟预测区	C		Au-Pb-Zn-Fe-Hg-Sb-RM-REE-V	有山阳刘家峡金点矿分布	有希望新增具一定储量规模的矿床
61AuY17	天明镇-西乡预测区	C		Au-Ag-Cu-Fe-Cr-Ni-Co-V-Mn-Mo-Cd	没有矿点或矿化点对应	有希望找到工业矿体或具有小型以上储量规模的矿床
61AuY18	石泉-柏树垭预测区	C		Au-Mo-Fe-Ba-Cd-Ag-V-U-F-Cu-Zn	无金矿点分布	有希望找到工业矿体或具有小型以上储量规模的矿床
61AuY19	安家河-双龙桥预测区	C		Au-Sb-Cu-Zn-Ag	无金矿点分布	有希望找到工业矿体或具有小型以上储量规模的矿床
61AuY20	柳树沟预测区	C		Fe-Ag-Cu-Pb-Zn	有泗人沟铅锌矿床分布	有希望找到或新增达大型以上储量规模的矿床
61AuY21	平利南东预测区	C		Au-Sb-Cu-Zn-Ag	无金矿点分布	有希望找到工业矿体或具有小型以上储量规模的矿床
62AuY01	黑山梁-红石山预测区	B	2713	Au-As-Sb-Hg-Cu	有多处矿点矿床	有一定的找矿潜力
62AuY02	玉石山-明水预测区	A	4016	Au-As-Sb-Hg-Cu	有多处矿点矿床	注意寻找隐伏矿体
62AuY03	老金厂-长流水预测区	A	4507	Au-As-Sb-Hg-Cu	有多处矿点矿床	有一定的找矿潜力
62AuY04	大拉牌-青山子预测区	B	1851	Au-As-Sb-Hg-Cu	金场沟、黑条山等金矿点	有一定的找矿潜力
62AuY05	小西弓-新场南预测区	B	3112	Au-As-Sb-Hg-Cu	矿床1处，矿点多处	有一定的找矿潜力

续表 7-7

编号	名称	级别	规模/km²	元素组合	已知矿产	潜力评价
62AuY06	西水-乌兰达坂预测区	A	5417	Au-As-Sb-Hg-Cu	矿床2处,矿点多处	
62AuY07	水峡口-大坝预测区	A	1376	Au-As-Sb-Hg-Cu	矿床1处,矿点、矿化点多处	有一定的找矿潜力
62AuY08	祁青-寺大隆林场预测区	B	5304	Au-As-Sb-Hg-Cu	矿床1处,矿点、矿化点多处	有一定的找矿潜力
62AuY09	响水顶-荒草梁预测区	B	8244	Au-As-Sb-Hg-Cu	矿床1处,矿点、矿化点多处	应加强综合研究
62AuY10	远门镇-张家川预测区	C	597	Au-As-Sb-Hg-Cu	清水县杨坪金矿床	应加强综合研究
62AuY11	夏河-红崖山预测区	A	5028	Au-As-Sb-Hg-Cu	有多处金矿床	有一定的找矿潜力
62AuY12	大石山-岷县预测区	A	1835	Au-As-Sb-Hg-Cu	有多处金矿床	找矿潜力巨大
62AuY13	张凤坡-北崖山预测区	A	5072	Au-As-Sb-Hg-Cu	金厂沟、礼县李坝、阳坡、锁龙等金矿床	找矿潜力巨大
62AuY15	大水预测区	A	852	Au-As-Sb-Hg-Cu	有多处金矿床	找矿潜力巨大
62AuY14	徐家店-岔岔石预测区	B	3313	Au-As-Sb-Hg-Cu	有多处金矿床	找矿潜力巨大
62AuY16	群果-石冈梁预测区	A	6860	Au-As-Sb-Hg-Cu	有多处矿床、矿点	找矿潜力巨大
62AuY17	大堡镇-广金预测区	B	2239	Au-As-Sb-Hg-Cu	有多处矿床、矿点	找矿潜力巨大
62AuY18	石坊-碧口镇预测区	A	3325	Au-As-Sb-Hg-Cu	有多处矿床、矿点	应加强综合研究
63AuY01	托莱牧场-川刺沟金矿预测区	B		Cu-Pb-Zn-Ag	矿床5处	找矿潜力巨大
63AuY02	野骆驼泉-滩涧山预测区	B		Cu-Pb-Zn-Ag	矿床5处	扩大现有矿床规模,大有潜力
63AuY03	野牛沟-尕大坂海相火山岩型预测区	B		Cu-Pb-Zn-Ag	矿床5处,矿点1处	有扩大已知金矿规模的潜力
63AuY04	塔塔棱河-拜兴沟预测区	C		Cu-Pb-Zn-Ag	矿床1处,矿点4处	找砂金矿的潜力很大

续表 7-7

编号	名称	级别	规模/km²	元素组合	已知矿产	潜力评价
63AuY05	铜厂沟-松树南沟预测区	B		Cu-Pb-Zn-Ag	矿床 2 处,矿点 3 处	具有找矿潜力
63AuY06	西河坝-甘禅口预测区	B		Cu-Pb-Zn-Ag	矿床 1 处,矿点 7 处	有望找到具有一定规模的金矿床
63AuY07	赛什克南-叉叉龙洼预测区	C		Cu-Pb-Zn-Ag	矿床 3 处,矿点 10 处	推断还有进一步扩大矿床规模的潜力
63AuY08	拉脊山海相火山岩型预测区	B		Cu-Pb-Zn-Ag	矿床 3 处,矿点 2 处	有进一步扩大矿床规模的潜力
63AuY09	五龙沟-清水河预测区	C		Cu-Pb-Zn-Ag	矿床 6 处,矿点 1 处	存在扩大矿床规模的潜力
63AuY10	东大滩地区预测区	B		Cu-Pb-Zn-Ag	矿点 3 处,矿化点 1 处	有巨大的找大场式金矿的潜力
63AuY11	开荒北-埃坑德勒斯特预测区	B		Cu-Pb-Zn-Ag	矿床 2 处,矿点 1 处	具有扩大矿床规模的潜力
63AuY12	格涌区-柯尔咱程预测区	C		Cu-Pb-Zn-Ag	矿床 4 处,矿点 5 处	有巨大的找大场式金矿的潜力
Au-13	布青山西预测区	C		Cu-Pb-Zn-Ag	矿床 1 处,矿点 2 处	具有一定的找矿潜力
63AuY14	江群-巴沟预测区	B		Cu-Pb-Zn-Ag	矿床 1 处,矿点 3 处,矿化点 1 处	找矿前景可观
63AuY15	恰冬-道玮预测区	B		Cu-Pb-Zn-Ag	矿床 4 处,矿点 5 处	有扩大已知矿床规模的可能
63AuY16	同仁预测区	B		Cu-Pb-Zn-Ag	矿床 3 处,矿点 6 处	有较大的找矿前景
63AuY17	昌马河-中铁沟预测区	C		Cu-Pb-Zn-Ag	矿点 4 处,矿化点 1 处	成矿条件好,找金矿的潜力大
63AuY18	德尔尼-石藏寺预测区	B		Cu-Pb-Zn-Ag	矿床 2 处,矿点 4 处	有一定的找矿潜力
63AuY19	巴干-赛河预测区	B		Cu-Pb-Zn-Ag	矿床 1 处,矿点多处	找砂金矿的潜力大
63AuY20	建设-下藏科预测区	B		Cu-Pb-Zn-Ag	矿床 2 处,矿点 2 处	找矿潜力大
63AuY21	沱沱河上游-庭曲预测区	C		Cu-Pb-Zn-Ag	矿床 1 处,矿点 2 处,矿化点 2 处	金异常含量高,可能与铅锌有关,值得重视

续表 7-7

编号	名称	级别	规模/km²	元素组合	已知矿产	潜力评价
63AuY22	旦荣-杂热坎多预测区	C		Cu-Pb-Zn-Ag	矿床1处,矿化点1处	具有较好的找矿前景
63AuY23	多柯河预测区	C		Cu-Pb-Zn-Ag	矿床3处,矿点1处,矿化点2处	有扩大已知矿床(点)规模的潜力
64AuY01	贺兰山北段预测区	A			无矿产信息	找矿潜力较大
64AuY02	卫宁北山预测区	B			金场子金铜矿	仍有一定的找矿前景
64AuY03	香山预测区	C			发现较多铜、铅锌矿化点	找矿突破的可能性较小
64AuY04	海原西华山预测区	B			发现柳沟金矿、马场金矿等	仍有较大的找矿前景
65AuY01	诺尔特预测区	B	3134	Au-Sb-Cu-Pb-Zn-Ag	金矿点4处	有望找到中型金矿
65AuY02	阿尔泰预测区	A	2296	Pb-Zn-Cd-W-Sn-Bi	中型金矿1处	有望找到大型金矿
65AuY03	卡拉先格尔预测区	A	4046	Au-As-Sb-Cu-MO	小型金矿3处	有望找到大型金矿
65AuY04	哈图预测区	A	4198	Au-Ag-Cu-As-Sb-Hg	大型金矿1处,中型金矿3处	有望找到大型金矿
65AuY05	库普预测区	B	3077	Au-Ag-Cu-As-Sb-Hg	小型金矿2处	有望找到中型金矿
65AuY06	琼河坝预测区	B	6334	Au-Ag-Cu-As-Sb	小型金矿1处	有望找到中型金矿
65AuY07	卡拉麦里预测区	A	3704	Au-Ag-Cu-As-Sb-Hg	小型金矿3处	有望找到大型金矿
65AuY08	唐巴勒预测区	B	4716	Au-Ag-Cu-As-Sb-Hg	金矿点5处	有望找到中型金矿
65AuY09	东泉预测区	C	5953	Au-Ag-Cu-As-Hg	中型金矿1处,小型金矿3处	有望找到小型金矿
65AuY10	冬吐劲预测区	B	808	Au-As-Sb-Ag-Pb-Zn	金矿点4处	有望找到中型金矿
65AuY11	赛里木-图拉苏预测区	A	6309	Au-As-Sb-Ag-Pb-Zn	超大型金矿1处,小型金矿4处	有望找到大型金矿

续表 7-7

编号	名称	级别	规模/km²	元素组合	已知矿产	潜力评价
65AuY12	乌拉斯台预测区	C	3778	Au-Ag-Cu-As-Sb	小型金矿1处	有望找到小型金矿
65AuY13	石场-后峡预测区	B	8205	Au-Ag-As-Sb-Hg	中型金矿2处,小型金矿4处	有望找到中型金矿
65AuY14	特克斯预测区	B	2902	Au-As-Sb-Hg	金矿点8处	有望找到中型金矿
65AuY15	斯木塔斯预测区	C	6756	Au-Cu-As-Sb	尚无直接信息	有望找到小型金矿
65AuY16	乌兰赛尔预测区	B	6958	Au-As-Sb	金矿点4处	有望找到中型金矿
65AuY17	石英滩-康古尔预测区	A	8551	Au-As-Sb-Pb-Mo-Cu	大型金矿1处,中型金矿2处	有望找到大型金矿
65AuY18	梧桐沟预测区	B	4355	Au-Cu-As-Sb-Hg	小型金矿2处	有望找到中型金矿
65AuY19	布隆-别迭里预测区	C	4953	Au-Cu-As-Sb	小型金矿1处	有望找到小型金矿
65AuY20	阿拉塔格预测区	C	1391	Au-W-Sn	金矿化点2处	有望找到小型金矿
65AuY21	帕尔岗预测区	C	2982	Au-As-Sb-Hg	金矿点15处	有望找到小型金矿
65AuY22	矛头山预测区	C	2816	Au-Cu-As-Sb-Hg	尚无直接信息	有望找到小型金矿
65AuY23	红十井预测区	B	1640	Au-Cu-As-Sb-Hg	中型金矿1处	有望找到中型金矿
65AuY24	恰克马克预测区	C	2403	Au-As-Hg	尚无直接信息	有望找到小型金矿
65AuY25	乌鲁克恰提预测区	A	2144	Au-Ag-Cu-As-Sb-Hg	金矿点2处	有望找到大型金矿
65AuY26	索尔库里预测区	B	1480	Au-Cu-As	尚无直接信息	有望找到中型金矿
65AuY27	布伦口预测区	B	3549	Au-Cu-As-Sb	金矿点1处	有望找到中型金矿
65AuY28	乌孜别里预测区	B	866	Au-Cu-Ag-As	小型金矿1处	有望找到中型金矿
65AuY29	库木巴彦预测区	B	4395	Au-Ag-Cu-As-Sb	金矿点2处	有望找到中型金矿
65AuY30	西合休乡预测区	C	2119	Au-Cu-As-Sb-Hg	尚无直接信息	有望找到小型金矿
65AuY31	桑株预测区	C	5270	Au-Cu-Ag	尚无直接信息	有望找到小型金矿

续表 7-7

编号	名称	级别	规模/km²	元素组合	已知矿产	潜力评价
65AuY32	木孜塔格预测区	B	3735	Au-Ag-Cu-As-Sb-Hg	尚无直接信息	有望找到中型金矿
65AuY33	柯西预测区	B	4388	Au-As-Sb-Zn-Cu-Mo	金矿点2处	有望找到中型金矿
65AuY34	皮什盖预测区	B	2245	Au-Cu-As-Sb	金矿点4处	有望找到中型金矿
65AuY35	喀什塔什预测区	C	2329	Au-Cu	尚无直接信息	有望找到小型金矿
65AuY36	阿什库勒预测区	B	2730	Au-Ag-Cu-As-Sb-Hg	金矿化点1处	有望找到中型金矿

表7-8 锑地球化学找矿预测区一览表

编号	名称	级别	规模/km²	元素组合	已知矿产	潜力评价
61SbY01	白水江-凤县尖峰垭预测区	A		Au-Pb-Zn-Fe-Hg-Sb-RM-REE-V	有尖峰垭锑矿分布	异常规模较大,值得进一步开展工作
61SbY03	丹凤县蔡凹预测区	A		Mo-Cu-Pb-Zn-Sb	有蔡凹锑矿床分布	有望新增储量或发现新矿产地
61SbY04	山阳县西坡岭预测区	A		Pb-Zn-Au-Hg-Sb	有山阳县西坡岭锑矿床分布	有一定的找矿潜力
61SbY07	旬阳县青铜沟预测区	A		Pb-Zn-Au-Hg-Sb	有旬阳县青铜沟汞锑矿分布	找矿前景好
61SbY02	镇安县云盖寺预测区	C		Fe-Ag-Cu-Pb-Zn-Sb	目前没有矿点或矿化点对应	有望找到伴生工业矿体或具有小型以上储量规模的矿床
61SbY05	山阳县大天竺山-商南县扁担山预测区	C		Au-Pb-Zn-Fe-Hg-Sb-RM-REE-V	无锑矿点分布	有希望找到工业矿体或具有小型以上储量规模的矿床
61SbY06	石泉-紫阳预测区	C		Au-Pb-Zn-Fe-Hg-Sb-RM-REE-V	无锑矿点分布	应进一步查明
62SbY01	三岔口南预测区	C	1234	Sb-Hg-As	有肃南县其他大坂锑矿化点	有一定的找矿潜力
62SbY02	扎喇寺-白泉门预测区	C	2558	Sb-Hg-As	矿床1处,矿点1处	有一定的找矿潜力
62SbY03	阿尼迈日-大石山预测区	C	8057	Sb-Hg-As	矿床3处,矿点9处	找矿潜力大

续表 7-8

编号	名称	级别	规模/km²	元素组合	已知矿产	潜力评价
62SbY04	错美-措石平预测区	B	4300	Sb-Hg-As	矿点2处,矿化点1处	找矿潜力大
62SbY05	大湾尖上-大坡梁预测区	B	2336	Sb-Hg-As	矿床1处,矿点8处,矿化点1处	找矿潜力大,注意综合研究
62SbY06	韭山预测区	A	625	Sb-Hg-As	西和县崖湾锑矿床	找矿潜力大,注意综合研究
62SbY07	嘉陵镇预测区	B	1754	Sb-Hg-As	西和县牌儿坝锑矿点	有一定的找矿潜力
63SbY01	硫磺山-五个山预测区	C		Cu-Pb-Zn-Ag-Au-Fe-Hg-Sb	矿点4处,矿化点9处	可作为找矿目标
63SbY02	托莱牧场-川刺沟预测区	B		Cu-Pb-Zn-Ag-Au-Fe-Hg-Sb	矿床3处,矿点4处	成矿远景很好
63SbY03	哈拉湖-丹德尔曲预测区	C		Cu-Pb-Zn-Ag-Au-Fe-Hg-Sb	矿点2处	有望找到具一定规模的热液型金锑矿
63SbY04	宗务隆-曲公玛预测区	C		Pb-Zn-Cu-Au-Hg-Sb	矿床1处,矿点3处,矿化点2处	具找矿潜力
63SbY05	马兰山-可考湖北预测区	C		Cu-Sn-Hg-S	矿点1处,矿化点2处	有望发现新的线索
63SbY06	加日马-西藏大沟预测区	B		Cu-Sn-Hg-S	矿床1处,矿点1处,矿化点4处	有进一步扩大规模的潜力
63SbY07	大场-莫格尔雪预测区	B		Cu-Sn-Hg-S	矿床3处,矿点4处	找矿前景可观
63SbY08	雪山乡-唐乃亥预测区	C		Cu-Sn-Hg-S	矿床5处,矿点4处,矿化点1处	具找锑矿的潜力
63SbY09	兰采-多禾茂预测区	B		Cu-Sn-Hg-S	矿床3处,矿点7处,矿化点3处	找矿前景好
63SbY10	等马河-庭曲上游预测区	B		Cu-Sn-Hg-S	矿床1处,矿点5处,矿化点2处	值得特别重视
63SbY11	纳日贡玛-扎格涌预测区	B		Cu-Pb-Zn-Ag-Au-Fe-Hg-Sb	矿点4处,矿化点4处	成矿条件好,找矿前景可观
64SbY01	卫宁北山预测区	C		As-Sb	未进行过相关的锑矿找矿工作	找矿前景较小
64SbY02	烟洞山预测区	C		As-Sb-Bi	未进行过相关的锑矿找矿工作	可做进一步地质勘查工作

续表 7-8

编号	名称	级别	规模/km²	元素组合	已知矿产	潜力评价
64SbY03	西吉盆地预测区	C		As-Sb	未进行过相关的锑矿找矿工作	推断该处可能存在锑矿
65SbY01	诺尔特预测区	C	2884	Sb-Au-Pb-Zn-Ag	尚无直接信息	有望找到小型锑矿
65SbY02	塔城北山预测区	C	2757	Sb-As-Hg	尚无直接信息	有望找到小型锑矿
65SbY03	赛里木预测区	C	4592	Sb-As-Hg-Cu-Pb-Zn	尚无直接信息	有望找到小型锑矿
65SbY04	冬吐劲预测区	C	2341	Sb-As-Hg-Au	小型锑矿1处,锑矿点1处	有望找到小型锑矿
65SbY05	额尔宾预测区	C	3183	Sb-As-Hg-Au	尚无直接信息	有望找到小型锑矿
65SbY06	老虎台-黑英山预测区	B	11 562	Sb-As-Hg-Au	中型锑矿1处,锑矿点3处	有望找到中型锑矿
65SbY07	色尔特能预测区	C	1762	Sb-As-Hg-Au-Cu	尚无直接信息	有望找到小型锑矿
65SbY08	乌什北山预测区	B	5698	Sb-As-Au	小型锑矿1处,锑矿化点2处	有望找到中型锑矿
65SbY09	木孜塔格预测区	B	4654	Sb-As-Hg-Au-Cu	尚无直接信息	有望找到中型锑矿
65SbY10	柯西预测区	C	1647	Sb-As-Hg-Au-Ag-Zn	尚无直接信息	有望找到小型锑矿
65SbY11	麻扎预测区	C	2168	Sb-As-Ag-Au	锑矿点1处	有望找到小型锑矿
65SbY12	库牙克预测区	B	2824	Sb-As-Hg-Au	尚无直接信息	有望找到中型锑矿
65SbY13	黄羊岭预测区	A	3553	Sb-As-Hg	中型锑矿1处,小型锑矿5处	有望找到大型锑矿
65SbY14	干湖滩预测区	B	3839	Sb-As-Hg-Au-W	尚无直接信息	有望找到中型锑矿
65SbY15	河尾滩预测区	B	4799	Sb-As-Hg-Pb-Zn	尚无直接信息	有望找到中型锑矿

表 7-9 锡地球化学找矿预测区一览表

编号	名称	级别	规模/km²	元素组合	已知矿产	潜力评价
62SnY01	破城山-马鬃山镇预测区	C	5047	Sn-W-Bi-Mo	肃北县破城山锡矿点、肃北县明锡山锡矿床	有一定的找矿潜力
62SnY02	星星峡南预测区	C	270	Sn-W-Bi-Mo-As	无已知矿点	有一定的找矿潜力
62SnY03	石板墩-大红山预测区	C	4488	Sn-W-Bi-Mo-As	无已知矿点	有一定的找矿潜力
62SnY04	清水-扎喇寺预测区	C	5852	Sn-W-Bi-Mo-As	肃南县小索铜沟锡矿点	有一定的找矿潜力
62SnY05	永昌县-沙顶预测区	C	1975	Sn-W-Bi-Mo-As	永昌县金井子沟锡铁矿点	有一定的找矿潜力
62SnY06	宕昌-礼县预测区	C	3345	Sn-W-Bi-As	岷县雪花山钨锡矿点	有一定的找矿潜力
63SnY01	雅沙图西预测区	C		Sn-Bi-Cu-Ag-Cd		有一定的找矿潜力
63SnY02	阿日郭勒河预测区	A			阿日郭勒河钴镍矿点、察仓郭勒砂金矿化点	找矿潜力大
63SnY03	锡铁山预测区	B		Pb-Zn-Cd-Au-Ag-Sn	锡铁山铅锌矿床	有较大找矿潜力
63SnY04	乌兰乌珠尔预测区	B		Sn-Cu-W-Bi-F	茫崖镇乌兰乌珠尔铜矿床	找矿潜力大
63SnY05	景忍预测区	B		Sn-Bi-Cu-Ag-Cd	茫崖镇冰沟南铅锌矿点、鸭子沟西铁矿化点	找矿潜力大
63SnY06	五一河预测区	B		Sn-Cd-Mo-Bi-W-Ag	景忍东锡铜矿床、五一河铁锡矿	有较大找矿潜力
63SnY07	别里赛北沟预测区	C		Sn-Cu-W-Bi-F	别里赛北沟铁矿点	有较大找矿潜力
63SnY08	沙柳河预测区	B		Sn-W-F-Li-B	小卧龙锡铁钨矿床、沙柳河南区钨锡铅锌矿床	有较大找矿潜力
63SnY09	英德尔预测区	C		Sn-Bi-Cu-Ag-Cd	铜矿化和钨矿化点各1处	有较大找矿潜力
63SnY10	龙羊峡预测区	C		Sn-Bi-Cu-Ag-Cd	铜铅锌矿点3处	有较大找矿潜力

续表 7-9

编号	名称	级别	规模/km²	元素组合	已知矿产	潜力评价
63SnY11	分水岭-洪水河预测区	C				有较大找矿潜力
63SnY12	磁铁山-五龙沟预测区	C		Sn-Bi-Cu-Ag-Cd	金、铜、铅矿床点多处	有较大找矿潜力
63SnY13	诺木洪河-洪水河预测区	C		Sn-Bi-Cu-Ag-Cd	洪水河铁矿床，铜、金矿点各1处	有较大找矿潜力
63SnY14	黑海南东预测区	C		Sn-W-F-Li-B		有较大找矿潜力
63SnY15	扎日尕那曲上游预测区	C		Sn-W-F-Li-B		有较好的找矿远景
63SnY16	常牧-曲库乎预测区	C			喏嘿欠锡铜矿点	有较大找矿潜力
63SnY17	日龙沟-赛什塘预测区	B		Sn-W-F-Li-B	日龙沟锡矿床	有较大找矿潜力
63SnY18	跑牛河上游预测区	C				有较大找矿潜力
63SnY19	纳塘卡预测区	C		Sn-W-F-Li-B	铅锌银铜矿点2处	有较大找矿潜力
63SnY20	错隆贡玛预测区	C		Sn-Bi-Cu-Ag-Cd		有较大找矿潜力
63SnY21	索乎日麻预测区	C		Sn-Bi-Cu-Ag-Cd	铜矿化点2处	有较大找矿潜力
63SnY22	尕当松多预测区	C		Sn-W-F-Li-B	克尔扎铜矿化点	有较大找矿潜力
63SnY23	唐古拉温泉（兵站）东预测区	B		Sn-Bi-Cu-Ag-Cd	玛沟脑锌钼矿化点	有较大找矿潜力
63SnY24	昂普玛预测区	B		Sn-Bi-Cu-Ag-Cd	银铅铜矿化点1处，铁矿化点2处	具有很好找矿前景
63SnY25	尕涌乡西预测区	C			锌锡铅矿点1处	有较大找矿潜力
64SnY01	牛首山预测区	C	578	Sn-W-Cu-Mo-Bi	发现铜、铁、锰矿化	具有一定的找矿潜力
64SnY02	海原-月亮山预测区	C	637	Sn-W-Cu-Mo-Bi		具有一定的找矿潜力
65SnY01	琼库尔-大桥预测区	B	4593	W-Sn-Bi-Li-Be	尚无直接信息	有望找到中型锡矿
65SnY02	白杨镇预测区	C	2762	W-Sn-Bi	尚无直接信息	有望找到小型锡矿

续表 7-9

编号	名称	级别	规模/km²	元素组合	已知矿产	潜力评价
65SnY03	库普预测区	A	4193	W-Sn-Bi	小型锡矿3处，锡矿点3处	有望找到大型锡矿
65SnY04	阿拉套预测区	B	3250	W-Sn-Mo-Bi	锡矿点2处	有望找到中型锡矿
65SnY05	科古琴山预测区	B	5733	W-Sn-Mo-Bi-Pb-Zn	锡矿点1处	有望找到中型锡矿
65SnY06	依连哈比尔尕山南坡预测区	C	6434	W-Sn-Bi	尚无直接信息	有望找到小型锡矿
65SnY07	石窑房预测区	C	4537	W-Sn-Mo-Bi	锡矿化点1处	有望找到小型锡矿
65SnY08	双井子预测区	C	3326	W-Sn-Bi	尚无直接信息	有望找到小型锡矿
65SnY09	库米什预测区	B	7915	W-Sn-Bi	锡矿点1处	有望找到中型锡矿
65SnY10	木扎尔特-黑英山预测区	B	7249	W-Sn-Bi	尚无直接信息	有望找到中型锡矿
65SnY11	黑山梁预测区	B	6490	W-Sn-Mo-Bi	尚无直接信息	有望找到中型锡矿
65SnY12	公格尔预测区	C	5353	W-Sn-Bi	尚无直接信息	有望找到小型锡矿
65SnY13	恰尔隆预测区	C	3147	W-Sn-Mo-Bi	尚无直接信息	有望找到小型锡矿
65SnY14	达布达预测区	C	4821	W-Sn-Mo-Bi-Cu	尚无直接信息	有望找到小型锡矿
65SnY15	石棉矿预测区	C	6249	W-Sn-Mo-Bi	尚无直接信息	有望找到小型锡矿
65SnY16	库木巴彦预测区	A	6262	W-Sn-Mo-Bi	尚无直接信息	有望找到大型锡矿
65SnY17	土窑洞预测区	B	4989	W-Sn-Pb-Zn-Ag-Cu	尚无直接信息	有望找到中型锡矿
65SnY18	月牙河预测区	B	3609	W-Sn-Bi-As-Sb	尚无直接信息	有望找到中型锡矿
65SnY19	乌斯腾塔格预测区	C	4374	W-Sn-Mo-Bi-Li-Be	尚无直接信息	有望找到小型锡矿

表 7-10　钼地球化学找矿预测区一览表

编号	名称	级别	规模/km²	元素组合	已知矿产	潜力评价
61MoY01	陕西省凤县黄牛铺预测区	C	1439	Mo-Cu-Zn-Ba		具有一定的找矿潜力
61MoY02	蓝田县官上-华县金堆城预测区	A	1438	Mo-Pb-Ba-Cu-Zn-Ag	大型钼矿1处,钼矿点多处	寻找脉型钼矿床的潜力较大
61MoY03	陕西省柞水县城西预测区	B	350	Mo-Ba		具有发现热液型钼矿的潜力
61MoY04	陕西省商州市大蛇沟预测区	B	615	Mo	大蛇沟钨矿	具有一定的找矿潜力
61MoY05	略阳县白水江及其以东预测区	C	454	Mo-Cu-Ni-P-V		具有新发现钒(钼)矿产的潜力
61MoY06	陕西省石泉-紫阳-平利预测区	C	7349	Mo-V-Ni-Cu	钒钼矿点4处	找矿前景较好
61MoY07	安康市大河镇-神河镇预测区	C	1305	Mo-V-Ni-Cu-U-P		具有寻找钒钼矿产的巨大潜力
61MoY08	陕西省镇坪县预测区	C	564	Mo-V-Ni-Cu-U-P		具有寻找钒钼矿产的潜力
62MoY01	黑山梁-红石山预测区	C	2219	Mo-W-Bi-Sn	无已知矿产	有一定的找矿潜力
62MoY02	敦煌点-破城山预测区	C	9296	Mo-W-Bi-Sn	已知矿点1处	有一定的找矿潜力
62MoY03	白山堂铜矿-鼎新预测区	C	2937	Mo-W-Bi-Sn	无已知矿产	有一定的找矿潜力
62MoY04	阿克塞-肃北预测区	C	10 637	Mo-W-Bi-Sn	无已知矿产	有一定的找矿潜力
62MoY05	野马南山-镜铁山矿区预测区	B	14 758	Mo-W-Sn	钨钼矿点1处	找矿潜力大
62MoY06	达加勒-红崖山预测区	C	3013	Mo-Bi-Sn	和政县铁沟-兴时沟钼矿床、卓尼县叉巴黑河钼矿化点	有一定的找矿潜力
62MoY07	秦安县-远门预测区	C	1074	Mo-W-Bi-Sn	秦安县锁子峡钼矿点	有一定的找矿潜力
62MoY08	洛门镇-五个咀预测区	A	2359	Mo-W-Bi-Sn	武山县温泉钼矿	找矿潜力较大
62MoY09	徐家店-江洛镇预测区	C	2749	Mo-W-Bi-Sn	铜钼矿化点、钼矿化点各3处	有一定的找矿潜力
62MoY10	迭部县-武都县预测区	C	8035	Mo-W-Bi-S	无已知矿产	有一定的找矿潜力

续表 7-10

编号	名称	级别	规模/km²	元素组合	已知矿产	潜力评价
62MoY11	净各留山-文县预测区	C	2051	Mo-Bi-Sn	文县临江沟岭子锰钼矿床	有一定的找矿潜力
63MoY01	青龙滩预测区	C		Zn-Mo-Cd-Sr-Pb	金矿3处,铁矿点1处	找矿潜力大
63MoY02	油葫芦沟预测区	C		Zn-Mo-Cd-Sr-Pb	油葫芦中游钼矿点	找矿潜力大
63MoY03	小东索预测区	C		Zn-Mo-Cd-Sr-Pb	钼矿化点3处	有一定的找矿潜力
63MoY04	塔塔棱河南预测区	C		Zn-Mo-Cu-Sr-Pb	铜、铅锌矿化点各1处	有较好的找矿远景
63MoY05	蓄集山预测区	B		Cu-Mo-Ag-W-Bi	铅银铜、铁矿化点各1处	找矿潜力大
63MoY06	冷龙岭-浪力克预测区			Cu-Mo-Ag-W-Bi	铜矿化点十余处	有较好的找矿远景
63MoY07	阿木尼克山东预测区	B		Cu-Mo-Ag-W-Bi	铜金、银金矿点各1处	找矿潜力大
63MoY08	鲁木切预测区	B		Cu-Mo-Ag-W-Bi	钼矿化点3处	有一定的找矿潜力
63MoY09	多龙滩预测区	C		Zn-Mo-Cd-Sr-Pb	金银铅矿床1处,钼矿化点3处	有一定的找矿潜力
63MoY10	多尔改错预测区	C				有一定的找矿潜力
63MoY11	那日尼亚预测区	B		Zn-Mo-Cd-Sr-Pb	铅(银)矿床1处	找矿潜力大
63MoY12	各拉丹冬雪峰北预测区	C			铜铅锌矿点2处	找矿潜力大
63MoY13	纳日贡玛预测区	A		Cu-Mo-Ag-W-Bi	铜钼矿点共5处	找矿潜力大
63MoY14	尕当松多预测区	C		Cu-Mo-Ag-W-Bi	久治县克尔扎铜矿化点	有较好的找矿远景
63MoY15	常错预测区	C		Zn-Mo-Cd-Sr-Pb	锌钼矿化点1处	找矿潜力大
63MoY16	杂热坎多-巴纳能预测区	B			硫铁矿化点1处	找矿潜力大
63MoY17	杂多县城南西预测区	B		As-Mo-Cu-Zn-Pb-V	铜铅锌矿化点、铁矿化点各1处	找矿潜力大
65MoY01	诺尔特钼预测区	C	2930	W-Mo-Bi-Cu-Pb-Zn-Li	尚无直接信息	有望找到小型钼矿

续表 7-10

编号	名称	级别	规模/km²	元素组合	已知矿产	潜力评价
65MoY02	哈图预测区	C	4004	Cu-Mo-Au-Ag-W-Zn	尚无直接信息	有望找到小型钼矿
65MoY03	赛里木预测区	B	3212	Cu-Mo-Au-Pb-Zn-Ag-W	尚无直接信息	有望找到中型钼矿
65MoY04	博罗科努预测区	A	3250	Cu-Mo-Au-Pb-Zn-Sb	小型钼矿2处,钼矿点5处	有望找到大型钼矿
65MoY05	达坂城预测区	C	5457	Mo-Bi-Cu-Li	尚无直接信息	有望找到小型钼矿
65MoY06	沁城预测区	C	1584	Mo-W-Sn-Bi-Cu	尚无直接信息	有望找到小型钼矿
65MoY07	乌孙山预测区	A	2031	Cu-Mo-Pb-Zn-W-Au	钼矿点1处,钼矿化点1处	有望找到大型钼矿
65MoY08	阿吾拉勒东段预测区	C	3268	Cu-Mo-Zn-Ag-Au	尚无直接信息	有望找到小型钼矿
65MoY09	辛格尔预测区	B	5979	Mo-W-Sn-Bi-Cu	小型钼矿1处,钼矿点1处	有望找到中型钼矿
65MoY10	赛马山-大平台预测区	C	5814	Mo-Cu-Ag	尚无直接信息	有望找到小型钼矿
65MoY11	巴什库尔干预测区	C	4264	Mo-W-Bi	尚无直接信息	有望找到小型钼矿
65MoY12	恰尔隆-大同预测区	B	4945	Mo-W-Sn-Bi	钼矿点2处,钼矿化点2处	有望找到中型钼矿
65MoY13	西诺预测区	C	3736	Mo-W-Sn-Bi-Cu	尚无直接信息	有望找到小型钼矿
65MoY14	石棉矿预测区	C	5998	Mo-W-Sn-Bi	尚无直接信息	有望找到小型钼矿
65MoY15	古尔嘎预测区	C	4443	Mo-W-Sn-Bi	尚无直接信息	有望找到小型钼矿
65MoY16	吐拉南预测区	C	2379	Mo-Cu-W-Sn-Bi	尚无直接信息	有望找到小型钼矿
65MoY17	柯西预测区	B	2998	Cu-Mo-Au-Ag-Sb-Zn	尚无直接信息	有望找到中型钼矿
65MoY18	麻扎达拉预测区	C	3075	Mo-W-Sn-Bi-Sb	尚无直接信息	有望找到小型钼矿

表 7-11 镍地球化学找矿预测区一览表

编号	名称	级别	规模/km²	元素组合	已知矿产	潜力评价
61NiY01	陇县上寨子西预测区	C	310	Ni-Cr-Co-Fe₂O₃	无直接信息	找矿潜力较大
61NiY02	周至县厢营坪预测区	B	569	Ni-Co-Cr	无直接信息	找矿潜力较大
61NiY03	蓝田县云台山预测区	B	605	Ni-Cr-Cu	草坪镍矿点	具有较好找矿潜力
61NiY04	留坝县姜窝子预测区	C	315	Ni-Cr-Co-Fe₂O₃	楼房沟铬铁矿点	具有较好找矿潜力
61NiY05	商南县金盆预测区	A	243	Ni-Cr-Fe	金盆镍钴铜矿（点）	具有新发现或扩大储量的潜力
61NiY06	略阳县煎茶岭预测区	A	973	Ni-Cr-Co-Fe-Cu	无直接信息	找矿潜力较大
61NiY07	西乡县桑溪沟预测区	C	271	Ni-Cr-Co-Fe₂O₃	无直接信息	有新发现铬矿的潜力
61NiY08	西乡县望江山预测区	B	291	Ni-Co-Fe	乔家山钴镍矿	具很好的找矿潜力
62NiY01	黄岗-红石山预测区	C	2835	Ni-Cu-Mo-Ag-As-Sb	无已知矿产	有一定的找矿潜力
62NiY02	野马泉-马鬃山预测区	C	2368	Ni-Cu-Mo-Ag-As-Sb	无已知矿产	有一定的找矿潜力
62NiY03	火石山-双峰山预测区	B	2928	Ni-Cu-Mo-Ag-As-Sb	有 1 处铜镍矿，即肃北黑山铜镍矿	有一定的找矿潜力
62NiY04	红柳河-玉石山预测区	C	2391	Ni-Cu-Mo-Ag-As-Sb	无已知矿产	有一定的找矿潜力
62NiY05	肃北蒙古族自治县-香毛山预测区	C	17 291	Ni-Cu-Mo-Ag-As-Sb	镍矿点 1 处，铜镍矿点 2 处	有一定的找矿潜力
62NiY06	镜铁山矿区-东岔预测区	C	13 297	Ni-Cu-Mo-Ag-As-Sb	无已知矿产	有一定的找矿潜力
62NiY07	白山子-红沙岗预测区	B	2414	Ni-Cu-Mo-Ag-As-Sb	铜镍矿点 1 处	有一定的找矿潜力
62NiY08	金昌市-永昌县预测区	A	2537	Ni-Cu-Mo-Ag-As-Sb	金川铜镍矿	找矿潜力较好
62NiY09	老君山-姚渡镇预测区	C	691	Ni-Cu-Mo-Ag-As-Sb	文县银厂沟铜镍矿点	有一定的找矿潜力

续表 7-11

编号	名称	级别	规模/km²	元素组合	已知矿产	潜力评价
63NiY01	托莱牧场东预测区	B		Ni-Cu-Zn-Co-Mo	铬铁矿、铁矿、金矿床各1处	铬镍矿找矿潜力大
63NiY02	川刺沟预测区	C		Ni-Cu-Zn-Co-Mo	铁、铬、金矿和铅锌各1处	铬镍矿找矿潜力大
63NiY03	黄藏寺预测区	B		Ni-Cr-Co-Mo	镍钴矿点2处,铬铁矿点1处	铬镍矿找矿潜力大
63NiY04	小东索预测区	C		Ni-Cu-Zn-Co-Mo	铅矿床、硫铁矿各1处	铬镍矿找矿潜力大
63NiY05	绿梁山落凤坡预测区	C		Ni-Cu-Zn-Co	铅银锌矿床、铬铁矿各1处	有铬镍锰矿找矿潜力
63NiY06	哈莉哈德山预测区	C		Ni-Cr-Co-Mn	铬矿点1处,锰、铁矿点各1处	具有铬镍矿找矿潜力
63NiY07	拉脊山预测区	B		Ni-Cu-Co	无已知矿产	具有镍矿找矿潜力
63NiY08	哈尔廊勒预测区	C		Ni-Cu-Co	元石山镍铁矿床	具有铜金矿找矿潜力
63NiY09	雪山乡西预测区	C		Ni-Cu-Co	铜矿点2处	具有铜金矿找矿潜力
63NiY10	东布里山东预测区	C		Ni-Cu-Co	无已知矿产	具有寻找层控型铁镍矿的潜力
63NiY11	德尔尼预测区	C		Ni-Cu-Co	铜钴矿和铜矿点各1处	镍铜矿找矿潜力大
63NiY12	隆宝-直门达预测区	C		Ni-Cu-Co	金、锰矿化点各1处	具有铬镍矿找矿潜力
64NiY01	贺兰山北段预测区	B	106	Ni-Cu-Co	王全口铁矿点	有找到与基性—超基性岩体相关的镍矿的可能
64NiY02	牛首山预测区	B	372	Ni-Cu-Co	有铜、铁、锰矿化点	有一定的找矿潜力
64NiY03	烟洞山预测区	C	519	Ni-Cu-Co	有铜、铁矿化点	有一定的找矿潜力
64NiY04	南西华山预测区	B	148	Ni-Cu-Co	金矿化点1处,铜多金属矿化点1处	有较大的找矿潜力
65NiY01	富蕴预测区	A	2471	Ni-Cu-Co-Cr	大型镍矿1处	有望找到大型镍矿
65NiY02	特克斯预测区	B	1449	Ni-Cu-Co-Cr	镍矿点1处	有望找到中型镍矿
65NiY03	冰达坂预测区	C	3321	Ni-Cu-Co-Cr	尚无直接信息	有望找到小型镍矿

续表 7-11

编号	名称	级别	规模/km²	元素组合	已知矿产	潜力评价
65NiY04	黄山预测区	A	2201	Ni-Cu-Co-Cr	大型镍矿2处，中型镍矿1处	有望找到大型镍矿
65NiY05	那拉提预测区	B	3333	Ni-Cu-Co-Cr	镍矿点1处	有望找到中型镍矿
65NiY06	兴地预测区	A	3177	Ni-Cu-Co-Cr	小型镍矿1处	有望找到大型镍矿
65NiY07	笔架山预测区	A	2655	Ni-Cu-Co-Cr	镍矿点2处，镍矿化点1处	有望找到大型镍矿
65NiY08	坡北预测区	A	945	Ni-Cu-Co-Cr	大型镍矿2处，中型镍矿1处	有望找到大型镍矿
65NiY09	清水河预测区	C	4160	Ni-Cu-Co-Cr	镍矿点1处	有望找到小型镍矿
65NiY10	阿羌预测区	B	3644	Ni-Cu-Co-Cr	镍矿点1处	有望找到中型镍矿
65NiY11	托满预测区	B	4262	Ni-Cu-Co-Cr	尚无直接信息	有望找到中型镍矿

表 7-12 铬地球化学找矿预测区一览表

编号	名称	级别	规模/km²	元素组合	已知矿产	潜力评价
61CrY01	陇县上寨子西预测区	C	306	Cr-Co-Ni-Fe₂O₃	尚无直接信息	具有一定的找矿潜力
61CrY02	周至县厢营坪预测区	B	647	Cr-Co-Ni	尚无直接信息	具有一定的找矿潜力
61CrY03	蓝田县云台山预测区	B	337	Cr-Ni-Fe₂O₃	草坪铬铁矿点	有望找到具一定规模的铬矿床
61CrY04	商南县松树沟预测区	A	180	Cr-Co-Ni-Fe₂O₃	有多处铬铁矿点	成矿潜力较大
61CrY05	留坝县楼房沟预测区	B	455	Cr-Co-Ni-Fe₂O₃	楼房沟铬铁矿点	有望找到具一定规模的铬矿床
61CrY06	略阳县煎茶岭预测区	A	844	Cr-Co-Ni-Fe₂O₃	已发现铬铁矿矿化点2处	有望找到或新增具有大型以上储量规模的铬矿床
61CrY07	西乡县桑溪沟预测区	C	292	Cr-Co-Ni-Fe₂O₃	尚无直接信息	具有新发现铬铁矿的可能
62CrY01	黄岗-红石山预测区	C	3061	Cr-Ni-Co-Cu	已知矿点1处	有一定的找矿潜力

续表 7-12

编号	名称	级别	规模/km²	元素组合	已知矿产	潜力评价
62CrY02	红柳河-玉石山预测区	C	1510	Cr-Ni-Co-Cu	无已知矿点	有一定的找矿潜力
62CrY03	黑山-柳园预测区	C	625	Cr-Ni-Co-Cu	已知矿点4处	有一定的找矿潜力
62CrY04	四道梁-甜水井东黄山预测区	C	6222	Cr-Ni-Co-Cu-P	已知矿点1处	有一定的找矿潜力
62CrY05	水峡口-妖魔山预测区	C	5981	Cr-Ni-Co-Cu-P	已知矿点3处	有一定的找矿潜力
62CrY06	阿尔金山-大鄂博头开任预测区	C	2531	Cr-Ni-Co-Cu-P	已知矿点1处	有一定的找矿潜力
62CrY07	苦水泉子-大德尔基预测区	B	4280	Cr-Ni-Co-Cu-P	大德尔基铬矿(中型)及其他4处已知矿点	成矿潜力大
62CrY08	大雪山-盐池湾预测区	C	3227	Cr-Ni-Co-Cu-P	已知矿点1处	有一定的找矿潜力
62CrY09	红石咀-镜铁山预测区	C	2085	Cr-Ni-Co-Cu-P	已知矿点2处	有一定的找矿潜力
62CrY10	祁青-扎喇寺预测区	C	3201	Cr-Ni-Co-Cu-P	已知矿点6处	有一定的找矿潜力
62CrY11	白泉门-东岔预测区	C	2691	Cr-Ni-Co-Cu-P	已知矿点5处	有一定的找矿潜力
62CrY12	金昌-河西堡镇预测区	C	1820	Cr-Ni-Cu	无已知矿点	铬为伴生元素
62CrY13	炭山岭-武胜驿镇预测区	C	2115	Cr-Ni-Co-Cu-P	无已知矿点	有一定的找矿潜力
62CrY14	盐锅峡-虎狼沟掌预测区	C	1298	Cr-Ni-Co-Cu-P	已知矿点1处	有一定的找矿潜力
63CrY01	德令哈市克腾郭勒北预测区	C		Cr-Ni-Co	铜矿化点1处	有一定的找矿潜力
63CrY02	托莱牧场北东预测区	B		Cr-Ni-Co	铬铁矿床1处,矿点3处	有一定的找矿潜力
63CrY03	川刺沟预测区	C	123	Cr-Ni-Co	铬铁矿矿点3处	有较好的找矿远景
63CrY04	黄藏寺预测区	B		Cr-Ni-Co	铬铁矿矿点3处	有较好的找矿远景

续表 7-12

编号	名称	级别	规模/km²	元素组合	已知矿产	潜力评价
63CrY05	百经寺预测区	C		Cr-Ni-Co	铬铁矿床 1 处，矿点 4 处	有较好的找矿远景
63CrY06	小东索预测区	C		Cr-Ni-Co	铬铁矿矿点 3 处	有较好的找矿远景
63CrY07	绿梁山落凤坡预测区	B	480	Cr-Ni-Co	铬铁矿床 2 处，矿点 1 处	铬铁矿找矿潜力大
63CrY08	红沟预测区	C		Cr-Ni-Co-Cu	铬铁矿矿点 1 处，铜矿床 2 处	有铜金矿找矿潜力
63CrY09	罗藏沟预测区	C		Cr-Ni-Co	尚无直接信息	成矿地质条件有利
63CrY10	哈莉哈德山预测区	C		Cr-Ni-Co	铬铁矿矿点 5 处	有较好的找矿前景
63CrY11	拉脊山预测区	C		Cr-Ni-Co	铬铁矿矿点 4 处	铬镍矿找矿潜力大
63CrY12	哈尔廓勒预测区	C	67	Cr-Ni-Co	铬铁矿矿点 1 处	有较好的找矿远景
63CrY13	隆宝-直门达预测区	C		Cr-Ni-Co-Mn	金矿化点及锰矿点各 1 处	有较好的找矿远景
64CrY01	贺兰山北段预测区	B		Cr-Ni-Co	铁矿床	存在与基性—超基性岩体相关的铬矿的可能
64CrY02	牛首山预测区	B		Cr-Ni-Co-Mg	尚无直接信息	有一定的找矿潜力
64CrY03	烟洞山预测区	C		Cr-Ni-Co-Au	铜铁矿化点	有一定的找矿潜力
64CrY04	南西华山-六盘山预测区	B		Cr-Ni-Co	铜铅锌矿床	找矿潜力较大
64CrY05	西吉盆地预测区	C		Cr-Ni-Co-Mg	尚无直接信息	可能存在一定的铬工业矿体
65CrY01	玛依勒预测区	B	1110	Cr-Ni-Co-MgO-Cu	铬矿点 2 处	有望找到中型铬矿
65CrY02	哈图预测区	A	2546	Cr-Ni-Co-MgO-Au-a-a	中型铬矿 2 处	有望找到大型铬矿
65CrY03	唐巴勒预测区	A	3641	Cr-Ni-Co-MgO-Cu	铬矿点 22 处	有望找到大型铬矿
65CrY04	卡拉麦里预测区	B	2660	Cr-Ni-Co-MgO-Au	铬矿点 5 处	有望找到中型铬矿
65CrY05	依连哈比尔尕北坡预测区	C	6871	Cr-Ni-Co-MgO-Cu	铬矿点 5 处	有望找到小型铬矿

续表7-12

编号	名称	级别	规模/km²	元素组合	已知矿产	潜力评价
65CrY06	冰达坂-干沟预测区	C	55 471	Cr-Ni-Co-MgO	尚无直接信息	有望找到小型铬矿
65CrY07	克其克库勒预测区	C	48 391	Cr-Ni-Co-MgO-As-Sb	铬矿点1处	有望找到小型铬矿
65CrY08	红柳沟预测区	C	1904	Cr-Ni-Co-MgO-Cu	铬矿点1处	有望找到小型铬矿
65CrY09	清水河预测区	C	4216	Cr-Ni-Co-MgO	尚无直接信息	有望找到小型铬矿
65CrY10	科岗-库地预测区	B	3366	Cr-Ni-Co-MgO	尚无直接信息	有望找到中型铬矿
65CrY11	托满预测区	C	4262	Cr-Ni-Co-MgO-Cu	尚无直接信息	有望找到小型铬矿
65CrY12	木孜塔格预测区	B	2471	Cr-Ni-Co-MgO-Cu	尚无直接信息	有望找到中型铬矿
65CrY13	再依勒克预测区	C	1777	Cr-Ni-Co-MgO	铬矿点1处	有望找到小型铬矿

表7-13 银地球化学找矿预测区一览表

编号	名称	级别	规模/km²	元素组合	已知矿产	潜力评价
61AgY01	陇县西预测区	B	363	Ag-Cu-Pb-Zn	尚无直接信息	有热液型银多金属找矿前景
61AgY02	华县金堆城镇预测区	B	376	Ag-Pb-Co-Cu-Mo	尚无直接信息	有望找到小型银矿
61AgY03	潼关县太要镇预测区	B	377	Au-Ag-Pb-Zn	金矿化点4处	有望找到小型银矿
61AgY04	陕西省凤县黄牛铺镇预测区	C	72	Ag-Pb-Zn	铅锌矿1处	有望找到小型银矿
61AgY05	凤县尖端山-黄柏塬预测区	A	740	Ag-Au-Cu-Pb-Zn	尚无直接信息	找矿前景良好
61AgY06	户县东流水预测区	C	437	Au-Ag-Pb	发现铜矿点1处	找矿前景良好
61AgY07	洛南县永丰镇预测区	B	388	Ag-Au-Cu-Pb-Zn-Hg	金矿化点1处	有望找到蚀变型金银矿
61AgY08	商州市东预测区	B	528	Ag-Cu-Pb-Zn	银铜铁矿点1处	有一定的找到前景
61AgY09	略阳县白水江镇-金坝梁东预测区	C	768	Ag-Au-Cu-Zn	尚无直接信息	具有与热液相关的银多金属找矿潜力

续表 7-13

编号	名称	级别	规模/km²	元素组合	已知矿产	潜力评价
61AgY10	窑北坪街-宁陕县西预测区	C	257	Ag-Pb-Cu-Mo-Sn-W	尚无直接信息	具金、银多金属找矿潜力
61AgY11	镇安县云盖寺镇预测区	A	740	Ag-Au-Cu-Pb-Zn	铜银矿1处、铅锌矿1处	找矿前景良好
61AgY12	柞水县凤凰镇北预测区	A	448	Ag-Cu-Pb-Zn	铜矿1处、铅锌矿1处	有望找到大型银矿
61AgY13	山阳县大天竺山预测区	A	880	Ag-Cu-Pb-Zn	尚无直接信息	找矿前景良好
61AgY14	勉县找矿预测区	C	560	Ag-Cu-Au-Zn	铅锌矿点1处	具有寻找金银的潜力
61AgY15	宁强县干镇预测区	C	196	Ag-Au-Cu-Pb-Zn	铅锌矿床1处	银多金属找矿潜力大
61AgY16	南郑县碑坝镇东南预测区	C	152	Ag-Pb-Zn	尚无直接信息	具有沉积改造型银多金属找矿潜力
61AgY17	石泉县石泉水库-流水镇预测区	C	1032	Ag-Zn-Cu	尚无直接信息	有一定的找矿前景
61AgY18	镇巴县大巴塘预测区	C	852	Ag-Zn-Cu	尚无直接信息	有一定的找矿前景
61AgY19	平利县找矿预测区	C	1932	Ag-Zn-Cu-Au	尚无直接信息	找矿潜力较大
61AgY20	旬阳县神河镇预测区	C	423	Ag-Zn-Cu	尚无直接信息	有一定的找矿前景
61AgY21	白河县玉皇庙东南预测区	B	132	Ag-Zn	尚无直接信息	成矿条件有利
61AgY22	镇坪县找矿预测区	C	499	Ag-Zn-Cu	尚无直接信息	具寻找沉积矿产的潜力
62AgY01	明水-破城山预测区	C	1032	Ag-Pb-Zn-Cd	金、银矿化点各1处	有一定的找矿前景
62AgY02	马鬃山镇-红土崖预测区	C	1767	Ag-Pb-Zn-Cd	已知铜矿床1处	有一定的找矿前景
62AgY03	独红山-双峰山预测区	C	4114	Ag-Pb-Zn-Cd	已知银矿床1处	有一定的找矿前景
62AgY04	香毛山-祁青预测区	C	8094	Ag-Zn-Cd	已知银矿床1处	有一定的找矿前景
62AgY05	山丹县-金昌预测区	C	3876	Ag-Pb-Zn-Cd	尚无直接信息	有一定的找矿前景
62AgY06	响水顶-哈溪镇区	C	2000	Ag-Pb-Zn-Cd	尚无直接信息	有一定的找矿前景
62AgY07	白银-靖远县预测区	C	2859	Ag-Pb-Zn-Cd	已知铜矿床1处	有一定的找矿前景
62AgY08	成县-徽县预测区	B	9884	Ag-Pb-Zn-Cd	尚无直接信息	有一定的找矿前景

续表 7-13

编号	名称	级别	规模/km²	元素组合	已知矿产	潜力评价
63AgY01	川刺沟-油葫芦预测区	B	121		铅锌银矿床1处	找矿潜力大
63AgY02	复古黄阿预测区	C	140		尚无直接信息	找矿前景较好
63AgY03	湾阳河-小东索预测区	B	17		郭米寺铅铜锌矿床	找矿潜力大
63AgY04	鱼卡北预测区	C			尚无直接信息	规模不大
63AgY05	红哑豁预测区	C	106		尚无直接信息	有找矿价值
63AgY06	锡铁山预测区	C			铅锌（银）矿床	扩大规模矿床潜力巨大
63AgY07	蓄积山预测区	B	104		铅银铜矿床1处	找矿潜力大
63AgY08	苏吉滩南预测区	C			铜矿床1处，铅银铜矿化点1处	找矿潜力大
63AgY09	冰沟-虎头崖预测区	B	371		铜铅锌（银）矿床1处，铜铅锌矿点2处	找矿潜力巨大
63AgY10	五十里乡黑龙掌预测区	C	82		尚无直接信息	找矿潜力大
63AgY11	夏日哈-沙柳河预测区	B	91		铅锌（银）矿床1处	找矿潜力巨大
63AgY12	日月山-拉脊山预测区	C	61		尚无直接信息	找矿潜力大
63AgY13	扎麻山预测区	B			铅锌铜矿床1处，铅银矿点1处	找矿潜力巨大
63AgY14	多龙北预测区	C	15.6		银多金属矿化点1处	有一定的找矿前景
63AgY15	玛温根预测区	C			金矿点1处，铅银矿化点2处	找矿潜力大
63AgY16	在日沟预测区	B	13		银锌铅矿2处，银矿点1处	找矿潜力巨大
63AgY17	新街预测区	C			尚无直接信息	有一定的找矿前景
63AgY18	鄂拉山口-尕科预测区	C			砷银矿1处，铅锌银矿床1处	有一定的找矿前景
63AgY19	夏卜楞-老藏沟预测区	B	119		铅锌（银）矿和铜矿床各1处	找矿潜力巨大
63AgY20	康特金石格曲南预测区	C			尚无直接信息	找矿潜力大
63AgY21	扎麻西孔预测区	C			银铅锌矿床和铜银矿床各1处	找矿潜力大

续表 7-13

编号	名称	级别	规模/km²	元素组合	已知矿产	潜力评价
63AgY22	唐古拉山西预测区	C			尚无直接信息	找矿潜力巨大
63AgY23	达哈贡玛-巴木曲西预测区	C			尚无直接信息	找矿潜力巨大
63AgY24	格伯塘预测区	B			尚无直接信息	找矿潜力巨大
63AgY25	那日尼亚预测区	B			铅(银)矿床1处	找矿潜力巨大
63AgY26	多采-聂恰预测区	C			铜铅锌(银)矿1处	找矿潜力巨大
63AgY27	白玛曲-阿木错东预测区	C			尚无直接信息	找矿潜力巨大
63AgY28	奔错湖-雁石坪预测区	A			铅锌银矿点3处	找矿潜力巨大
63AgY29	纳日贡玛预测区	A			银铅锌矿1处,铜矿化点3处	热液型银矿找矿潜力巨大
63AgY30	扎格涌预测区	A	608	Pb-Zn-Ag-Hg-Cd-Ba-Bi	锌铅铜矿床、矿化点各1处	银矿找矿潜力巨大
63AgY31	赵卡隆预测区	C			铁银铅矿床1处	找热液型银矿潜力巨大
63AgY32	解嘎预测区	C			铅矿化点1处,铜矿化点2处	成矿潜力巨大
64AgY01	贺兰山北段预测区	B		Ag-Cu-Pb-Zn-Au-As-Sb	牛头沟金铜矿	找矿潜力较大
64AgY02	卫宁北山预测区	B		Ag-Cu-Pb-Zn-Au-As-Sb	金场子金铜矿	有一定的找矿潜力
64AgY03	香山砂岩型预测区	B		Ag-Cu-Pb-Zn-Au-As-Sb	铅锌矿化点	有较大的找矿潜力
64AgY04	南西华山预测区	B		Ag-Cu-Pb-Zn-Au-As-Sb	构造蚀变岩型金矿	有较大的找矿潜力
64AgY05	六盘山预测区	B		Ag-Cu-Pb-Zn-Au-As-Sb	有多处铜矿化点	找矿潜力较大
65AgY01	大桥预测区	B	4758	Au-Ag-Sb-Cu-Pb-Zn	尚无直接信息	有望找到中型银矿
65AgY02	诺尔特预测区	B	1389	Cu-Pb-Zn-Au-Ag-W-Sn-Sb	尚无直接信息	有望找到中型银矿

续表 7-13

编号	名称	级别	规模/km²	元素组合	已知矿产	潜力评价
65AgY03	阿勒泰预测区	B	3718	Pb-Zn-Cd-W-Sn-Bi	尚无直接信息	有望找到中型银矿
65AgY04	哈图预测区	C	3667	Au-Ag-Cu-As-Sb-Hg	尚无直接信息	有望找到小型银矿
65AgY05	卡拉麦里预测区	C	5825	Au-Ag-Cu-As-Sb-Hg	银矿点1处	有望找到小型银矿
65AgY06	赛里木预测区	B	5820	Au-Ag-As-Sb-Pb-Zn-Cd	小型银矿1处	有望找到中型银矿
65AgY07	图拉苏预测区	B	1943	Au-Ag-As-Sb-Pb-Zn-Cd	大型银矿1处	有望找到中型银矿
65AgY08	达坂城预测区	C	5212	Ag-Pb-Zn-Cd-Cu-Li	尚无直接信息	有望找到小型银矿
65AgY09	乌孙山-阿吾拉勒山预测区	B	12 718	Ag-Pb-Zn-Cd-Cu-Mo-Au	小型银矿2处	有望找到中型银矿
65AgY10	百灵山-雅满苏预测区	A	7083	Ag-Zn-Cd-Cu-As	中型银矿和小型银矿	有望找到大型银矿
65AgY11	大水预测区	B	5290	Ag-Pb-Zn-Cd-Cu	尚无直接信息	有望找到中型银矿
65AgY12	库米什预测区	B	9551	Ag-Pb-Zn-Cd	银矿点1处	有望找到中型银矿
65AgY13	赛马山预测区	C	5071	Ag-Pb-Zn-Cd-Cu	尚无直接信息	有望找到小型银矿
65AgY14	乌恰预测区	C	2319	Ag-Pb-Zn-Cd	银矿点1处	有望找到小型银矿
65AgY15	土窑洞预测区	B	3515	Ag-Pb-Zn-Cd-W-Sn	尚无直接信息	有望找到中型银矿
65AgY16	木孜塔格预测区	B	9877	Au-Ag-Cu-As-Sb-Hg	尚无直接信息	有望找到中型银矿
65AgY17	柯西预测区	B	10 139	Au-Ag-As-Sb-Zn-Cu-Mo	尚无直接信息	有望找到中型银矿
65AgY18	麻扎达拉预测区	C	2532	Pb-Zn-Ag-Cd-Cu	尚无直接信息	有望找到小型银矿
65AgY19	大红柳滩预测区	C	2938	Ag-Pb-Zn-Cd-Cu	尚无直接信息	有望找到小型银矿
65AgY20	岔路口预测区	B	3947	Pb-Zn-Cd-Ag-Cu-Sb	尚无直接信息	有望找到中型银矿

表 7-14 稀土地球化学找矿预测区一览表

编号	名称	级别	规模/km²	元素组合	已知矿产	潜力评价
61REEY1	宝鸡市颜家河南-天王镇南预测区	C		Au-Ag-Mo-W-Cu-Pb-Sb-稀有放射性元素		找矿潜力较好
61REEY2	蓝田县玉山镇-华县小夫峪预测区	A		Au-Mo-Pb-Ag-W-Cu-Fe-稀有稀土放射性元素		有新增储量的前景
61REEY3	留坝县铁佛殿-洋县华阳镇预测区	B		Au-Ag-Pb-Zn-Hg-Sb-Cu-Fe-Mo-W-F-稀有稀土放射性元素	内有1处矿点分布	有希望找到新的矿床
61REEY4	紫阳县三官堂预测区	B		Au-Ag-Pb-Zn-Hg-Sb-Cu-Fe-Mo-W-F-稀有稀土	内有1处矿点分布	具有较好的找矿前景
62REEY1	新场南预测区	C	2385	La-Y-Nb	金塔县稀土矿点	有一定的找矿潜力
62REEY2	阿尔金山-苦水泉子预测区	C	4376	La-Y-Nb	肃北县雁丹图稀土矿床	有一定的找矿潜力,可加强综合研究
62REEY3	正北山-盘头山预测区	C	1822	La-Y-Nb	临泽县穿心河东南稀土矿点、黑山口稀土矿点	有一定的找矿潜力,可加强综合研究
62REEY4	干沙河脑预测区	B	1245	La-Y-Nb	天祝干沙河脑多金属稀土矿点	找矿潜力大
63REEY1	夏拉河南北两侧预测区	B		Nb-La-Sr-P	有铁、铜、铅银等矿(化)点,发现1处铌矿点	找矿潜力大
63REEY2	拉脊山预测区	B		Nb-La-Sr-P	矿床2处,矿点2处	有利于形成稀土矿
63REEY3	磁铁山-埃肯德勒斯特预测区	A		Fe-Pb-Zn-Cu-Co-W-Sn-Au	矿床2处,矿点4处	有利于形成稀土矿
63REEY4	沱沱河地区茶保玛组地层碱性岩预测区	B		Nb-La-Sr-P	区内无已知矿	有找矿前景
63REEY5	三江带中巴那能-东巴预测区	C		Nb-La-Sr-P	矿床1处,矿点2处,矿化点2处	对稀土矿形成比较有利
64REEY1	贺兰山北段预测区	B		Nb-La-Sr-P		有较大的找矿潜力
64REEY2	牛首山预测区	C		Nb-La-Sr-P		找矿潜力有限
64REEY3	云雾山预测区	C		Nb-La-Sr-P		可能存在与之相关的稀土类矿
64REEY4	六盘山预测区	B		Nb-La-Sr-P		找矿潜力较大,正在进行矿产远景调查

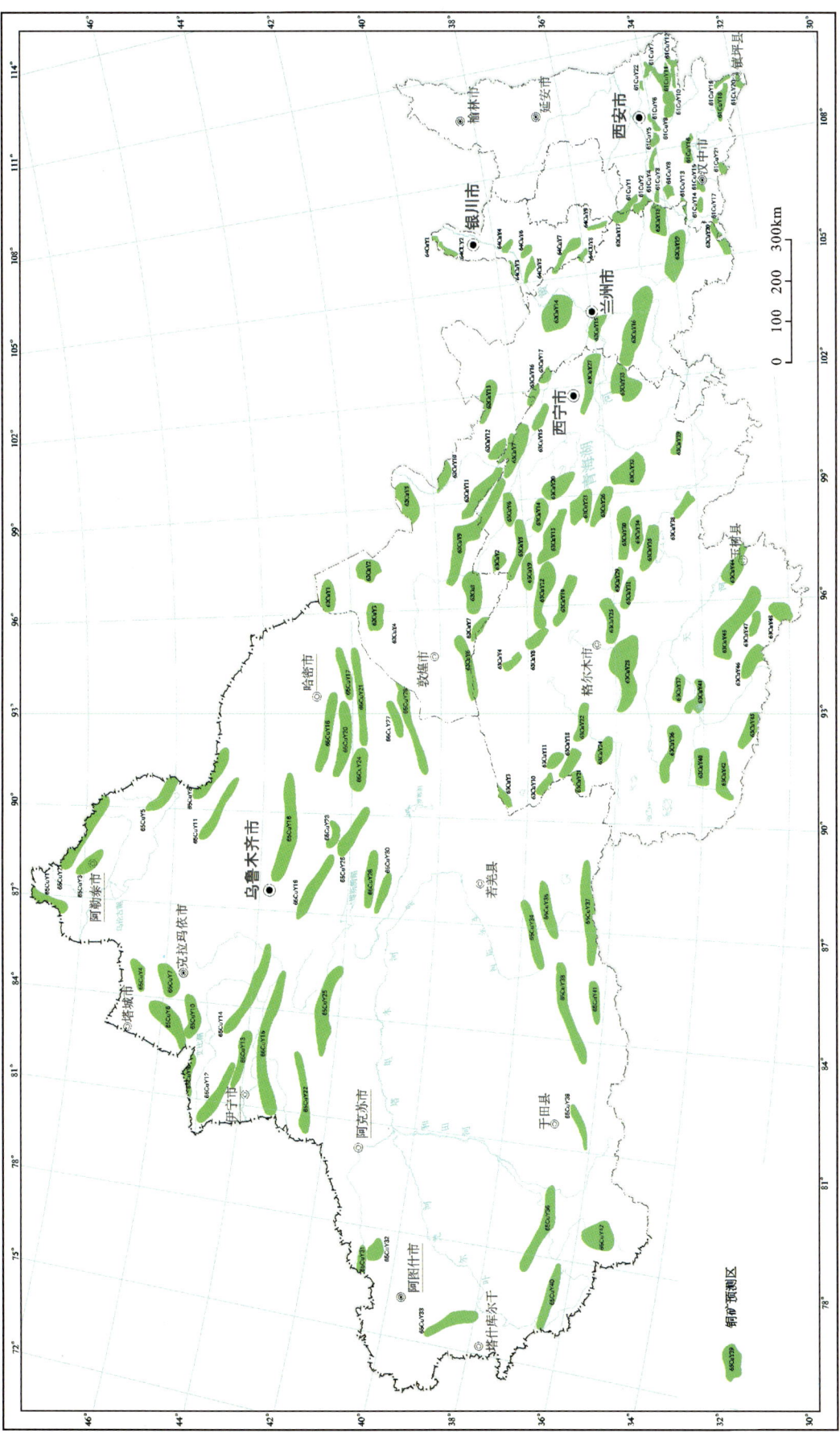

图7-1 西北地区铜地球化学找矿预测区分布图

西北地区矿产资源潜力地球化学评价

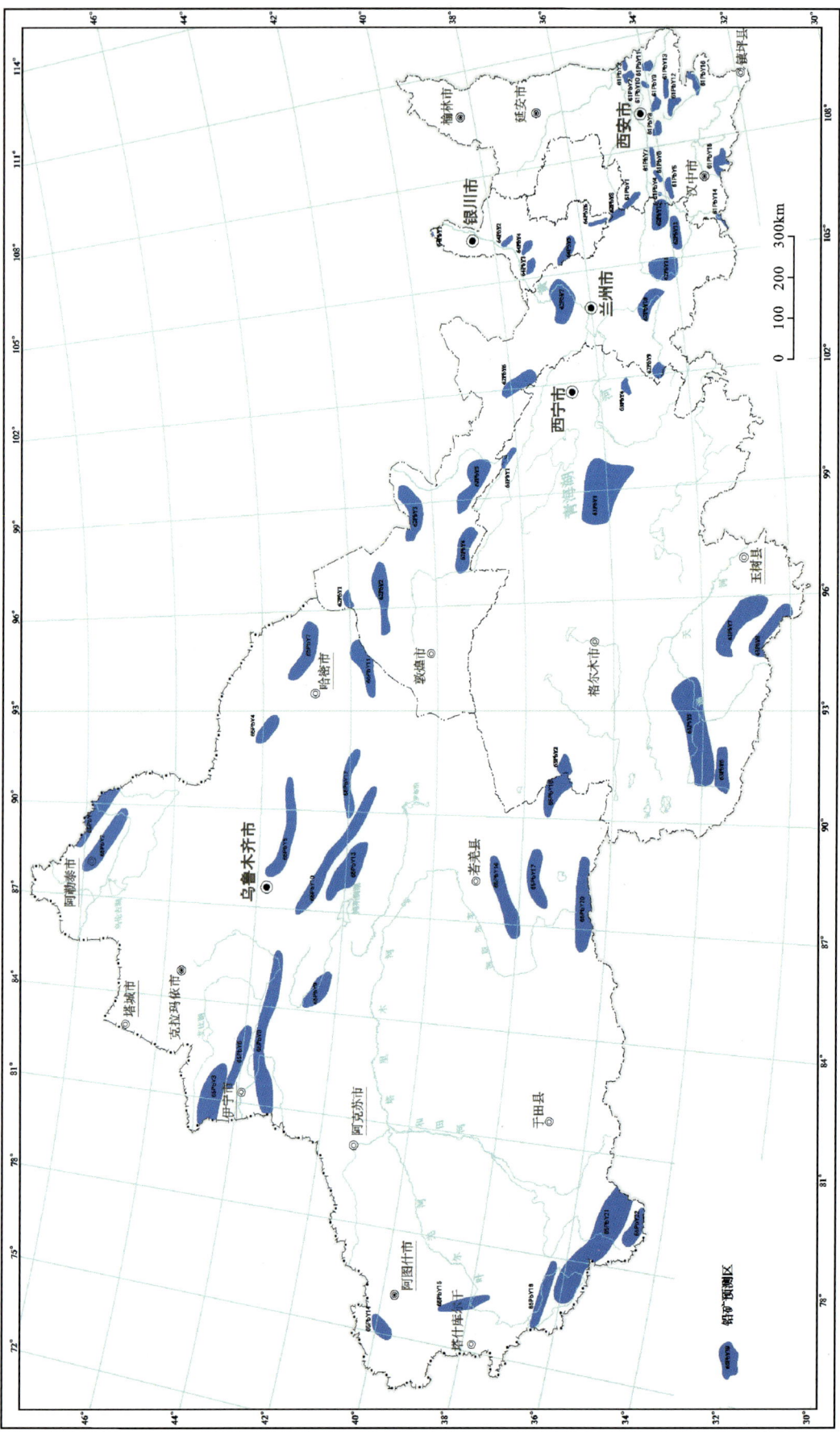

图 7-2 西北地区铅地球化学找矿预测区分布图

第七章 地球化学预测区圈定方法及综合评价

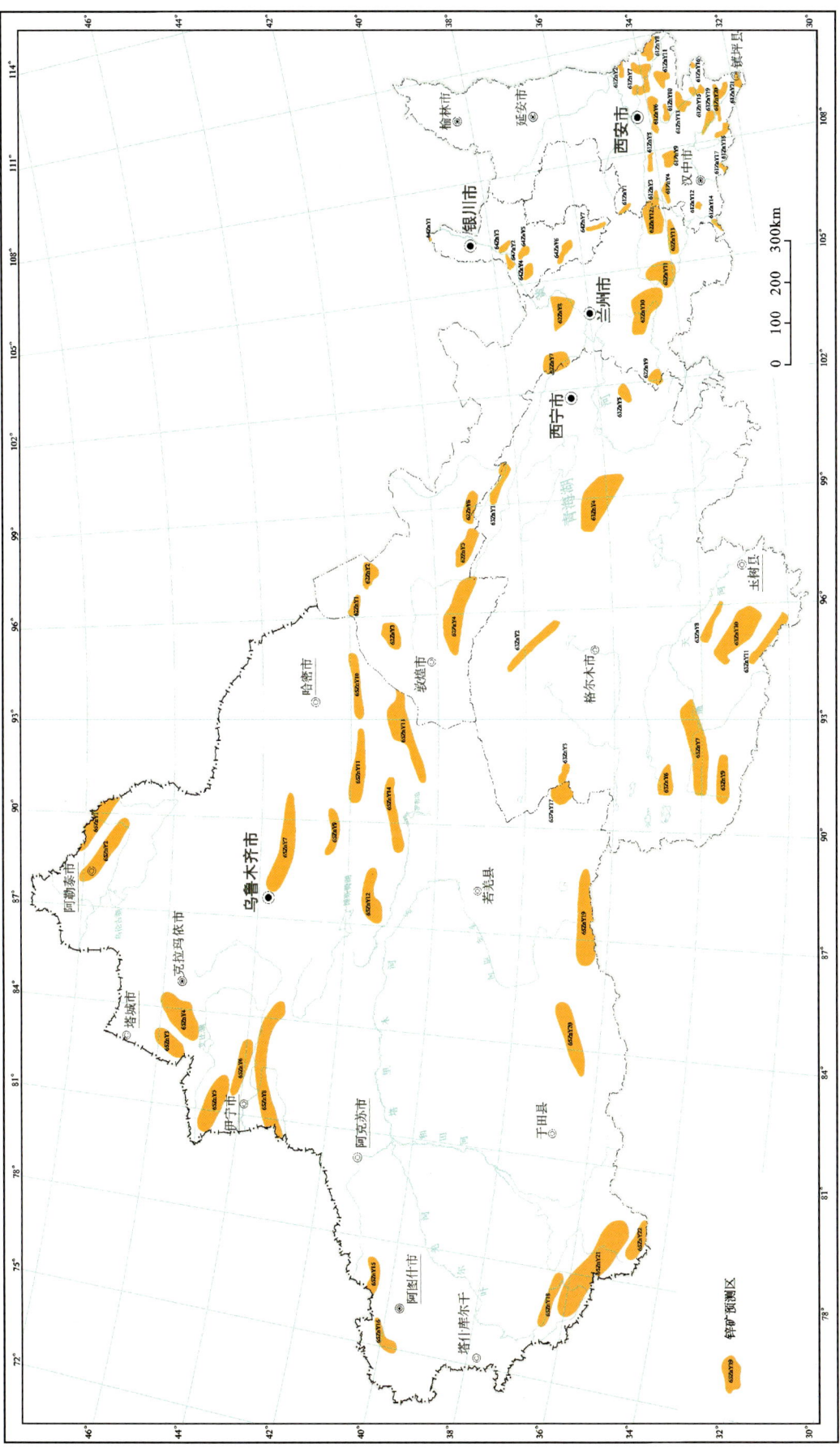

图 7-3 西北地区锌地球化学找矿预测区分布图

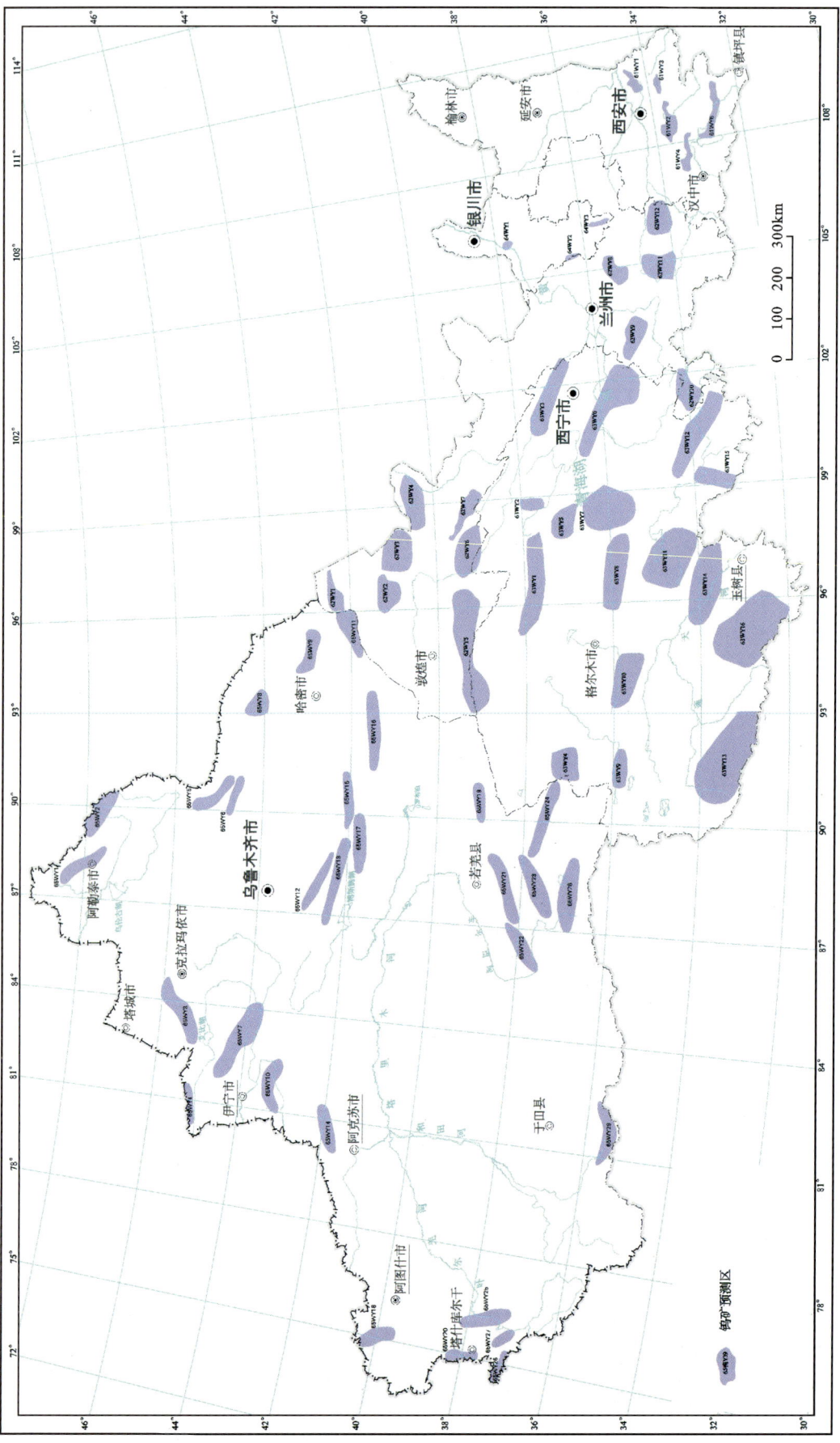

图7-4 西北地区钨地球化学找矿预测区分布图

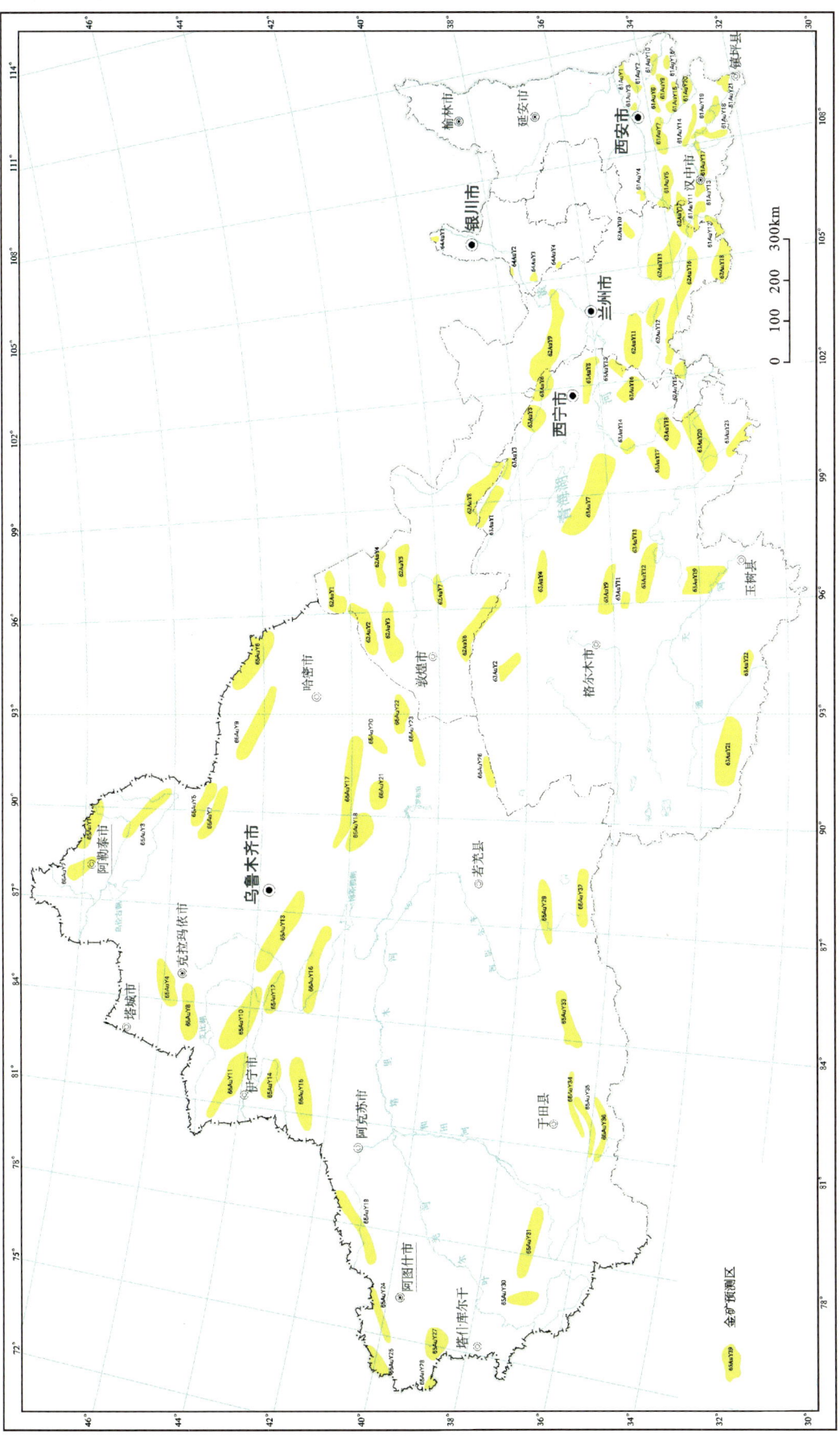

图7-5 西北地区金地球化学找矿预测区分布图

西北地区矿产资源潜力地球化学评价

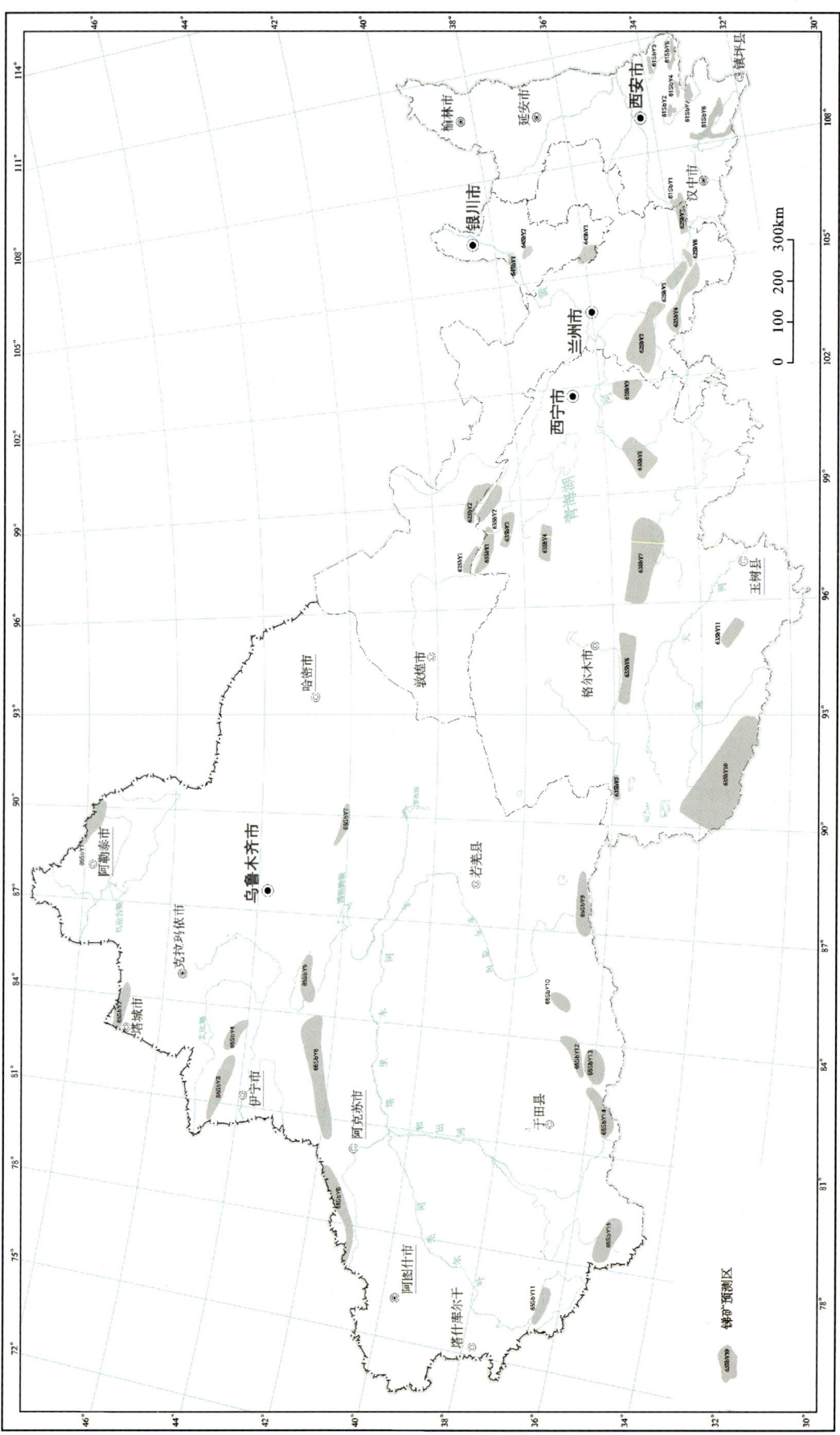

图 7-6 西北地区锑地球化学找矿预测区分布图

第七章 地球化学预测区圈定方法及综合评价

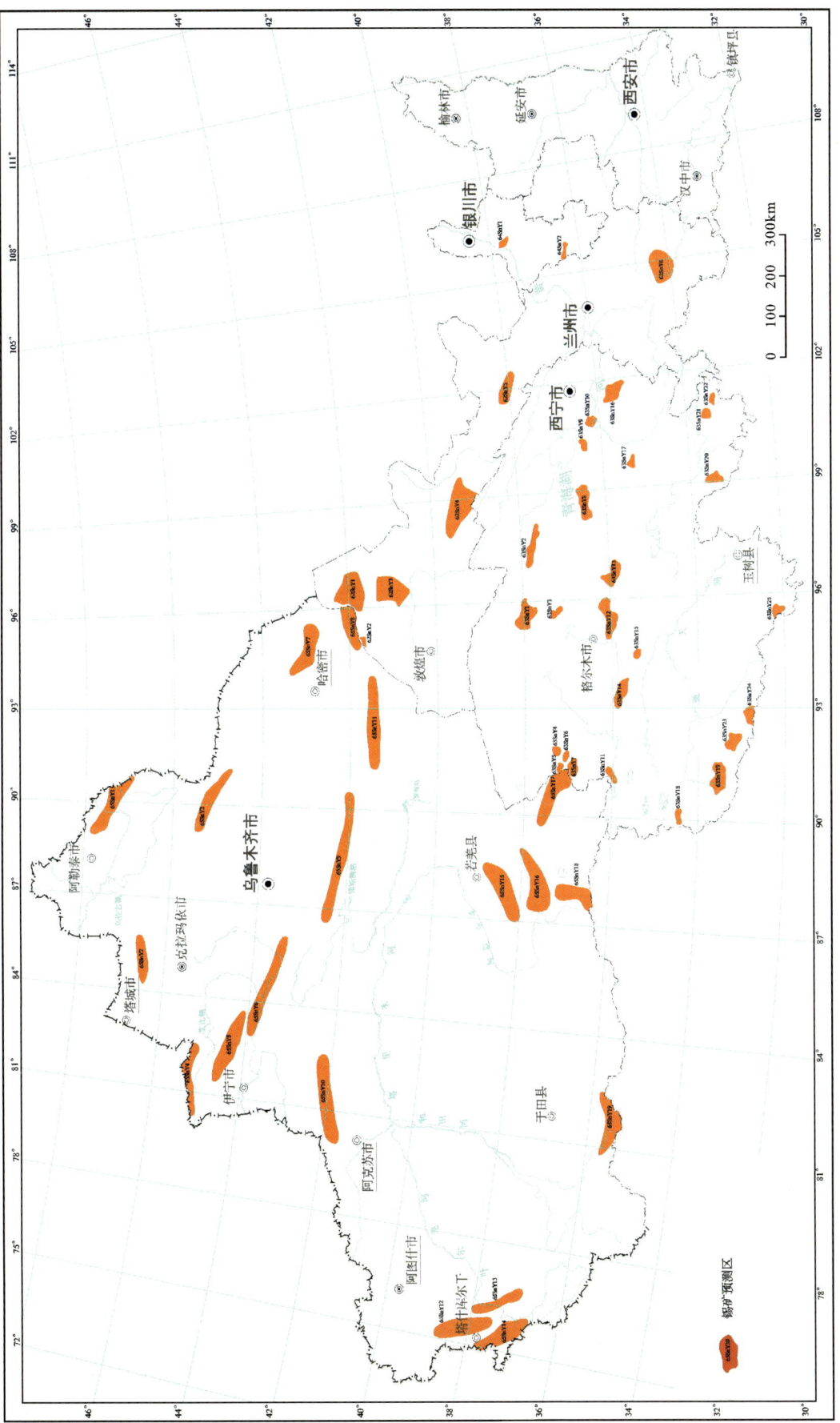

图 7-7 西北地区锡地球化学找矿预测区分布图

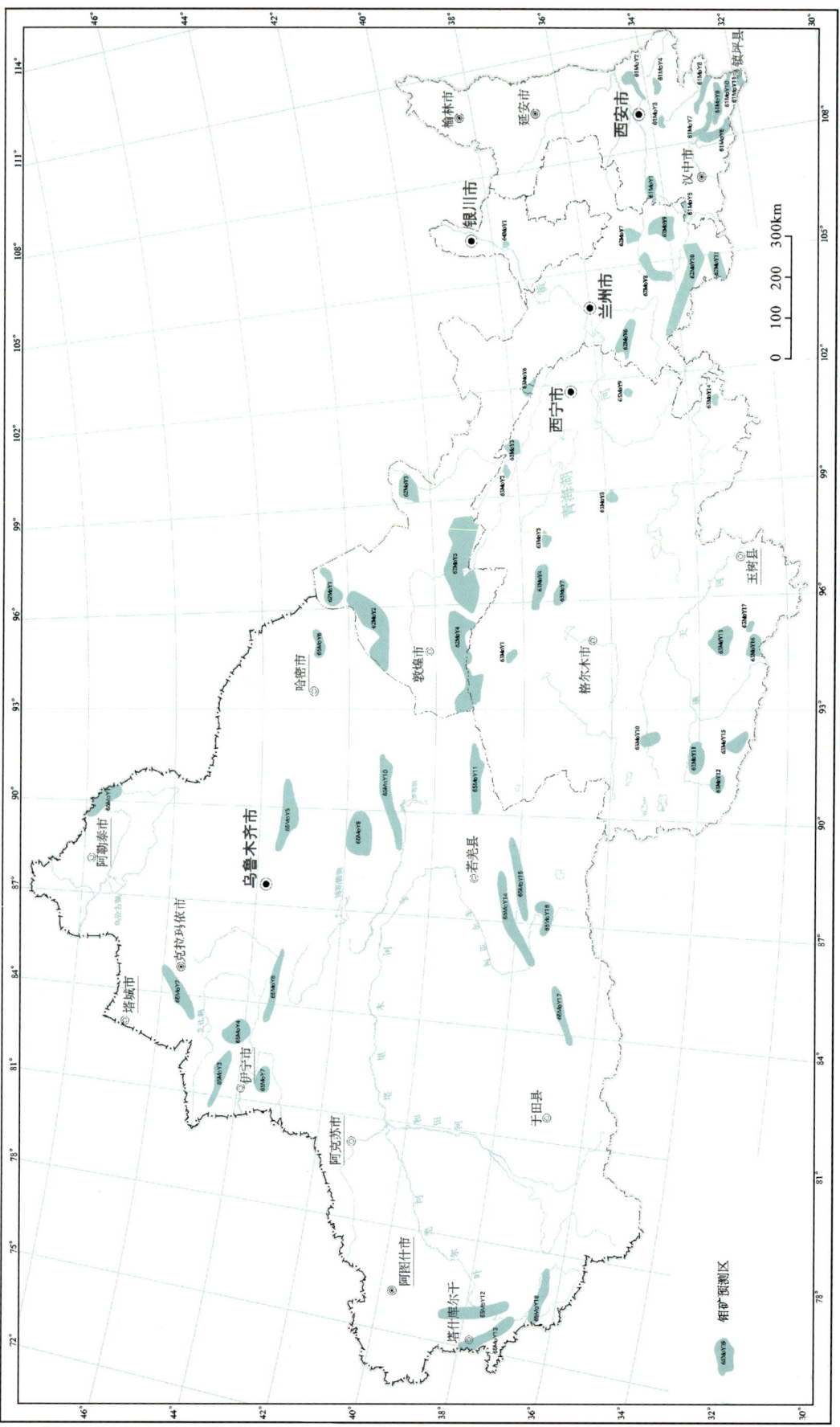

图7-8 西北地区钼地球化学找矿预测区分布图

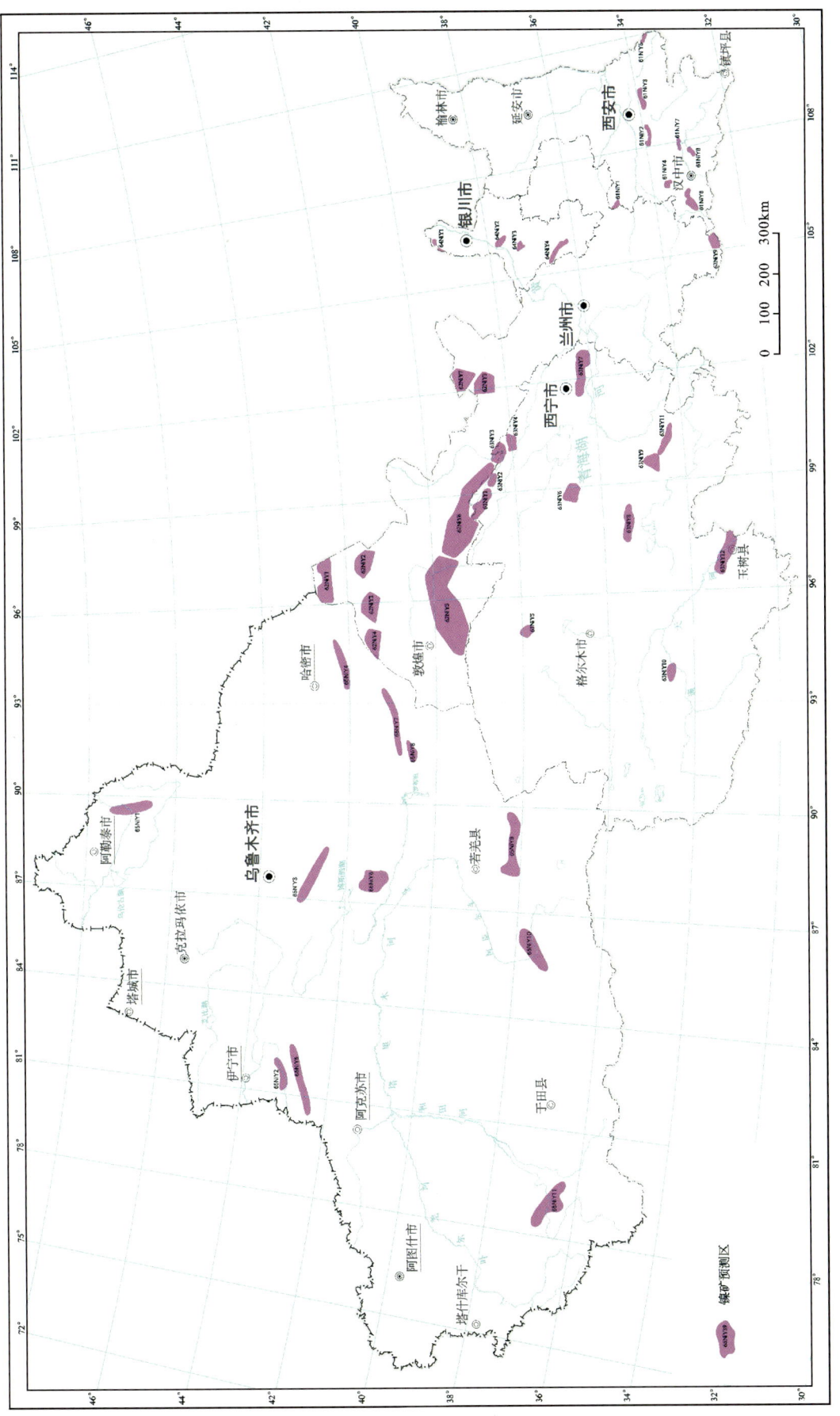

图 7-9 西北地区镍地球化学找矿预测区分布图

西北地区矿产资源潜力地球化学评价

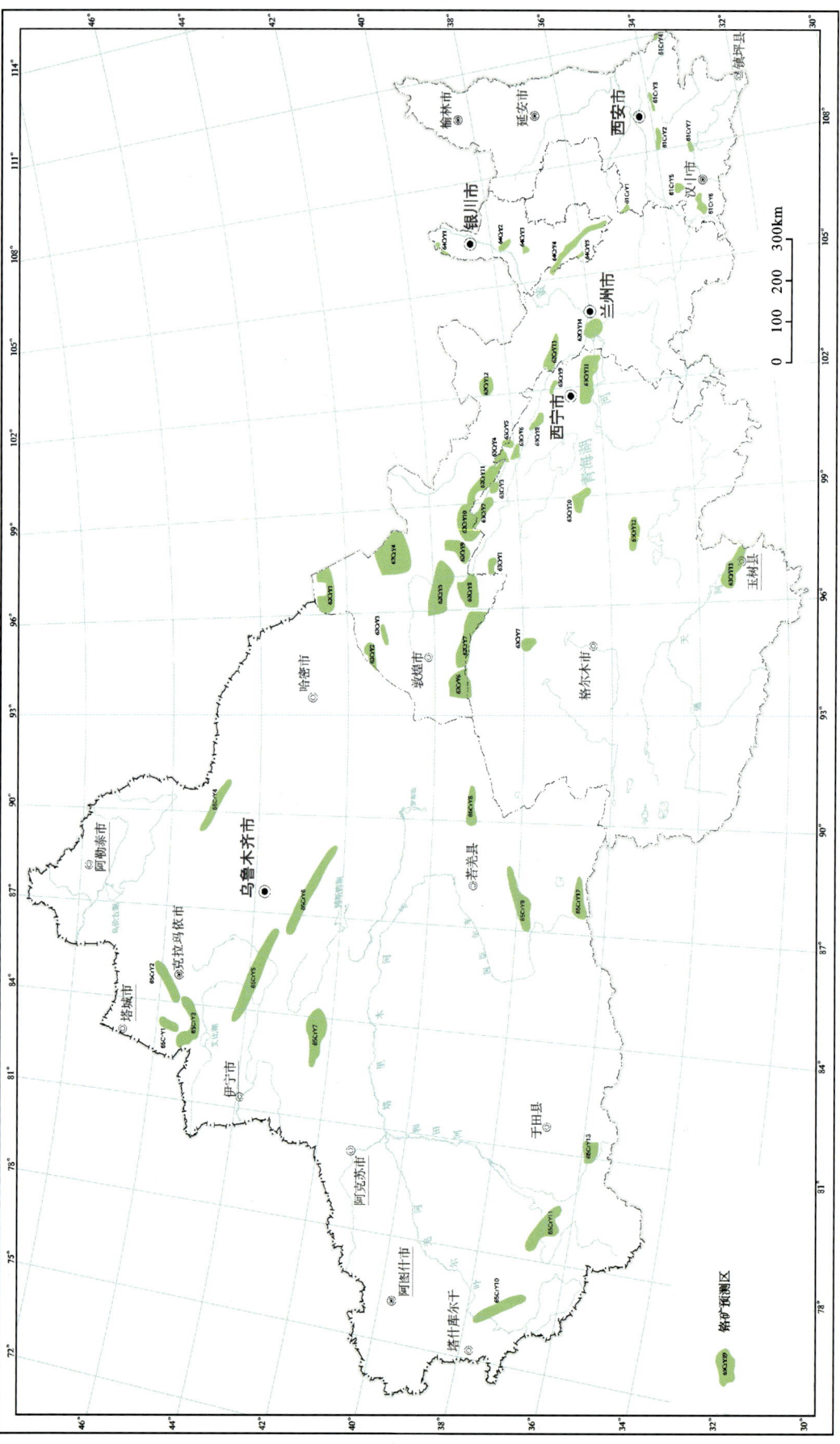

图7-10 西北地区铬地球化学找矿预测区分布图

第七章 地球化学预测区圈定方法及综合评价

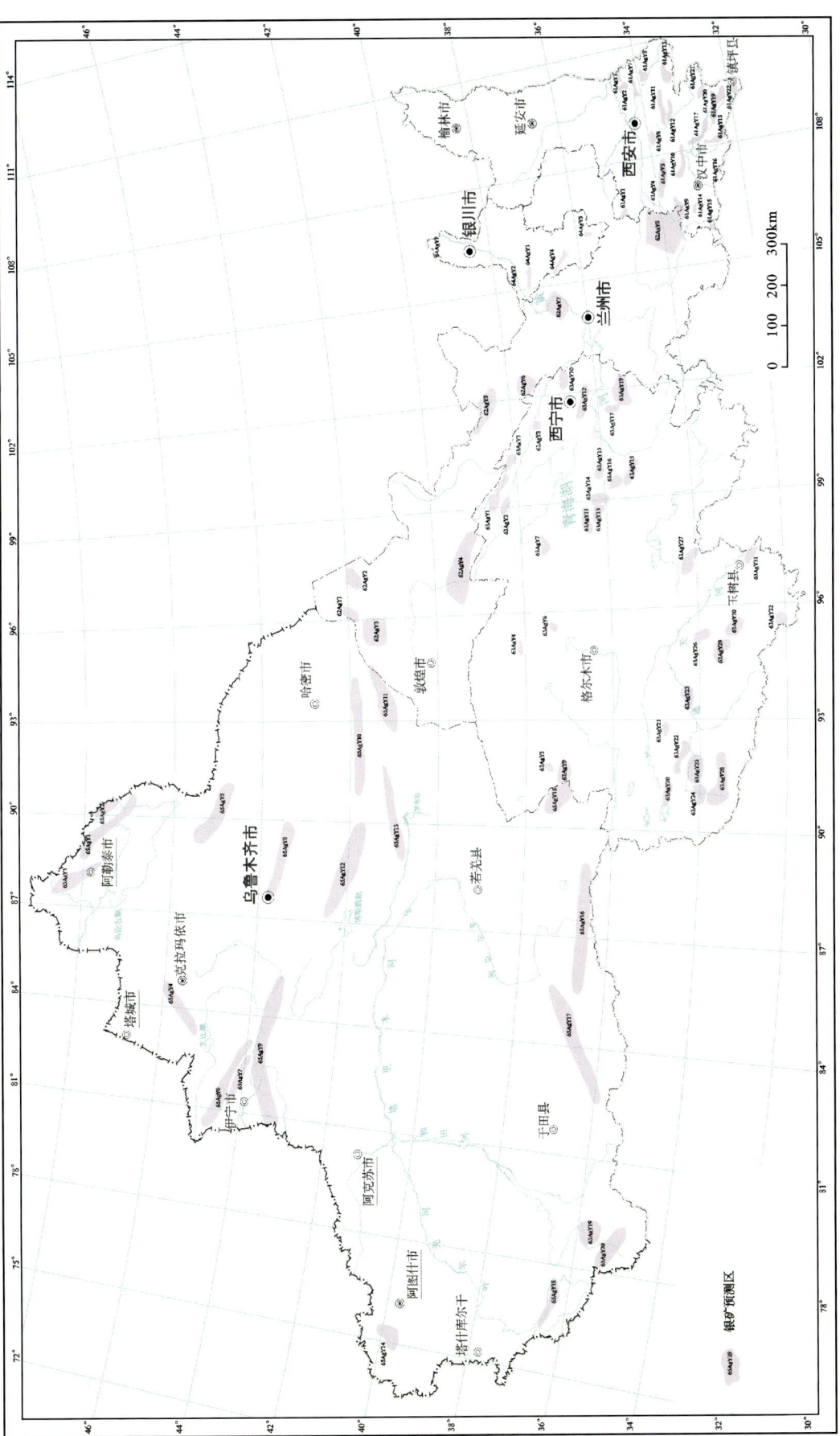

图 7-11 西北地区银地球化学找矿预测区分布图

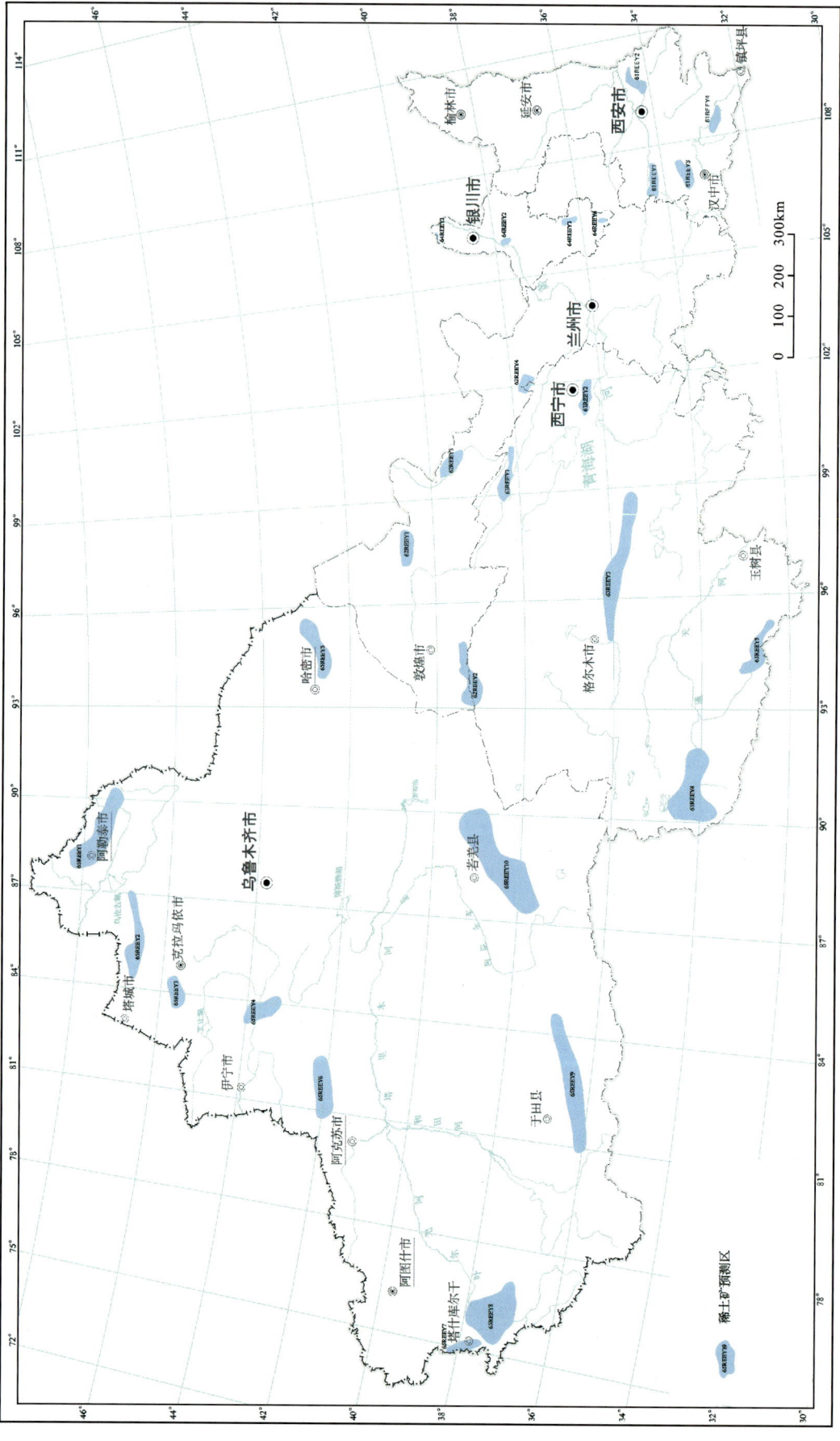

图 7-12 西北地区稀土地球化学找矿预测区分布图

参考文献

《地球科学大辞典》编委会,2006.地球科学大辞典:基础学科卷[M].北京:地质出版社.

蔡士赐,2008.新疆维吾尔自治区岩石地层[M].武汉:中国地质大学出版社.

陈汝珍,许光,2002.因子分析在祁连山西段区域地球化学数据解释中的应用[J].青海地质,11(1):48-53.

陈志明,1993.中国地貌纲要[M].北京:中国地图出版社.

顾其昌,1996.全国地层多重划分对比研究——宁夏回族自治区岩石地层[M].武汉:中国地质大学出版社.

黄汲清,陈国铭,陈炳蔚,1987.中国及邻区特提斯海的演化[M].北京:地质出版社.

李春昱,1981.中国板块构造的轮廓[J].地质与勘探(8):13-21,132.

李春昱,刘仰文,朱宝清,等,1978.秦岭及祁连山构造发展史[J].西北地质(4):3-14.

李春昱,王荃,刘雪亚,等,1982.亚洲大地构造图说明书[M].北京:地图出版社.

李会军,何国琦,吴泰然,等,2006.阿尔泰-蒙古微大陆的确定及其意义[J].岩石学报(5):1369-1379.

李惠,张文华,常凤池,等,1999.大型、特大型金矿盲矿预测的原生叠加晕理想模型[J].地质找矿论丛,9(3):25-33.

李荣社,计文化,潘小平,等,2007.昆仑山及邻区地质图(1∶100万)说明书[M].北京:地质出版社.

李文国,1996.全国地层多重划分对比研究——内蒙古自治区岩石地层[M].武汉:中国地质大学出版社.

刘崇民,吴承烈,1998.中国主要类型铜矿勘查地球化学模型[J].物探与化探(3):161-165.

莫宣学,路凤香,沈上越,等,1993.三江特提斯火山作用与成矿[M].北京:地质出版社.

彭昌文,高振家,陆松年,1991.新疆北部前寒武系划分和对比[J].新疆地质(4):329-339.

任纪舜,肖黎薇,2004.1∶25万地质填图进一步揭开了青藏高原大地构造的神秘面纱[J].地质通报(1):1-11.

王洪亮,徐学义,何世平,等,2007.中国天山及邻区地质图(1∶100万)说明书[M].北京:地质出版社.

吴锡生,1993.化探数据处理方法[M].北京:地质出版社.

西安地质矿产研究所,2006.西北地区矿产资源找矿潜力[M].北京:地质出版社.

向运川,任天祥,牟绪赞,等,2010.化探资料应用技术要求[M].北京:地质出版社.

肖克炎,王勇毅,陈郑辉,等,2006.中国矿产资源评价新技术与评价新模型[M].北京:地质出版社.

谢学锦,邵跃,王学求,等,1999.走向21世纪矿产勘查地球化学[M].北京:地质出版社.

徐学义,何世平,王洪亮,等,2008.中国西北部地质概论:秦岭、祁连、天山地区[M].北京:科学出版社.

翟裕生,邓军,李晓波,1999.区域成矿学[M].北京:地质出版社.

翟裕生,彭润民,向运川,等,2004.区域成矿研究法[M].北京:中国大地出版社.

张华,孔牧,杨少平,等,2017.中国主要景观区区域地球化学勘查理论与方法[M].北京:地质出版社.

张晶,李宝强,李慧英,等,2017.区域地球化学方法在西天山地区成矿潜力评价中的应用[J].西北地质,50(3):162-172.

张晶,杨博,李宝强,等,2018.中国西北地区成矿元素区域地球化学特征[J].现代地质,32(5):1042-1052.

张晶,周年,樊会民,等,2018.西北地区典型矿床地质地球化学特征图集[M].武汉:中国地质大学出版社.

张晶,周年,刘明文,等,2018.西北地区地球化学图集[M].武汉:中国地质大学出版社.

朱杰辰,孙文鹏,1987.新疆天山地区震旦系同位素地质研究[J].新疆地质,5(1):55-61.

邹光华,1996.中国主要类型金矿床找矿模型[M].北京:地质出版社.

致　谢

本书的编写得到西北五省、西北地区矿产资源潜力评价项目办和全国化探课题组专家及技术骨干的大力支持。杨合群研究员在预测类型方案划分、成矿规律划分方面给予了指导,王永和研究员对地质矿产部分的编写工作进行了指导,在此表示感谢。

笔者以上百张地球化学成果图件、综合研究图件和数据库为基础,开展了大量的统计工作,基本形成了本书编写所需的基础资料。西北五省(区)化探课题组的技术骨干均参与了成果图件的编制和汇编、数据库建设和编图说明的编写等工作。参加人员包括:新疆维吾尔自治区地质调查院的杨万志、周军、李惠,青海省第五地质勘查院的许光、任智斌、邱俞,甘肃省地质调查院的刘元平、李智,宁夏回族自治区地质调查院的李新虎,陕西省矿产地质调查中心的王满仓、樊会民、万晓明。在此一并表示感谢!

著者

2019 年 12 月